WILSON &
THE NORTHERN WARLORD GOVERNMENT

威尔逊与北洋军阀政府

高鸿志 著

人民出版社

目　　录

前　言

甲午战争后,列强在华掀起划分势力范围狂潮,此时,美国正陷入对西班牙的战争,战争结束,美国占有菲律宾,急欲向中国扩张势力,1899年麦金莱(Mckinley)政府以国务卿海约翰(John Hay)名义,宣布对华实行"门户开放"政策。1900年,当中国面临被瓜分危险时,麦金莱政府重申这一政策。该项政策承认列强在华势力范围,意图维持中国半殖民地局面,凭借美国强大经济实力,渗入其他国家势力范围,实现称霸中国目的。继麦金莱之后,美国总统西奥多·罗斯福(Theodore Roosevelt)、塔夫脱(Taft)以及威尔逊(Woodrow Wilson)均积极奉行这一政策,大力扶植中国"强有力人物",建立亲美政府。清末民初崛起于中国政治舞台的北洋军阀势力,成为美国政府拉拢与扶持对象。北洋军阀政府为抵制日本与俄国疯狂侵华,镇压国内民主革命派,巩固其独裁统治,亦需美国援助和支持,历届北洋军阀政府均谋求同美国建立亲密关系。

然而,美国在华推行"门户开放"政策并非一帆风顺,20世纪初年,美国向中国东北地区扩张势力,招致沙俄反对和遏制。美、俄两国曾在华盛顿进行秘密谈判,美国承诺只要沙俄将东北门户向美国开放,维护美国在该地区工商利益,美国政府不反对沙俄在东北建立任何形式的统治,沙俄不愿让步,美国遂支持日本对俄作战,日俄战争以沙俄失败而告终。战后,日本取代沙俄,成为美国在华推行"门户开放"政策的强大阻力。1914—1918年欧战期间,美、日两国在华竞争极为剧烈。威尔逊政府为缓和日美矛盾,消除日本设置的障碍,对日妥协让步,始则承认山东、满洲、东部内蒙等地区为日本势力范围,继则同意日本在中国有特殊利益。1919年,威尔逊不顾中国人民强烈反对,在巴黎和会上决定将胶州租借地以及德国在山东的权益转交日本,促使中国民族觉醒,成为五四运动爆发的导火线。威尔逊政府一贯推行支持北洋军阀政府的政策,最终使中国民主革命派幻想破灭,转而谋求苏俄援助。

研究这个时期威尔逊政府与北洋军阀的关系,对于深入理解近代美国对华政策实质,以及该政策所引起的中国社会巨大变化具有重要意义。

本书基于大量一手资料,对清末民初中美关系进行了较为系统的研究,力图恢复历史本来面目,不妥之处,恐所难免,敬盼读者指正。

第一章　威尔逊上台前袁世凯
与美国的关系

第一节　辛亥革命前美国向中国东北地区扩张势力

19 世纪末至 20 世纪初,美国积极奉行向中国东北地区扩张势力的政策,主要原因是东北土地广袤、资源丰富、气候寒冷,是美国棉毛织品以及其他产品良好销售市场与投资场所。关内各省基本上已成为各帝国主义国家势力范围,美国很难破门而入。东北是清廷"龙兴之地",该地区一向是对外国关闭的,只是在甲午战争后,才成为列强角逐场所,在美国当政者看来,美国完全可以凭借自己的经济实力,参与竞争,取得优势地位。东北具有重大战略价值,可成为美国向中国关内和朝鲜扩张势力的基地。正如美国驻奉天总领事司戴德(Straight)所说,美国可将东北作为起点,"将其势力与活动范围扩展至清帝国其他地区。"①

甲午战争,清政府惨败。美国企图利用清政府战败,迫使其开放东北,并拟乘清廷向日本支付赔款的机会,提供贷款,获取更多特权。美国的克雷普造船公司(Cramp Shipbuilding Company)、联合铁厂(The union Iron work)等企业的代表纷纷涌向中国,摩根财团首先表示愿向清廷提供贷款,条件是获得中国北部铁路承修权。1895 年美国垄断资本集团的组织美华合兴公司(The A-merican China development Company)正式成立,其成员包括铁路大王哈里曼

---

① Charles Vevier：*The united States and China,1906-1913,A study of Finance and diplomacy*,New Brunswick,New Jersey：Rutgers university Press,1955,P.60.

(Harriman)、银行家谢胡(Jacob Schiff)等人,美华合兴公司在中国设立了办事处,该公司计划修筑环球铁路,这条由哈里曼筹划的铁路,拟从中国南方广州起,经汉口、北京、山海关、东北、俄国西伯利亚与欧洲部分直至大西洋,目的是确立美国在远东优势地位,操纵欧亚商务。美华合兴公司决定先修建东北全境铁路,派代表巴什(A.W.Bash)至北京,巴什首先与李鸿章美籍秘书毕德克(Pethick)联系,试图通过毕德克获取李鸿章支持。他向毕德克送交了合兴公司有关修建东北铁路方案,内容是美华合兴公司计划修筑一条横贯东北的铁路,该路应从辽东湾某个港口为起点,经牛庄——沈阳——吉林——齐齐哈尔和俄国西伯利亚铁路相连接,再由沈阳修筑一条铁路至朝鲜边境。合兴公司还应享有东北全境土地、森林与矿产开发权,垄断修筑东北全境铁路三十年。① 美国向东北扩张势力招致沙俄竭力抵制。19 世纪 90 年代,俄国已动工兴建西伯利亚铁路,沙俄希望在东北建筑一条铁路与之相接,便于其对中国东北、关内和朝鲜的侵略。1895 年秋,俄国驻华公使喀西尼(A.P.Cassini)照会总理衙门,声称俄兴修西伯利亚铁路,将来或与中国在满洲地方兴造铁路相接,须预先查明路径所过,以择趋向,要求清政府允许俄国派专家赴东北各地查勘。② 1896 年 4 月,俄国直接向清政府表示愿承修东北全境铁路。为了消除来自俄方阻力,巴什往访喀西尼,建议美俄缔结秘密协定,并以美华合兴公司 40%股份让予俄国为钓饵,诱使沙俄就范,沙俄并未上钩,喀西尼断然拒绝毕德克和巴什说:"俄国政府无意将有关满洲的铁路建筑权转让给任何外国辛迪加。"③同年,沙俄乘李鸿章赴俄参加俄皇尼古拉二世加冕典礼之际,同他缔结中俄密约。基于这一密约,1896 年 9 月,中国驻俄公使许景澄在柏林同华俄道胜银行签订了《中俄合办东省铁路公司合同章程》,沙俄获得承修中东铁路利权。1898 年,俄国又强迫清廷签订《旅大租地条约》,中国东北逐渐成为俄国势力范围。

---

① [苏]罗曼诺夫:《日俄战争外交史纲,1895—1907》上册,上海人民出版社编译室俄文组译,上海人民出版社 1976 年版,第 58—59 页。

② 《清季外交史料》卷 118,北平,1932 年,第 1—2 页。

③ E.H.Zabriskie:*American-Russian Rivalry in the Far East*,1895-1914,Philadelphia:uiversity of Pennsylvania Press,1946,P.34.

19 世纪末,美国修筑东北铁路的计划,虽因沙俄抵制和反对未能实现,但对东北地区的贸易却有很大进展,这个时期,美国向东北输出的商品主要是棉布、煤油和面粉,1898 年,美国在东北销售的棉纺织品价值 470 万美元,1899年增至 680 万美元,1898—1899 年,美国输入东北的棉织品,占外国输入东北棉织品总额的 96%。1899—1901 年,美国平均每年向中国输出 4400 万加仑煤油,其中东北占 250 万加仑。① 美国担心"如俄国独占满洲,它将不允许其他国家在彼开港,建筑铁路或开矿"②。美国工商界不断叫嚷他们有被赶出东北市场的危险,请求美国政府给予援助。为顺利渗入东北以及其他帝国主义国家势力范围,1899 年,美国政府以国务卿海约翰名义向列强提出"门户开放"政策。

美国向列强通报的"门户开放"政策第三条,显然是针对沙俄的。该条规定"各国在其势力范围内之任何口岸,对他国船舶,不得课以高于该国船舶之港口税,并在其'范围'内所建筑、控制或经营的铁路上,运输属于他国公民或臣民的货物通过此种'范围'时,所收运费不得较高于本国国民运输同样货物所收之运费。"③根据 1896—1898 年中俄条约,沙俄在东北势力范围内享有关税与铁路运费自主特权。沙俄当然十分清楚美国的意图。1899 年 11 月,俄国驻美大使喀西尼电告俄国政府说:"美国对华政策遵循着一种明确目的,名义上,保持'门户开放'与中国领土完整",实际上,"这一原则只保护美国在该国(指中国)的利益"。④ 故俄国对美国提出的有关"门户开放"政策的复文也很空泛,并有意回避东北铁路运费等问题。

1900 年,沙俄乘义和团运动兴起之际,出军东北,许多重要城镇均被俄军占领。7 月,美国政府重申"保持中国领土与行政完整"的"门户开放"政策。从 1901 年春天起,俄国驻美大使喀西尼同美国国务卿海约翰在华盛顿进行了多次秘密谈判,在谈判中,海约翰曾明确表示,只要沙俄维护美国在东北地区

---

① ［苏］戈列里克:《1898—1903 年美国对满洲的政策与"门户开放"主义》,高鸿志译,黑龙江教育出版社 1991 年版,第 33—34 页。

② E.H.Zabriskie:*American-Russian Rivalry in the Far East*,1895-1914. P.42.

③ 复旦大学历史系中国近代史教研组编:《中国近代对外关系史资料选辑(1840—1949)》上卷第二分册,上海人民出版社 1977 年版,第 123 页。

④ E.H.Zabriskie:*American-Russian Rivalry in the Far East*,1895-1914. P.55.

工商利益,美方愿承认沙俄在该地区的任何统治。① 海约翰上述声明完全暴露了美国标榜的"保持中国领土与行政完整"的"门户开放"政策的实质。沙俄则视东北为禁脔,不许美国染指。俄国独占东北的政策促使美国靠拢日本和英国,共同抗俄。

1902年4月,沙俄同清政府签订俄军撤出东北的协定,根据这一协定,俄军应在一年半内分三期撤走。沙俄根本不愿履行协定,1902年10月第一阶段撤军只是局部转移,沙俄仍牢牢控制东北。美国政府当即向其驻华公使康格(Conger)下达训令,要他密切关注中俄谈判可能达成的不利于美国的协定,"无论何种协定,只要证明威胁着美国利益,破坏了条约条款,你应根据事件要求和你的经验采取行动。"②1903年4月第二阶段撤军期至,沙俄重又向清政府提出七项要求,作为撤军条件,其要点包括:东北地方政府各级机构不得聘用俄国以外的别国人;清政府不得在东北向外国开放新口岸;不得允许俄国以外的其他国家领事驻东北;不得将东北领土租让与其他国家等。这些条件意味着沙俄试图将美、英、日等国势力完全赶出东北,美国感到难以容忍,立即向沙俄提出严重抗议。美国政商两界头面人物纷纷主张同俄国决裂,参议员洛奇(H.C.Lodge)建议联合英、日"对俄国采取强力行动"。③ 国务卿海约翰也赞成武力解决问题。1903年6月海约翰在同西奥多·罗斯福总统商量后,接见沙俄驻美大使喀西尼,向他阐明了美国政府对俄国所提撤军条件的态度,海约翰指责"俄国失信","对美国不怀好意",他向喀西尼暗示"美国可能请求其他国家帮助",这里说的其他国家当然是指沙俄死敌日本和英国,罗斯福总统发表公开声明谴责沙俄"执行一种肯定是对美国不友好的政策……阻止我国人民接近满洲商务"。④ 国务院指示美国驻华公使康格向清政府声明"美廷不愿东三省为他国一国独占",坚决要求开放盛京省城

---

① 详见拙译戈列里克:《1898—1903年美国对满洲的政策与"门户开放"主义》第3章与第4章。

② E.H.Zabriskie:*American-Russian Rivalry in the Far East*,1895-1914. P.86.

③ Howard K.Beale:*Theodore Roosevelt and the Rise of America to world power*,Baltimore:The Johns Hopkins Press,1956,PP.194-195.

④ Howard K.Beale:*Theodore Roosevelt and the Rise of America to world power*,Baltimore:The Johns Hopkins Press,1956,PP.196-197.

及大东沟为通商口岸。[①] 1903 年 10 月,美国同清政府订立中美《通商行船续订条约》,条约规定开放奉天府和安东县为商埠,准许美国人民在中国开办矿务,亦可在各通商口岸来往、居住,"办理商工各业制造等事",并可在中国已开或日后开放为通商口岸的地方派驻领事。中国同意裁撤厘金及各项行货捐税。[②] 通过这一条约,美国获得在中国东北等地开矿、设工厂、派驻领事、贸易优惠等重大政治经济权益。该条约的订立,在美国政、商两界引起一片喝彩声,《纽约论坛报》欢呼"这是门户开放政策的再次胜利"。[③] 美国当政者深知在东北地区实行这一条约,不取决于清政府而是沙俄,沙俄却始终推行东北黄俄罗斯化政策,导致美、俄之间矛盾日益激化,引起日、英两国强烈反对。1902 年,日本与英国缔结同盟条约,矛头直指沙俄。美、英两国积极唆使日本对俄作战,美国估计日本经济力量薄弱,对俄作战结果,必将更加削弱其国力,使之在经济和外交方面愈益依赖于美国。1904 年,日俄战争爆发,战争开始,美国总统罗斯福警告德国与法国说:如果德、法两国"仍像在 1895 年一样试图站到俄国一边,那么美国将保护日本。"[④]美国向日本提供大量贷款,支持日本对俄作战,罗斯福打定主意,让日、俄两国"战至筋疲力尽,然后缔结一项不会意味着造成'黄祸'或'斯拉夫祸'的和约。"[⑤]也即让日、俄两败俱伤,以便为美国夺取中国东北以及远东地区霸权扫清道路。1904 — 1905 年初的战争进程表明,俄国难逃失败命运,日本虽获海陆战胜利,损失惨重,兵员伤亡达二十余万,债台高筑,民怨沸腾,无力再战,罗斯福如愿以偿,匆忙以"调解人"身份出现,要求交战双方直接进行谈判,在美国斡旋下,1905 年 9 月,日本与俄国签订《朴次茅斯和约》,根据这一条约,日本夺得南满铁路以及沙俄在南满享有的各种特权,北满仍为沙俄控制。同美国估计相反,日俄战后,美国在东北主要竞争者除沙俄外,又加上昔日盟友日本。尽管如此,美国仍坚持奉行向东北

---

① 《清季外交史料》卷 170,北平,1932 年,第 17 页。
② 王铁崖编:《中外旧约汇编》第 2 册,三联书店 1982 年版,第 182 — 183、187 页。
③ Foster R.Dulles: *Forty years of American-Japanese Relations*,New York and London,1937,P.55.
④ [苏] 罗曼诺夫:《日俄战争外交史纲,1895 — 1907》上册,上海人民出版社编译室俄文组译,上海人民出版社 1976 年版,第 428 页。
⑤ Howard K.Beale: *Theodore Roosevelt and the Rise of America to world power*,P.271.

扩张势力的政策,因为在美国当政者看来,他们手中还握有一张王牌,即北洋军阀头目袁世凯,袁世凯的势力在中国政治舞台上崛起,1905 年后袁派人物进入东北,执掌大权,使美国扩张主义者备受鼓舞,进一步增强了他们确立美国在东北优势地位的信心。

第二节　美国与袁世凯

美国与袁世凯之间亲密关系的建立,始于美国宣布对华"门户开放"政策之时。

19 世纪末至 20 世纪初,列强在华争夺势力范围的斗争愈演愈烈。中国面临被瓜分危险。美国麦金莱政府为维护并扩大美国在华权益,提出对华"门户开放"政策,此后,罗斯福、塔夫脱直至威尔逊等领导的美国政府均推行这一政策。实行此政策的前提条件是建立一个由强有力人物掌控的亲美的中国政府,以稳定中国半殖民地社会秩序。美国当政者认为,具有亲美政治倾向,且拥有新建陆军的袁世凯正是这样一个可以信赖值得扶植的人物。

1899 年,美国国务卿海约翰向列强送交门户开放照会,其时,义和团起义烈火已开始蔓延山东。美国驻华公使康格指责山东巡抚毓贤镇压不力,暗示清廷应让袁世凯接替他的职务。1899 年 12 月,清廷任命袁世凯署理山东巡抚并准其率所部新建陆军赴任。美国对袁世凯出任山东巡抚深感满意,寄予厚望。美国驻天津领事芮格斯戴(James W.Ragsdale)致函国务院说:"袁世凯被任命为山东巡抚,从他的一般名望看来,外国人是预料并希望能有好结果的。"[①]袁世凯并未辜负美国人的期望,上任伊始,残酷镇压义和团,对传教士尽力保护,他在致美国驻烟台领事法勒(J.Fowler)的信中说:自他"上月到任后,即分派员兵驰往各处,认真保护教堂教士"。[②] 美国传教士对袁世凯疯狂屠杀义和团极为赞赏,他们认为由于袁世凯关怀保护,"旅居山东的外国人才

---

① 朱士嘉编:《19 世纪美国侵华档案史料选辑》上册,中华书局 1959 年版,第 233 页。
② 朱士嘉编:《19 世纪美国侵华档案史料选辑》上册,中华书局 1959 年版,第 250 页。

没有被杀的,而且所受苦难亦小于别的地方"。① 袁世凯卖力推行剿灭义和团方针,提高了他在英美传教士中的声誉,"教士等之归自中国者,莫不颂述其恩。"②

1900 年 6 月,清廷向帝国主义列强宣战,八国联军向北京进军。清廷谕令袁世凯率军"勤王"。袁世凯唯恐同列强发生武装冲突,拒不出军,经清廷一再催促,他才被迫命令总兵孙金彪率军三千北上,在袁世凯授意下,这支"勤王"军沿途逗留观望。与此同时,袁世凯跟随两江总督刘坤一、湖广总督张之洞等人与英、美两国紧密合作,参加"东南互保",使八国联军避免了南北双线作战危险,愈益赢得美国侵略者的欢心。1900 年 8 月,八国联军攻陷北京,西太后与光绪帝出奔西安,逃亡途中,谕令各地清军剿灭义和团,向帝国主义列强屈膝求和,获英、美等国赞许。戊戌变法期间,袁世凯因出卖光绪帝和维新派颇受西太后赏识,此际,他看出西太后的统治仍然稳固,决定再下赌注,向处境狼狈的西太后献媚讨好,从山东搜刮了十多万银两,外加留在山东的安徽和江苏饷银十余万两,派员一并押赴行在孝敬西太后,并保证今后仍将赶筹巨款,源源接济,进一步获西太后宠信。逃亡西安的清政府决心投入帝国主义怀抱,为袁世凯投靠美国清除了障碍。袁世凯在山东巡抚任内,特别邀请美国传教士海斯(W.M.Hayes)在济南筹建省立高等学堂,同美国人过从甚密。1901 年夏,美国人布朗(A.J.Brown)曾在济南会晤袁世凯,他对这位"从未出过亚洲,不懂英语的袁世凯却如此熟悉美国深感惊奇"③。

袁世凯获西太后信任,美、英等国支持,官运亨通。李鸿章去世后,从山东巡抚升任直隶总督,不断扩充北洋陆军,在天津开办将弁学堂,培养各级军官,将李鸿章创办的轮船招商局、铁路、电报等企业,以政府自办为由,攫为己有,其军事与经济实力迅速壮大,逐渐控制整个华北地区。

1905 年,美国顽固推行歧视华工政策,激起中国各阶层人民愤慨,抵制美货运动从南方蔓延到北方,美国工商业受到巨大冲击。美国政府向清廷施加

---

① Arthur H.Smith: *China in Convulsion* (Edinburgh and London, 1901), vol.2, P.604.
② 《黄远生遗著》卷 1,台湾文海出版社 1987 年版,第 40 页。
③ A.J.Brown: *The Chinese Revolution*, New York 1912, PP.161-162.

压力,要求从速制止这一运动,并派军到菲律宾准备开赴中国,进行武力镇压。袁世凯同美国密切合作,他在直隶各州县张贴布告说:"此次拒约之事,实系国家交涉事件,其关系甚大,倘播扬风潮,附和雷同,不但有误国计,且恐累及大局,务宜速止运动,安居乐业。"①采用严刑峻法,禁阻华北地区反美爱国运动,封禁支持人民进行反美斗争的天津《大公报》。北方地区抵制美货运动不如广州、上海等地激烈,无疑同袁世凯奉行严厉镇压政策有关。袁世凯权力上升及其亲美的政治倾向,颇获美国当政者重视和好评,美国同袁世凯的关系日益亲密。美国确信北洋军阀头目袁世凯势力崛起,有利于抵制日本独霸中国东北的野心,将为美国向东北地区扩张势力,铺平道路。

日俄战争刚结束,日本国会议员平冈浩太郎即专程来华,往天津会晤直隶总督袁世凯,声称日本社会舆论认为"东三省战事,耗财伤命,始渐规复",表示担心中国政府力弱,"不能保守,或再为俄据",主张暂勿交还,由日本代为统治。② 日本侵占东北的阴谋引起袁世凯等人极大疑惧。美国驻华公使柔克义(W.W.Rockhill)乘机劝说袁世凯上奏清廷,开放东北,改行新政,并说"舍此亦别无善策",③也即在东北实行"门户开放"政策,引进美国势力以抵制日、俄。袁世凯对柔克义的意见深表赞同。他致电湖广总督张之洞说:"东三省必须改设行省,参以各国治理成法,改良政事,扩充军备,以免人硬行干预。否则我不能守,人将代守,我不肯办,人将代办。"④袁世凯关于东三省改设行省的主张获张之洞等人支持。1907 年,清廷改革官制,东三省不设将军,改派督、抚治理。袁世凯的心腹徐世昌出任东三省总督兼管三省军务,唐绍仪任奉天巡抚,朱家宝署理吉林巡抚,段芝贵署理黑龙江巡抚。⑤ 美国对袁派人物执掌东三省大权甚为满意,美国驻华公使柔克义致函美国国务卿说:徐世昌是一

---

① 《宋教仁集》上册,中华书局 1981 年版,第 19 页。

② 《袁宫保来电》光绪三十一年五月二十九日,《张文襄公全集》卷 192,电牍 71,台湾文海出版社 1970 年版,第 41—42 页。

③ 《袁宫保来电》光绪三十一年五月二十九日,《张文襄公全集》卷 192,电牍 71,台湾文海出版社 1970 年版,第 41—42 页。

④ 《袁宫保来电》光绪三十一年五月二十九日,《张文襄公全集》卷 192,电牍 71,台湾文海出版社 1970 年版,第 41—42 页。

⑤ 段芝贵因御史赵启霖参劾他买歌妓献给载振,用重金贿赂庆亲王奕劻被清廷免职,改由程德全署理黑龙江巡抚。

位进步的深孚众望的官员,"从前曾在袁世凯总督手下任职多年……唐绍仪是您所熟悉的,奉天巡抚职务对他而言是一种难得的升迁……吉林与黑龙江两省的新巡抚,我了解不多,前者(指朱家宝——引者)曾任江苏按察使,后者(指段芝贵——引者)担任过天津巡警督办,并获袁世凯高度信任。"①徐世昌与唐绍仪前往东北就职前,特地往天津会见袁世凯,密商治理东北方略。据日方情报透露,袁、唐、徐曾在天津袁世凯官邸进行秘密会谈,袁世凯强调在东北既要防俄,更须防日,他说:"如果把日本和俄国对我国采取的行动加以比较,则可以看出,尽管俄国人遵循着一种极端的侵略政策,并且毫无顾忌地从事于不受较小细节约束的各种阴谋,但客观地考察形势,他们对我们主权所造成的侵犯是很小的。"日本则不一样,"在我们和他们交涉时,(他们)提出的许多问题都是与我们的主权互不相容的,因此谈判时常中断",袁世凯认为,日本侵略活动已构成东北地区主要危险,对于日本,一定要"怀有极大的戒心"②。袁世凯关于在东北尤须防日的方针与美国战略意图完全吻合。为控制东北地区,早在1905年日俄战争刚结束,袁世凯即派遣心腹将领张勋以剿办土匪,绥靖地方为名,率部出关,进驻广宁一带。徐世昌出任东三省总督后,袁世凯又特地从北洋陆军第二镇与第四镇各标,抽调若干营,编成一个混成协,由参将王汝贤统带进驻东北,交徐世昌节制,以巩固和加强徐的权位,并吁请清廷对徐的权力切勿加以限制。袁世凯还派道员黄开文去东北负责修复因日俄战争而遭严重破坏的电报线路,先后将奉天至直隶的电报线接通,并开通了奉天至吉林的电报线路。美国驻奉天总领事司戴德在致国务院报告中,希望美国政府"欢迎和鼓励中国权力的巩固,以此作为在满洲机会均等的最强有力的担保。"③日本军国义者视东北为日本的生命线,对美国向东北扩张势力,深恶痛绝,极力抵制。1905年,美国铁路大王哈里曼为实现其梦寐以求的环球铁路计划,图谋收购南满铁路,遭日本拒绝。次年,美国对东北的贸易额逐渐下降,

---

① *Papers Relating to the Foreign Relations of the united states*,1907,part I,Washington:Government printing office,1910,P.178.

② 《丙午中俄谈判及丁未设东省总督资料两则》,《近代史资料》总46号,中国社会科学出版社1982年版,第138页。

③ Charles Vevier:*The united States and China*,1906-1913,*A Study of Finance and diplomacy*,New Brunswick,New Jersey:Rutgers university Press,1955,P.44.

引起美国工商界关注,美国驻牛庄领事萨芒斯(Thomas Sammons)在致国务院报告中认为"日本对南满的军事占领,使他们的商人在开拓新贸易地区中处于领先地位……他们利用其新近控制的南满铁路作为排斥别国商业利益的手段。"①日、美两国不仅在中国东北的矛盾与斗争日渐加剧,而且在日本向美国移民问题上也发生严重冲突。

1905年,日本移民美国的人数是10331人,1906年增至13835人,1907年猛升至30226人。② 日本侨民大量涌向美国东西部地区,导致加利福尼亚等地爆发排日浪潮。1906年,旧金山市对日本移民采取种族歧视政策,禁止日本侨民的孩子和美国儿童在同一学校读书,专门指定一所学校作为日籍孩童上学之所。美国排日风暴招致日本社会舆论猛烈抨击,日本驻美大使奉命向美国政府提出严重抗议,日、美关系骤然紧张,1907年5月,旧金山再次发生攻击日本移民的骚乱。一时,日、美两国即将开战的消息,连篇累牍充斥两国报刊。美国驻德国大使馆武官霍华德(Howard)通知美国海军情报局说,日本正准备进攻美国。美国政府内部也在认真研究和评估日美之间爆发战争的可能性及其后果。国务卿罗脱(Root)在其草拟的一份备忘录中指出,美国不能阻止日本进攻菲律宾、夏威夷,甚至不能阻止其进攻太平洋沿岸各州,"尽管日本人最终会被逐出北美大陆,但美国军队还不能进一步实行报复"。③ 美国军方坦白承认日本在太平洋拥有陆海军优势,一旦发生战争,美国将被迫采取防卫方针,直至美国海军舰队从大西洋转移至太平洋。鉴于美国在菲律宾兵力不足,苏比克湾海军基地尚未设防,他们建议当前应集中力量保护苏比克湾海军基地。罗斯福总统采纳了这一建议。美国军方奉命向苏比克湾调派军队,储存煤炭,并准备使美国大西洋舰队尽早向太平洋转移。

---

① Charles Vevier: *The united States and China*, 1906-1913, *A Study of Finance and diplomacy*, New Brunswick, New Jersey: Rutgers university Press, 1955, PP.35-36.

② Hector C.Bywater: *Sea-Power in the Pacific*, *A Study of the American-Japanese Naval problem*, London, 1921, P.31.

③ William Reynolds Braisted: *The United States Navy in the pacific*, 1897-1909, university of Texas press 1958, P.192.

第三节　袁世凯与中、美、德同盟

随着日、美关系逐渐恶化,促使日本加紧向英、法、俄靠拢。1907 年 6 月,日本与法国签订《日法协约》,同年 7 月至 8 月,《日俄协定》与《英俄协定》相继订立,从而在国际舞台上形成日、英、俄、法四国联盟的政治格局,巩固与加强了日本在远东的地位,有利于日本进一步侵略中国。晚清的中国,国力贫弱,清统治者腐败无能,面临强邻日本步步紧逼,武力威胁,只得仍乞灵于"以夷制夷"策略。梁启超说:"近二三年来,以英、法、俄、日四国协约之结果,我国位置,日益岌岌,于是国中联美、联德之说骤兴,上自政府,下逮舆论,并为一谈。"[1]

徐世昌就任东三省总督后,在上呈清廷的奏折中一再宣称"东三省界居两强,欲图保存,非借西人实力,无以牵制"[2]。1907 年调任外务部尚书的袁世凯坚信,只有依靠美国与德国才能有效地制止日、俄侵略中国。

中国国内出现的联合美国与德国的思潮,深受德国统治者关注。1907 年《日法协约》订立后,德国驻华公使雷克司(Rex)即敏锐地意识到该约对中国构成严重威胁,必将损害德、美两国在华经济利益,为日本统治东亚奠定基础,他向德国首相布洛夫(Bülow)提出建立获得俄国支持的德、美、中三国同盟设想,他说中国地域辽阔,人口众多,具有巨大经济发展前景,德国"应尽快地通过结盟,同该国建立不受干扰的商务关系。"[3]稍后,在致首相布洛夫另一份报告中,雷克司对中国政局进行分析,他指出执政的西太后年事已高,光绪皇帝缺乏才智,中国需要一个强有力领袖,他断言袁世凯就是这样的人物。他说袁自调进北京,担任政府领导职务后,即决心通过行动,改善局势。他称赞袁世

---

① 梁启超:《中国外交方针私议》,《饮冰室合集》"文集"第 8 册,上海中华书局 1936 年版,第 80 页。

② 徐世昌:《密陈三省切要办法四条折》,《退耕堂政书》卷十,"奏议",台湾成文出版社1968 年版,第 16 页。

③ *Die Grosse politik der Europäischen kabinette*, 1871 - 1914, Sammlung der Diplomatischen Akten des Auswärtigen Amtes,卷 25,第 1 部分(Berlin,1925),P.68.

凯是一个"懂得不使日本人越轨的人"①,确信由于袁世凯权力上升,建立中、美、德同盟不仅必要,而且可能。雷克司的建议受到德国政府高度重视。1907年12月,他在致德国首相秘密报告中,再次对其建议作了具体阐述,要点如下:

1. 建立中、美、德三国同盟,保证中国领土完整,免遭英、法、日等国瓜分或肢解。中国当前在军事上较弱,德国与美国只能捍卫中国本部十八省,包括蒙古、满洲与新疆在内的中国边疆地区,不能列入德、美两国保护范围。德、美两国出面保护中国,中国自应给予经济报酬,两国可获得中国向国外购买军火、装备与制造船舰的订货单,用德、美两国教官取代日本教官,或者享有中国向外国发行国家公债的优先权。关于向中国索取经济报酬问题应严格保密。

2. 为争取俄国脱离英、法、日集团,站到德、美两国一边,或保持中立,除订立中、美、德三国同盟条约外,还可考虑由德、美、俄三国订立一项必须向中国保密的条约,该约规定,倘若日本侵略中国黄河故道以北领土或进攻德国胶州地区,三国同意共同抗日。德、美对俄国的回报是保证俄国当前在东亚的占领地不受日本攻击。此外,还应承诺一旦战胜日本,俄国在蒙古、新疆、满洲与朝鲜均可充分自由行动。这样,她将得到的利益,"远比日、法、英集团所能给予她的还要多。"②为维护美国在满洲工商利益,俄国应同意在她重新控制满洲后,"关税不得高于中国本土的法定关税。"③雷克司主张建立获俄国支持的中、美、德同盟主要意图是依靠美国力量,遏制日本称霸中国,维护并扩大德国在华权益。英国是日本的盟国,在东亚建立中、美、德同盟,既有利于离间英、美关系,亦可迫使英国将其海军舰队从欧洲调往远东,从而削弱英国在欧洲对抗德国的力量。中国军事力量微不足道,中、美、德同盟,实际上是美、德同盟。美国与德国可用帮助中国抵制日本侵略为由,向中国秘密索取特权,作为报酬。

---

① *Die Grosse politik der Europäischen kabinette*, 1871 – 1914, Sammlung der Diplomatischen Akten des Auswärtigen Amtes,卷25,第1部分(Berlin,1925),P.76.

② *Die Grosse politik der Europäischen kabinette*, 1871 – 1914, Sammlung der Diplomatischen Akten des Auswärtigen Amtes,卷25,第1部分(Berlin,1925),PP.84–85.

③ *Die Grosse politik der Europäischen kabinette*, 1871 – 1914, Sammlung der Diplomatischen Akten des Auswärtigen Amtes,卷25,第1部分(Berlin,1925),P.85.

德皇威廉二世读了雷克司的报告,极为兴奋,认为同他的设想不谋而合。他说早在 1906 年,他曾同即将卸任回国的中国驻德公使荫昌谈及中、德两国应订立友好协约并嘱咐荫昌回国后将此意上奏西太后。① 荫昌也证实当他离德回国时,威廉二世曾对他说:"子之国孤立于东,吾国孤立于西,安得一日者左提右挈,使其势不孤乎?"②表达了德中两国结盟意向。可见,中、美、德三国联盟倡议最初来自德皇威廉二世。威廉二世谕令德国政府,应以雷克司的建议为基础,迅速同美、中两国协商。

遵照德皇指示,德国政府在对雷克司的建议进行讨论,并同美国总统罗斯福初步协商后,对雷克司建议作了如下更改:

雷克司在秘密报告中提出的关于背着中国政府订立德、美、俄三国同盟条约问题,因事机尚未成熟,不予考虑。建立中、美、德三国同盟之际,向中国索取报酬,很难保密,不应提出。中国不会同意只限于保证本土十八省的同盟条约,因为这一条约会使中国付出本土以外地区招致第三国侵略的代价。并且,订立中、美、德三国同盟条约,就美国政府而言,必须提交美国参议院批准,困难殊多,故中、美、德三国同盟拟采取换文方式,内容是中国同意不将其领土割让给任何国家,向各国贸易开放门户。德美两国声明,他们始终同意这一政策,并向中国保证,德、美两国的政策是保持中国完整和独立。德国政府相信以上换文内容可使中国满意,亦易为美国接受,可以达到三国同盟目的。为避免产生德国对三国同盟极感兴趣的印象,从而引起别国猜忌,应尽可能促使中国主动向德、美两国提出这一倡议,三国达成政治谅解前,要求中国人严格保密。③

鉴于强邻日本虎视眈眈,觊觎东北,袁世凯决心联合美国与德国抵制日本侵略。1907 年,东三省总督徐世昌上奏清廷,主张实行东北门户开放政策,他说:"奉省孤立无助,难与图存,宜速行开放政策,使成为各国通商重镇,并大

---

① *Die Grosse politik der Europäischen kabinette*, 1871 – 1914, Sammlung der Diplomatischen Akten des Auswärtigen Amtes, 卷 25, 第 1 部分 (Berlin, 1925) , P.87.

② 刘体智:《异词录》,《清代史料笔记丛刊》卷 4,中华书局 2007 年版,第 226 页。

③ *Die Grosse politik der Europäischen kabinette*, 1871 – 1914, Sammlung der Diplomatischen Akten des Auswärtigen Amtes, 卷 25, 第 1 部分 (Berlin, 1925) , PP.89–90.

借外债,为银行、铁路、开矿、垦荒之用。"①奉天巡抚唐绍仪同美国驻奉天总领事司戴德商定,向美国财界贷款,建立东三省银行,从事开发东北的农业、林业、与矿业,修建铁路。司戴德计划从日、俄两国收买南满铁路与中东铁路,以实现美国铁路大王哈里曼修筑环球铁路的夙愿。

1907 年 5 月,美国国务卿罗脱函告中国驻美公使梁诚,美国政府拟将庚子赔款多收部分退还中国,但需提交国会批准,②赢得清廷好感,增强了袁世凯联合美、德两国抵制日本侵略的信心和决心。

1907 年 12 月,雷克司电告德国政府,清廷外务部侍郎梁敦彦受袁世凯之托,访问他,探听德国政府对中、德两国建立密切关系持何种立场。雷克司答称清政府应就这一问题,训令中国驻德公使在柏林向德国当局提出,"定会得到友好考虑。"③1908 年 1 月,雷克司电告德国外交部:关于德国、美国与中国达成政治谅解问题,"将由袁世凯与庆亲王上奏皇太后",清廷拟派一名特使去华盛顿感谢退还庚款,商谈此事。④ 同年 2 月,雷克司会晤军机大臣张之洞,谈及建立德、美、中三国同盟一事,张之洞希望"中国与德国建立亲密关系",并说"中国政府中的其他要员亦有类似想法。美国参加无疑是绝对必要的,中国将首先向罗斯福提出",张之洞认为中国军事力量还很薄弱,谈不上在军事上相互援助,而且三国达成政治谅解,定会惹恼未参加这一谅解的国家,使之采取敌视中国的立场,所以三国订立此类协定,必须保密。⑤ 这次谈话使雷克司相信他的设想即将成为现实,他向德国外交大臣许恩(Schoen)报告说,他同张之洞的谈话"具有特殊意义",再次证明,继庆亲王之后,有影响

---

① 《清德宗实录》卷 576,中华书局 2008 年版,第 62556—62557 页。

② 根据《辛丑条约》,美国从中国勒索赔款 2440 万余美元。实际上,美国支出的军费以及美国侨民所受损失总共仅 1165 万余美元。经中国驻美公使梁诚多次交涉,1908 年 5 月,美国国会通过决议,原 2400 万余美元赔款减至 1365 万余美元,授权美国总统将多收部分赔款,约 1078 万余美元退还中国。

③ *Die Grosse politik der Europäischen kabinette*, 1871 - 1914, Sammlung der Diplomatischen Akten des Auswärtigen Amtes,卷 25,第 1 部分(Berlin,1925),P.81.

④ *Die Grosse politik der Europäischen kabinette*, 1871 - 1914, Sammlung der Diplomatischen Akten des Auswärtigen Amtes,卷 25,第 1 部分(Berlin,1925),P.92.

⑤ *Die Grosse politik der Europäischen kabinette*, 1871 - 1914, Sammlung der Diplomatischen Akten des Auswärtigen Amtes,卷 25,第 1 部分(Berlin,1925),PP.92-93.

的政府要员如张之洞、袁世凯均考虑接受德国倡议，[1]他还向许恩报告，梁敦彦向他透露清廷已有派梁或奉天巡抚唐绍仪去华盛顿的考虑，雷克司说："梁与唐均曾留学美国，精通英语，完全能胜任。"[2]为尽快促成中、美、德同盟，1908 年 6 月 1 日，雷克司又亲自拜会袁世凯，探听清廷对与美、德两国接近有何决定，并请袁世凯谈谈他现在对此事所持的立场。袁世凯回答说中国同德、美两国亲近是"业已议决之事"，清政府拟派使前往华盛顿商谈此事，目前还不知美国对此作何考虑。袁世凯问雷克司，美、德、中三国达成谅解，是否足以对抗英、法、日，雷克司答称，美国与德国决心阻止上述三国对华侵略，如果英国或日本敢于冒险侵略中国他们就会面临"与美国为敌的危险"。谈话结束时，袁世凯再次向雷克司表示，清政府的决心是坚定不移的，并问三国联合是否应订立书面条约，雷克司的答复是中国与美国订立书面条约，必须提交美国国会，通过换文方式向中国承担义务已经足够。[3] 从上述情况看，德国十分热衷建立中、美、德同盟，清政府已表示同意，三国同盟能否建立取决于美国。

美国对德国关于建立中、美、德同盟的建议，疑虑颇多，态度消极，原因是：第一，美国虽与日本矛盾尖锐，但无意同日本发生武装冲突。美国当政者意识到此时对日作战，并无必胜把握。1907 年 8 月，罗斯福在同德国驻美大使斯登堡(Sternburg)的一次谈话中承认美国尚未做好对日作战准备，一旦爆发战争，美国海陆军可能战败。他说美国"在远东还缺乏一个坚固的港口作为海军基地"。如果同日本作战时，"没有这样的港口供使用，即使最优秀的海军也会遭致失败"。罗斯福指出美国陆军状况也令人担忧，他说："当我同骑兵旅从古巴回来时，我曾直接带你去蒙淘克军营(Montauk Camp)全面视察所有官兵。我记得你说过这样的话：'如果缺乏完善训练，纵然是最好的赛马，也会在可怕的竞赛中败北。'自那以后，你知道，我主要致力于将最好的训练制

---

① *Die Grosse politik der Europäischen kabinette*, 1871 - 1914, Sammlung der Diplomatischen Akten des Auswärtigen Amtes, 卷 25, 第 1 部分 (Berlin, 1925), P.93.

② *Die Grosse politik der Europäischen kabinette*, 1871 - 1914, Sammlung der Diplomatischen Akten des Auswärtigen Amtes, 卷 25, 第 1 部分 (Berlin, 1925), P.93.

③ *Die Grosse politik der Europäischen kabinette*, 1871 - 1914, Sammlung der Diplomatischen Akten des Auswärtigen Amtes, 卷 25, 第 1 部分 (Berlin, 1925), PP.94-95.

度介绍进陆军,我失败了。我试图强制实行这一制度,结果怎样呢? 有士兵开小差,因为他拒绝服从。假若日本用强大兵力侵略美国,我们的陆军将会首先遭到毁灭性打击"。① 日美战争,对美国不利。

第二,罗斯福深知中国军事力量微弱,中、美、德三国同盟,实质上是美德同盟,美国对德皇威廉二世称霸世界的野心有所觉察,对德国倡议建立中、美、德同盟的动机不无疑虑。在美国看来,中、美、德同盟的矛头,既是指向日本,也是针对与德国争夺世界霸权的英国。该同盟旨在破坏美、英两国友好关系,促使两国彼此敌视,美国一旦帮助德国战胜英国与日本,德国下一个打击对象将是美国。

第三,罗斯福认为日本是资源贫乏的穷国。它虽在日俄战争中获胜,国力严重损耗,急需休养生息,医治战争创伤,他相信"日本最为关心的是中国和亚洲大陆,日本聪明的政治家将尽可能防止日本卷入一场同我们的战争",因为不管结果如何,都会伤害日本,"可能使之破产。"② 由于以上原因,罗斯福对德国有关建立中、美、德三国同盟倡议,采取了两面派策略。一方面,对德国虚与委蛇,他要德国驻美大使斯登堡报告威廉二世,他将一如既往,在远东问题上同德国携手合作,中、美、德三国"就联合行动问题达成一项谅解是可以商定的"。③ 另一方面,罗斯福决定派美国舰队巡游世界,舰队在归途中将进入太平洋,向日本炫耀武力,他认为采取这一行动,既可安抚德国,又可向日本施加压力,使其不敢轻率地向美国动武。同时,在日本向美移民问题上,作出愿意和解姿态,派商业与劳工部长梅特卡尔夫(V.I.Metcalf)前往加利福尼亚,劝说当地政府制止排日活动,以缓和日美矛盾;又派陆军部长塔夫脱访问日本,试探日本意向。1907 年 10 月,塔夫脱在东京受到友好接待。他电告罗斯福,日本财政困窘,无意发动战争。至此,罗斯福已基本上打消了联德抗日念头。1908 年 2 月,他致函英王爱德华七世说"我对我国舰队驶向太平洋极感兴趣,

---

① *Die Grosse politik der Europäischen kabinette*, 1871 – 1914, Sammlung der Diplomatischen Akten des Auswärtigen Amtes, 卷 25,第 1 部分(Berlin,1925),P.73.

② *The letters of Theodore Roosevelt*, vol.6(Cambridge, Massachusetts:Harvard university press, 1952).P.1513.

③ *Die Grosse politik der Europäischen kabinette*, 1871 – 1914, Sammlung der Diplomatischen Akten des Auswärtigen Amtes, 卷 25,第 1 部分(Berlin,1925),P.80.

我强烈地感到说英语民族的真正利益是一致的,在大西洋和太平洋都是相同的",①主动向日本的盟国英国抛出橄榄枝,以示友好。英王爱德华七世对罗斯福亲善姿态当即表示欢迎,他在复信中说:"我们怀着极大兴趣,注视着你们杰出的舰队巡游太平洋,赞赏你们的海军将领迄今在执行这一伟大任务时的成功方法,您无疑已知晓,我的澳大利亚殖民地曾通过我的政府向你们的舰队发出了访问其主要港口的邀请,如可能的话,请贵国政府授权该舰队接受这一邀请……我完全同意您所说的,说英语民族的利益在大西洋与太平洋都是相同的,"②并表示英国希望同美国合作。罗斯福暗中拉拢德国主要敌人英国,表面上却继续维持对德友好姿态。1908 年 4 月,罗斯福致函德皇威廉二世说:"我希望向陛下保证,作为美国人民的总统,我深深感谢您为促进德、美两国之间友谊所做的值得赞赏的工作……能经常同您合作并支持您的努力,令我深感愉快。"关于中、美、德三国达成谅解,维护中国领土完整或门户开放,罗斯福在信中指出,中国新任驻美公使伍廷芳"既未提出建议,也未作任何暗示",③将三国结盟迟迟未能实现的责任推给中国。德皇威廉二世并未察觉美国真实意图,继续玩弄将美国拖下水的策略,一再催促德国政府加紧行动,从速实现三国同盟。

1908 年 5 月,美国国会通过决议,向中国退还部分庚款。7 月,清廷采纳袁世凯建议,谕令奉天巡抚唐绍仪作为专使大臣,前往美国致谢。感谢美国减退庚款只是借口,唐赴美的主要任务是同美国政府商量建立中、美、德三国同盟,谋求向美国借款,建立东三省银行。唐绍仪出国前曾同雷克司会晤,向他透露此行目的之一是商谈有关建立中、美、德同盟事宜,请他通知德国驻美大使。雷克司当即将这一消息电告德国外交部。德皇威廉二世获悉唐绍仪赴美,他朝思暮想的中、美、德同盟即将实现,喜极乐极。7 月他接见《纽

---

① *The letters of Theodore Roosevelt*, vol.6 (Cambridge, Massachusetts: Harvard university press, 1952).P.940.

② *The letters of Theodore Roosevelt*, vol.6 (Cambridge, Massachusetts: Harvard university press, 1952).P.940.

③ *The letters of Theodore Roosevelt*, vol.6 (Cambridge, Massachusetts: Harvard university press, 1952).PP.992-993.

约时报》记者黑尔（W.B.Hale）与后者谈话达两小时之久，威廉二世毫不掩饰地声称，他已同美国商定支持中国，反对日本，以便保持远东均势，他说："一位中国政治家（按指唐绍仪），此时正启程赴华盛顿商谈细节。"威廉二世强烈表示自己怨恨英国，并说不久德国将不得不同英国开战，他相信开战时间已经临近。英国同日本结盟表明，"她是白种人的叛徒"。① 英王爱德华"是个可怜的家伙"，他崇拜金钱，"周围全是一些只关心股票市场利润的人"，并说"英国正在没落，今年冬天印度会发生暴乱"。② 威廉二世告诉黑尔，"他正在以各种方式帮助回教徒，向他们提供枪械和军官，使之成为抗拒黄祸的屏障"，威廉二世还说"一两年内，美国人肯定会同日本作战"，他感到高兴的是美国"正为此而作准备"。③ 如前所述，罗斯福既不愿加剧美、日之间的矛盾，更不愿美、英关系恶化，他命令巡游世界的美国舰队驶入太平洋，意在向日本施加压力，根本无意同日本作战。他清楚地意识到威廉二世同黑尔的谈话，旨在挑动美、日开战，离间美、英关系，利用美国力量，增进德国在华权益。德国倡议建立中、美、德三国同盟，企图让美国为其火中取栗，嘲笑威廉二世宣扬的"美日必战"之类的言论是"痴人说梦"，④最终摈弃同德国结盟打算。

日本早已探悉袁世凯图谋联合美国与德国抵制日本侵华，决定改善同美国的关系，1907年，在移民问题上同美国达成"君子协定"，允诺不再向意图移民美国的日本劳工颁发护照，主动邀请巡游世界的美国舰队访日。1908年10月，美国舰队停泊横滨港，受到日本朝野热烈欢迎。日本政府谕令驻美大使高平小五郎同美国国务卿罗脱，就有关美、日两国彼此维护其在中国与太平洋的利益问题进行会谈。

---

① *The letters of Theodore Roosevelt*, vol.6, Cambridge, Massachusetts: Harvard university press, 1952.PP.1163-1164.

② *The letters of Theodore Roosevelt*, vol.6, Cambridge, Massachusetts: Harvard university press, 1952.P.1466.

③ *The letters of Theodore Roosevelt*, vol.6, Cambridge, Massachusetts: Harvard university press, 1952).PP.1163-1164.

④ *The letters of Theodore Roosevelt*, vol.6, Cambridge, Massachusetts: Harvard university press, 1952.P.1467.

　　袁世凯与唐绍仪却对日、美两国正背着中国进行幕后交易,一无所知。唐绍仪赴美途中曾取道日本,日本外务相小村寿太郎多次同他会晤,在谈话中,小村指责西方列强为了自身利益,尽力阻碍中日亲善,挑拨离间两国关系,并暗示存在针对日本的德、美、中三国协商计划,唐此次赴美同上述计划有关,①向唐绍仪旁敲侧击,提出警告。

　　唐绍仪尚未到华盛顿,代理国务卿培根(Bacon)明确表示可以"对唐绍仪先生保持一种开明而客气的态度",但"建立外交联盟是不可能的"。② 罗斯福也说:"美国人民并未怀有因满洲遭到侵略而同日本作战的想法。"③美国当政者的态度表明,唐绍仪肩负的主要使命,前景不妙,很难完成,更使唐绍仪感到意外的是在他赴美途中,中国国内政局发生巨变。

　　11月,唐绍仪行抵檀香山,获悉光绪皇帝与西太后相继去世,光绪帝的弟弟醇亲王载沣的儿子溥仪继位,年号宣统,载沣为摄政王,掌握清廷大权。当唐绍仪从旧金山到华盛顿前夕,日本大使高平与美国国务卿罗脱关于改善两国关系的谈判已经结束,双方同意维持太平洋地区现状,相互尊重上述区域内属于彼此的领土;支持中国独立与完整及各国在华工商业机会均等。高平并将日、美双方代表签字时间,故意定在唐绍仪抵达华盛顿的11月30日,以便向中、德两国表明,由德国倡议,袁世凯支持的中、美、德联盟计划彻底破产。罗斯福在同继斯登堡出任德国驻美大使的柏恩斯多夫(Bernstorff)的一次谈话中,曾解释美国拒绝接受三国同盟计划的原因,他说:中、美、德三国结盟,也许会诱使中国执行敌视日本的政策,"一旦中日发生冲突,必将发现中国完全未进行武装准备,在这种情况下,无论是德国还是美国均不可能保护中国,抵抗日本。我们不可能派遣舰队进入太平洋,美国不可能为中国而战。因为美国公众舆论不会同意进行这样的战争,倘若美国必须对日作战,只能纯粹是为了美国利益,那时,美国人会竭尽全力进行战争,并且

---

　　① 寺本康俊:《日露戦争以後の日本外交——パワー・ポリティクスの中の満韓問題》,东京:信山社,1999年,第441—442页。

　　② Charles Vevier:*The united States and China*,1906-1913,A study of Finance and diplomacy, New Brunswick,New Jersey;Rutgers university Press,1955,P.74.

　　③ Charles Vevier:*The united States and China*,1906-1913,A study of Finance and diplomacy, New Brunswick,New Jersey;Rutgers university Press,1955,P.75.

定会获得胜利。"①这不仅是罗斯福个人的意见,而是继罗斯福之后历届美国总统在处理中美关系时所奉行的原则,即美国利益至上,为维护这一原则,必要时可以牺牲中国。袁世凯以及后来北洋政府当权者,甚至像孙中山这样的中国民主革命派,均对美国宣扬的"门户开放"政策旨在维护中国领土主权完整深信不疑,以为当中国遭到日本等国侵略时,美国会出面保护中国,制止侵略,坚决遏制日本等强国蚕食或吞并中国的野心。

唐绍仪见中国与德、美两国结盟已无可能,只得退而求其次,谋求在美国获取贷款,建立东三省银行,发展东北经济。1908 年 12 月 9 日,唐绍仪会见国务卿罗脱,谈及贷款一事。美国政府虽摈弃中、美、德三国结盟计划,却从未停止奉行向广袤富饶的中国东北进行经济扩张的政策,为卓有成就地实行这一政策,美国政府特地将驻奉天总领事司戴德调回国内,任命他为国务院远东司司长。罗脱指示司戴德:"中国在美国或欧洲谋求贷款的前提条件是,履行1903 年签订的中美商约以及 1902 年中英商约有关条款。"②他要司戴德向唐提供各种帮助,使他能同美国财界和商界的重要人物会面。司戴德四处奔走,游说铁路大王哈里曼、银行家谢胡等人投资东北,为唐绍仪同这些大资本家进行贷款谈判,牵线搭桥。载沣掌握清室大权后,清统治集团内部亲日势力抬头,他们极力反对袁世凯奉行的联美抗日政策,向摄政王进言:"日本之至中国也,在三日之内;美之援中国也,在二十日以外。夫不忧三日之祸,而待二十日之援,谋臣失策为不忠。"③1909 年 1 月 2 日,唐绍仪的后台袁世凯被清廷解除一切职务,放逐回河南。清廷谕令唐绍仪回国,中、美、德同盟闹剧终于落幕。

美国对袁世凯下台深感震惊和惋惜。1909 年 1 月 10 日,美国国务卿罗脱训令美国驻华公使柔克义,以国务院和美国总统名义,联络英国驻华公使朱尔典(Jordan)进行干涉。④ 1 月 15 日,柔克义和朱尔典往见庆亲王奕劻,就清廷惩

---

① *Die Grosse politik der Europäischen kabinette*, 1871 – 1914, Sammlung der Diplomatischen Akten des Auswärtigen Amtes,卷 25,第 1 部分(Berlin,1925),P.97.

② Charles Vevier:*The united States and China*,1906–1913,*A study of Finance and diplomacy*, New Brunswick,New Jersey:Rutgers university Press,1955,P.78.

③ 刘体智:《异词录》,《清代史料笔记丛刊》卷 4,中华书局 2007 年版,第 218—219 页。

④ Paul A. Varg:*Open door diplomat*,*The life of W.W.Rockhill*,university of Illinois Press,1952, P.80.

处袁世凯一事提出质问,公开干涉中国内政。长期侨居中国、熟悉中国政情的美国人布朗甚至认为如果袁世凯不服从罢黜他的命令,"用戊戌政变时西太后对待已故皇帝的办法对待摄政王,西方国家无疑会支持他。"①布朗这一观点,在一定程度上代表了美国官方的看法。阴险狡诈的袁世凯毕竟比布朗之流高明,他深知公然抗拒朝廷只能弄巧成拙,他虽免职,其部下仍牢牢掌握北洋军队,党羽也未受株连,势力仍然存在,决定玩弄韬晦之计,暂返河南,等待时机。

第四节　协助袁世凯绞杀辛亥革命

1911 年 10 月,辛亥革命爆发,革命烽火迅速蔓延大半个中国,清朝腐朽统治分崩离析,这为袁世凯东山再起提供了极好的机会。

美国唯恐日本乘中国内部动乱,出兵干涉,攫取利权。10 月 15 日,清政府外务部通知美国驻华代办威廉斯(E.T.Williams)说:"日本有一支舰队正待命出发驶往中国,同已在汉口的川岛海军上将会合。"②同日,美国驻日本代办斯凯勒(Schuyler)也电告国务院:"如果在满洲出现严重叛乱,日本与俄国将不同列强协商立即出军。在别的国家还未向那里派有一兵一卒前,两万日本士兵就能抵达北京。"③美国随即以保护其在武汉三镇侨民的生命与财产为借口,从太平洋舰队抽调 5 艘巡洋舰由夏威夷开赴中国,进入长江,又从菲律宾调派 2400 人的陆军部队去武汉,④摆出武装干涉中国革命架势,伺机渔利。美国海军部向塔夫脱总统建议,美国海军应夺取宁波和上海以南地区,特别是舟山群岛作为美国海军基地。舟山群岛位于吴淞以南,杭州湾入口,是控制长江下游战略重地。第一次鸦片战争时曾为英侵略军占据,直至 1846 年

---

① A.J.Brown:*The Chinese Revolution*,New York,1912,P.171.

② *Papers Relating to the Foreign Relations of the united States*,1912,Washington:Government Printing office,1919,P.49.

③ *Papers Relating to the Foreign Relations of the united States*,1912,Washington:Government Printing office,1919,P.50.

④ *Daniel M.Crane and Thomas A.Breslin:An Ordinary Relationship*,American opposition to Republican Revolution in China,university Presses of Florida,1986,P.40.

英国逼迫清廷同意不将舟山岛租让与别国,方始从该岛撤军。1869—1870年,德国地理学家李希霍芬(Richthofen)曾上书德国首相俾斯麦(Bismarck)主张德国应占领舟山岛,直至19世纪末,长江流域已成为英国势力范围,德国仍觊觎该地,法国也宣称法国有权占有舟山岛。塔夫脱总统深知如美国出军占据舟山岛以及上海以南地区,势必同列强发生武装冲突,美国不仅要付出高昂代价,而且可能促使列强动手瓜分中国,中国解体不符合美国利益,拒绝采纳海军部意见。美国政府希望中国革命烈火迅速熄灭,清朝统治得以延续。美国主要报刊纷纷发表评论,攻击中国革命,他们宣称革命党人欲在中国建立共和政府是"荒谬的",中国人完全不适合自治,中国革命只会中断正在取得的进步,阻碍贸易,危及外国利益。[1] 美国驻华公使嘉乐恒(Calhoun)声称要使人民适应自治,"需要长时期准备"。[2] 武昌起义后,中国革命形势飞速发展,使美国当政者深感不安,1911年10月26日,美国驻华代办威廉斯在致国务卿的报告中说:"朝廷看来吓破了胆,王公贵族纷纷准备逃走","综观清帝国局势,人们不能不承认,目前的满清王朝正面临着它历史上最严重的危机,如果不能达成和解,清帝国即将四分五裂,或许清政府被完全推翻。"他认为"假若袁世凯掌握领导权,通过建立一个改革的政府,成功地争取到不满的省份归顺,清朝可能得救。"[3]美国政府决定扶植袁世凯,绞杀中国革命,维护并扩大美国在华权益。美国驻华公使嘉乐恒在北京公使团会议上首先建议起用袁世凯,他强调指出:"在此困难时期,能使中国国内生活趋于正常者只有袁世凯。"[4]美国财团在华代理人司戴德之流极力制造"非袁莫属"的舆论,他们扬言"如清廷起用像袁世凯这样强有力人物帮助它,并同意进行点滴宪政改革,叛乱会被迅速平定"。[5] 在美、英等国压力下,处境困难的清廷被迫起用袁世

---

[1] F.R.Dulles：*China and America*，Princeton，1946，PP.138-139.

[2] *Papers Relating to the Foreign Relations of the united States*，1912，Washington：Government Printing office，1919，P.53.

[3] *Papers Relating to the Foreign Relations of the united States*，1912，Washington：Government Printing office，1919，P.52.

[4] E.A.БЕЛОВ：*РЕВОЛЮЦИЯ* 1911-1913 *ГГ.В KuTae*，Москва，1958，PP.59-60.

[5] J.G.Reid：*The Manchu abdication and the powers*，Berkeley：university of California Press，1935，P.244.

凯。1911 年 10 月 14 日,清廷谕令在河南彰德"养疴"的袁世凯为湖广总督,所有湖北军队及援鄂水、陆各军皆归其节制,袁世凯却以"足疾未痊"力辞,接着就向清廷提出 6 项条件,其中最主要者是:(1)明年召开国会。(2)组织责任内阁。(3)须委以指挥水、陆各军及关于军队编制的全权。(4)须给他十分充足的军费。袁世凯提出上述条件的目的,在于摆脱摄政王载沣对他进行控制,集军政大权于一身,为其窃夺革命果实奠定基础。美国十分了解袁世凯的意图,当即伙同其他国家同袁世凯一唱一和,向清廷施加压力,要它向袁世凯让出更多权力,美、英、德、法组成的四国银行团一再表示"希望一个像袁世凯的人物,确保一个稳定的政府"。① 终于迫使清廷谕令袁世凯出任总理大臣,组织责任内阁。美国还唯恐袁世凯被清廷掣肘,难以充分发挥其反革命能力,在 1911 年 11 月 23 日召开的北京外交使团会议上,美国公使力主"保证袁世凯的地位安全,使其能进行有效活动。"②英国驻华公使朱尔典完全赞同美国公使意见,12 月 3 日,他电告英国外交大臣格雷(Grey)说:"当前外国干涉的唯一领域是让愚蠢而顽固的摄政王下台,他正拒绝退位。"③在美、英等国逼迫下,载沣终于辞职,袁世凯掌握军政大权,努力执行绞杀中国革命的任务。他的具体办法是以革命恐吓清廷,使丧魂落魄的清廷完全向他屈服,另一方面又以清廷威胁革命政府,作为向革命政权讨价还价的资本。袁世凯出山后,曾秘密派人往见湖北革命军首领黎元洪,表示愿意和谈,被黎拒绝。袁世凯遂下令猛攻汉阳,11 月 27 日,汉阳被冯国璋所指挥的北洋军攻占。袁世凯见迫使南方革命政府作出重大让步的时机已至,转请英国公使朱尔典出面建议南北双方停战议和。12 月 18 日,袁世凯的代表唐绍仪同南方革命政府代表伍廷芳在上海开始议和谈判。

　　和谈刚开始,美国即向南北议和代表送交下列声明:"美国认为,目前中国战争继续,不仅使中国自身,而且使外国人的重要利益与安全遭受严重影响,美国政府在保持其迄今采取的严守中立态度的同时,认为有责任非正式地

---

　　①　J.G.Reid: *The Manchu abdication and the powers*, Berkeley: university of California Press, 1935, P.244.

　　②　Е.А.БЕЛОВ: РЕВОЛЮЦИЯ 1911−1913 ГГ.В Китае, Москва, 1958, P.63.

　　③　Peter Lowe: Great Britain and Japan 1911−15, New York, 1969, P.72.

吁请双方代表注意,必须尽快达成一项能结束目前争端的协定。"①英国也向和谈双方发出与上述内容相同的声明。正如俄国驻华代办世清(Schekin)所说,美、英等国的这一声明,"旨在给予袁世凯道义上的支持",②向南方革命政府施加压力,迫使它停止革命战争,向袁世凯屈服。

此时,清政府的财政极其困难。1911年10月财政赤字高达数千万银两,加以全国有半数以上省区脱离清政府独立,使原本捉襟见肘的财政更为困窘。1911年11月,袁世凯请求四国银行团给予贷款,以便支付军饷,镇压革命。美国当即抛弃"严守中立"假面具,力主列强向袁提供贷款。美国驻华公使嘉乐恒说:当前中国"唯一被承认的政府是在袁世凯单独控制之下,袁世凯显然在逐渐变得强有力,但是,他没有钱,他的政府可能随时都会瓦解……继续保持中立,意味着等待袁政权瓦解……如贷款具有广泛国际性,可能迫使叛党接受合理的条件。"③也即如果西方列强拒绝向袁世凯提供财政援助,则袁内阁会面临垮台危险,倘若列强联合向袁贷款,将迫使南方革命政府向袁世凯妥协让步。英国公使朱尔典完全同意贷款与袁,他认为"袁世凯作为唯一能挽救时局的人物,应当得到外国财政援助。"④由于南方革命政府强烈谴责和反对,列强向袁贷款的计划才未能实现。1911年12月,孙中山一行从欧洲经香港去上海,在香港停留期间,特地会晤美国驻香港总领事安德逊(George E. Anderson),叙述他近期计划:回国后,他将建立统一的临时政府,出任临时政府总统,组织内阁,任命各省省长,授权其总参谋长美国人李何默(Homer Lee)同清政府代表谈判,中心议题是清政府必须放弃一切权力,在这个问题上绝不妥协,必要时将请美国总统出面调停。清室退位,享受民国政府优待。临时政府具有军事性质,一旦条件允许,拟参照美国政府模式建立一个永久性的强有力的中央集权共和政体,聘请美国

---

① Daniel M. Crane and Thomas A. Breslin, *An ordinary Relationship, American Opposition to Republican Revolution in China*, University Presses of Florida, 1986, PP. 54−55.

② Е.А.БЕЛОВ, *Россия и КИТАИ В НАЧАЛЕ ХХ ВекА Русско-Китайские противоречия В 1911−1915 ГГ*, Москва, 1997, P.48.

③ J.G.Reid: *The Manchu abdication and the powers*, Berkeley: university of California Press, 1935, P.265.

④ T.W.Overlach: *Foreign Financial Control in China*, New York, 1919, P.237.

法学家帮助制定宪法。① 尽管孙中山显示出强烈亲美倾向，美国政府仍将赌注压在北洋军阀头目袁世凯身上。

12 月 25 日，孙中山抵达上海，受到上海各界人士热烈欢迎。12 月 29 日，南京临时议会选举孙中山为中华民国临时大总统。消息传来，美国公使嘉乐恒甚感不快，他电告美国国务卿说："孙逸仙将于明日离沪赴南京就职。他竟然置上海和谈会议以及召开国民会议公决国体的建议于不顾。"②袁世凯对和谈本无诚意，他倡议和谈，目的在于获取大总统职务，获悉孙中山出任临时政府大总统，怒不可遏，谕令免去唐绍仪全权代表职务，派员通知在北京的美国外交官，他不同意建立共和政体，并授意冯国璋、段祺瑞等北洋将领，联名电请内阁代奏，维持君主立宪政体，声称若采用共和政体，必誓死抵抗，向南方革命政府进行威胁讹诈。美国紧密配合袁世凯的行动，严令其驻华使节不得与南方革命政府进行官方接触，拒绝承认革命政权。南方革命政府代表伍廷芳曾照会各国驻华外交使节，宣布革命政府将根据国际法赋予的权力，对被怀疑装载军事禁品的中立国船只进行搜查，一旦发现装有军事禁品，即将该船只没收。美国亚洲舰队总司令墨多克（Murdock）公然叫嚷，美国并未承认叛军是交战方，"不能允许以任何借口没收美国船只。"③南京临时政府成立后，外交总长王宠惠曾两次致电美国政府，请其承认以孙中山为首的中华民国临时政府，均遭拒绝。美国与英、法等国采取一致行动，反对向南京临时政府提供任何贷款，阴谋从财政上窒息革命政府，逼迫孙中山将临时大总统职位让予袁世凯。1912 年 1 月 16 日，嘉乐恒在致国务卿诺克斯（Knox）电文中将袁世凯与孙中山作了一个对比，他说："一般认为袁世凯是今日中国最有能力的人物……至于孙逸仙……无论从其品质与能力看，此间人士都不认为他是具有代表性的人物，他生在沿海，他在外国受的教育，他绝大部分时间都生活在国外，他不知道中国的内情，或者说不懂得中国人民的生活、性格、传统与习惯，

---

①　Robert A.Scalapino and George T. Yu：*Modern China and Its Revolutionary Process*，*Recurrent Challenges to the traditional Order*，1850－1920，university of California press，1985，P.325.

②　*Papers Relating to the foreign Relations of the united States*，1912，Washington，1919，P.60.

③　*Papers Relating to the foreign Relations of the united States*，1912，Washington：Government printing office，1919，P. 175.

所以孙逸仙能控制局势是十分可疑的。"①

  1912 年 2 月,清帝退位,孙中山辞去临时大总统职务,在美、英等国支持下,袁世凯登上中华民国临时大总统宝座。以袁世凯为首的北洋军阀政府的建立,意味辛亥革命终于失败。

---

  ① *Papers Relating to the foreign Relations of the united States*,1912,Washington:Government printing office,1919,PP.61—62.

第二章　支持袁世凯建立独裁统治

第一节　美国撤出国际银行团

　　20世纪初,美国在中国金融领域内的势力和影响逐渐增强,美国花旗银行(The National City bank of New York),在中国设立了分行。1903年,美国应清政府邀请,派遣以詹克斯博士(Dr.Jenks)为首的专家小组至中国,调查银价波动原因,并帮助清政府制定币制改革方案。1909年,共和党候选人塔夫脱在美国总统选举中获胜,出任美国总统,诺克斯被任命为国务卿。塔夫脱政府积极推行对华金元外交,在中国南方,鼓励美国银行界同英、德、法三国银行团一道,组成四国银行团,向清政府提供湖广铁路贷款;在中国北方则提出"满洲铁路中立化计划",由列强共同管理与经营满洲各条铁路,意图取消日、俄两国在东北的势力范围,招致俄、日两国强烈反对,日本的盟国英国亦不表示支持,该项计划宣告失败。然而清廷并未放弃将美国势力引进东北,依靠美国抵制日、俄的方针。1910年秋,东三省总督锡良上奏清廷,提出开发东北计划,主张在东北设立垦务局,移民实边,兴办实业,修筑铁路,借外债2000万银两,以1000万两开设东三省银行,500万两用于移民兴垦,500万两作为开矿、筑路之资。清廷原则上批准了锡良的建议,拟将币制改革借款与振兴东三省实业借款合并起来,由中央度支部统一向美国借贷。1910年10月,度支部与摩根公司(J.P.Morgan and Co.)、坤洛公司(Kuhn,Loeband Co.)、第一国民银行(The first National bank)以及花旗银行组成的美国银行团签订《美国借款草合同》(即"币制改革与振兴实业借款草合同"),根据这一合同,美国银行团应向清廷提供5000万美元贷款,鉴于5000万美元(合银8000万两)数额太大,美

— 27 —

国金融界一时难以承担,担心日、俄两国从中破坏,美国决定邀请德国以及俄、日两国的盟国英、法两国银行团,组成美、德、英、法四国银行团共同承担这笔贷款。1911年4月,清政府度支部与美、英、德、法四国银行团在北京签订《币制实业借款合同》,借款总额为1000万英镑(合银8000万两)由美国银行团以及英国汇丰银行、德国德华银行、法国东方汇理银行共同承担,年息5厘,95折。不久辛亥革命爆发,1912年2月,清帝退位,孙中山辞临时大总统职务,袁世凯出任临时大总统。袁政府财政窘迫,继续向四国银行团商洽借款。英、法两国认为没有俄国与日本参加,四国银行团很难达到垄断中国对外贷款、控制中国财政目的,力主邀请俄、日两国财团参加,俄国与日本却提出对华贷款不得加入损害俄、日两国在满洲、蒙古与新疆利益的条款,作为参加四国银行团的条件。最初,美国银行团对日、俄加入表示反对,特别是坤洛公司反对尤烈,因为美国银行团参加对华贷款目的之一就是为了向中国东北扩张势力。由于塔夫脱政府正推行列强对华"一致行动"政策,在美国政府劝告下,美国银行团不得不留在国际银行团内,充当塔夫脱政府"金元外交"的工具。

1912年6月,日、俄两国正式加入银行团,从此,四国银行团转变成六国银行团,继续同袁政府进行善后大借款谈判。包括美国在内的六国政府均赞成垄断中国对外贷款,通过贷款对中国财政进行监督。1912年12月,六国银行团在伦敦举行会议,同意向袁政府提供2500万英镑的善后借款。

从1912年12月至1913年3月,袁政府与六国银行团之间以及六国银行团内部,就善后借款条件问题进行了激烈争论。六国驻华公使向袁政府提出的贷款条件是:1. 中国必须偿付外人在辛亥革命爆发后所受损失。2. 聘请外人为财政顾问。袁政府为尽快获取贷款,只好应允,但向六国公使声明,外人所受损失只限于"作战地区";关于委派外籍顾问问题,届时将"私下告知外籍顾问姓名、责任与权力"。[1] 1913年2月,袁政府通知六国公使,中国政府已任

---

[1] *Papers Relating to the foreign Relations of the united States*, 1913, Washington: Government printing office, 1920, P.147.

命丹麦人奥森（Oiesen）为盐务稽核处会办,德国人鲁夫（Rumpf）为对外借款局会办,意大利人罗西（Rossi）为审计处会办。六国公使立即开会讨论外籍顾问问题。会上,法国公使建议将外籍顾问从3人增至6人,6个贷款国各派一人出任顾问,美国公使嘉乐恒表示反对,主张外籍顾问仍为3人,他说由于德国人已任命为对外借款局会办,余下两个职务,即盐务稽核处会办与审计处会办,应分别由英国人与法国人担任,法国公使同意嘉乐恒建议,俄国公使表示反对,理由是俄国政府在以盐税为担保的庚子赔款中所占份额最大,应派俄国代表管理盐政。① 因意见分歧,会议决定将这一问题报请各自国家的政府处理。美国国务卿诺克斯赞同嘉乐恒在六国公使会议上提出的建议,指责俄国的要求“不合时宜,且毫无道理”。② 2月5日,英国向美国提出4名外籍顾问方案,盐务稽核处会办:英国人;对外贷款局会办:德国人;审计处会办:法国人和俄国人,希望美国政府对上述方案予以采纳。美国反对俄国人进入审计处,仍坚持3名外籍顾问主张。法国放弃它先前提出的任命6名外籍顾问方案,转而支持英国方案。德国认为英国人既担任中国海关总税务司,又出任盐务稽核处会办,必将加强英国在华势力,遂公开提出应由德国人出任盐务稽核处公办。列强围绕外籍顾问任命问题,吵吵嚷嚷,争论不休,善后大借款谈判一再拖延,难以结束。

1913年3月,以威尔逊为首的民主党政府成立,布赖恩（Bryan）出任国务卿。美国银行团代表司戴德等人会晤布赖恩,询问新政府是否继续要求美国银行团参加国际银行团善后大借款谈判。3月12日,威尔逊召开内阁会议,讨论美国银行团参加国际银行团对华贷款问题,参加会议的多数政府要员均主张美国银行团退出国际银行团。威尔逊与布赖恩亦不赞成美国留在国际银行团参加善后借款谈判。3月18日,威尔逊在报上发表声明,宣称善后大借款条件“很近于触犯中国行政独立”,③会导致列强干涉中国财政和政治事务,

---

① *Papers Relating to the foreign Relations of the united States*,1913,Washington：Government printing office,1920,P.151.

② *Papers Relating to the foreign Relations of the united States*,1913,Washington：Government printing office,1920,P.151.

③ *Papers Relating to the foreign Relations of the united States*,1913,Washington：Government printing office,1920,P.170.

美国政府不应要求美国银行家参加善后大借款。威尔逊发表公开声明后,美国银行团随即宣布退出六国银行团。有的学者认为威尔逊政府作出这一决定是基于道义上的考虑,因为威尔逊感到西方列强和日本正计划采用"帝国主义方式",损害中国主权,对其内政进行控制,是道义上的错误。故决定美国银行团撤出大借款谈判,"美国应以别的较为体面的方式帮助中国人民"。①这一观点未能揭示问题真相,难以令人信服。威尔逊政府作出这一决定的真实原因是:第一,美国银行团急于脱离六国银行团。19 世纪末至 20 世纪初,美国垄断资本集团向东北扩张经济势力,屡为日本和沙俄所阻。参加国际银行团的日、俄两国一再宣布,两国在东北有特殊利益,六国银行团同中国订立的贷款协定,不得损害日、俄利益,英法两国支持日本和俄国上述声明。美国银行团看出通过六国银行团向东北扩张势力已无可能,早在日、俄参加四国银行团之际已萌生退意。1913 年 2 月,国务卿诺克斯在致驻华公使嘉乐恒电文中承认,"美国银行团正在认真考虑退出目前贷款谈判",②威尔逊政府成立后,美国银行团的代表立即向美国政府表示,美国财团不愿再成为六国银行团成员,除非新政府要求他们留在国际银行团内。威尔逊政府的新政策符合美国银行团意愿。第二,列强将英日联盟、俄日联盟、俄法联盟引入六国银行团有关善后借款谈判,逐渐形成英、俄、日、法四国联盟排斥美国与德国的趋势。监督中国财政、操控中国政治权力,实际上由英、俄、法、日等国掌握,美国在六国银行团内处于孤立境地,它不愿充当别国侵华工具。第三,六国银行团对华贷款具有垄断性质,禁止或限制中国政府向六国银行团以外的外国资本家借款。美国银行团也是由美国极少数大财团组成,将美国为数众多的中小金融机构排斥在外,美国的中、小资本家曾向威尔逊呼吁应允许他们独立对华投资。威尔逊认为仅由美国大财团垄断对华贷款,获取高额利润,而将美国广大中、小资本家关闭在中国庞大投资市场之外,不符合他所提出的对内反资本垄断,倡导自由竞争;对外鼓励美国资本家对华投资,密切中、美两国商贸关系的

---

① Arthur S. Link: *Wilson, the diplomatist, A look at his major Foreign Policies*, Johns Hopkins Press, 1957, PP.18-19.

② *Papers Relating to the foreign Relations of the united States*, 1913, Washington: Government printing office, 1920, P.163.

政治纲领。第四,六国银行团奴役中国的借款条件,遭到中国社会舆论猛烈抨击,美国参加六国银行团贷款严重损害了美国在中国人民心目中的形象,撤出六国银行团有利于提高美国在华政治声誉。第五,1913年春,美国主流媒体以及部分政治家均主张美国应承认中华民国政府,塔夫脱领导的共和党政府,因受辛亥革命期间它所推行的列强“一致行动”原则束缚,既不愿美国银行团退出善后大借款,也不敢在英、日、俄等国拒绝承认中华民国政府情况下,率先承认民国政府,在威尔逊等人看来,这种作茧自缚政策不利于美国在华扩张势力,美国宣布退出六国银行团,向列强表明,美国新政府已不再受“一致行动”原则约束,从而在承认民国问题上获得主动权。

总的说来,威尔逊的民主党政府与塔夫脱的共和党政府在对华问题上,均奉行美国传统的门户开放与机会均等政策,两者对华方针并无实质分歧,威尔逊政府只不过基于新形势,对塔夫脱政府陷于进退两难的对华政策,及时作出局部调正,使之更加符合美国最大利益。

第二节　承认袁世凯政府

从1911年10月至1913年5月2日,美国从拒绝承认中国革命政府至正式承认袁世凯领导的中华民国政府,经历了两年多时间,大致可划分为三个阶段:第一阶段,1911年10月至1912年3月,美国共和党政府拒绝承认革命派领导的民国政府。第二阶段,1912年3月至1913年5月2日前,美国同袁世凯政府关系亲密,但并未正式承认袁政府。第三阶段,1913年5月2日,威尔逊领导的民主党政府正式承认以袁世凯为首的中华民国政府。塔夫脱领导的共和党政府始终拒绝承认民国政府,威尔逊上台不久即予承认。从形式上看,两者所执行的政策并不相同,实质上,目的却是一致的,即支持袁世凯消灭中国革命力量,建立独裁政权。

1911年10月,武昌起义胜利,革命派在湖北成立中华民国湖北军政府,11月,军政府外交部副部长王正廷曾同美国驻汉口领事格林(R.Greene)商谈美国承认革命政府问题。格林声称美国只能依据事实行事,现今,中国各地的共和派领袖各行其是,彼此不合作,尚未建立中央政府,并且清朝仍控制着大片中国国土,因而美国承认共和政府既办不到也不适宜。① 1912 年元月,孙中山在南京建立临时政府,美国仍坚持不承认政策。1 月 13 日,国务卿诺克斯电告美国驻汉口总领事说:"无论何时,只要对保护美国公民人身与财产安全有利,本院并不反对你同革命领袖们建立非正式关系,但无论口头抑或书面同革命派领袖保持联系一事,均不能视为承认革命派的政府是负责任的政府。"②美国奉行不承认民国政府方针,迫使革命派向袁世凯屈服,以便在中国建立能维护并增进美国权益的北洋军阀政权。美国此举取得成效。2 月,清帝退位,紧接着,孙中山辞职,南京临时参议院选举袁世凯为临时大总统,黎元洪为副总统。南方与北方形式上的统一初步实现。1912 年 2 月 29 日,美国参众两院通过一项决议案,对以袁世凯为首的中国共和政府的建立表示祝贺,美国众院外交委员会主席苏尔日(W.Sulzer)主张应尽早承认中华民国政府,可是,塔夫脱政府在承认中国共和政府问题上却另有打算。3 月 2 日代理国务卿亨廷顿·威尔逊(Huntington Wilson)电告美国驻华公使嘉乐恒将国会参众两院关于祝贺中国共和政府的决议案文件向美国驻华领事馆传达,他在电文中特别指出国会参众两院关于祝贺中国共和政府的决议案,仅仅是美国人民通过他们的代表对中国建立的新制度表示同情,不能与承认中国政府混同起来,承认中国共和政府是属于"行政当局的特权"③。塔夫脱政府不愿在此时承认民国政府,主要原因是武昌起义爆发不久,美国为防止别的国家采取单独干涉行动,在华获取特权,曾倡议对中国革命实行列强"一致行动"原则,获列强赞同。鉴于英、俄、日等国均反对在其侵略愿望未达到充分满足前承认民国政府,塔夫脱政府唯恐因美国采取单独承认行动,破坏它所倡导的"一致行动"原则。美国认为袁政府面临的最大危机是财政陷入严重困境,这一问题如不迅速解决,袁政府可能垮台,中国会再次陷入混乱局面,日、俄等国将乘机

---

①   Daniel M.Crane and Thomas A.Breslin:*An Ordinary Relationship,American Opposition to Republican Revolution in China*,University Presses of Florida,1986,P.111.

②   *Papers Relating to the foreign Relations of the united States*,1912,Washington:Government printing office,1919,P.61.

③   *Papers Relating to the foreign Relations of the united States*,1912,Washington:Government printing office,1919,P.71.

进行武装干涉,掠夺中国疆土,危害美国在华权益。因此,塔夫脱政府决定继续遵循列强"一致行动"原则,鼓励美国银行团参加国际银行团,向袁政府贷款,迫切希望贷款协定能早日签订。

塔夫脱政府拖延承认中华民国,引起美国国会与社会各界不满和反对。美国新教大主教哈麦尔(Hammer)呼吁塔夫脱政府立即承认中国共和政府,他认为中华民国政体与美国共和体制相似,中美两国有着传统亲密关系,美国承认中华民国有利于美国同日、俄等掠夺成性的国家分离,巩固同中国友好关系。《华盛顿邮报》发表社评,责问塔夫脱政府说:"为什么美国要等待别的国家承认中国新政府。"①1912 年 7 月,袁政府内阁总理陆征祥致电美国国务卿诺克斯,呼吁美国及早承认中华民国。②

迫于国内外压力,1912 年 7 月 20 日,美国国务院训令美国驻法、德、英、意、日、俄与奥地利等国大使,向驻在国政府递交美国政府备忘录,就承认中华民国政府问题征询意见,美国在备忘录中说:"现今中国的临时政府看来大体掌握着政府机器,维持着社会秩序,并在人民默许下,行使着政府职能",根据公认的国际法准则,贵国政府是否认为"目前的中国政府值得正式承认"③?

德国政府的回答是:"鉴于当权政党未能建立一个更为有效和持久的中央政府,德国政府认为此时承认中华民国是不恰当的。"④

奥匈帝国答复说由于中国国内"存在不稳定状况,奥匈政府并不认为承认中华民国时机已至"。⑤

法国复文称:"法国政府认为根据目前状况,承认中国政府的条件似乎还

---

①　Daniel M.Crane and Thomas A.Breslin:*An Ordinary Relationship*,*American Opposition to Republican Revolution in China*,University Presses of Florida,1986,P.115.

②　*Papers Relating to the foreign Relations of the united States*,1912,Washington:Government printing office,1919,P.81.

③　*Papers Relating to the foreign Relations of the united States*,1912,Washington:Government printing office,1919,P.81.

④　*Papers Relating to the foreign Relations of the united States*,1912,Washington:Government printing office,1919,P.82.

⑤　*Papers Relating to the foreign Relations of the united States*,1912,Washington:Government printing office,1919,P.83.

远未具备。"①

俄国政府在向美国驻俄大使递交的一份备忘录中指出：中华民国政府"只是临时政府，在该政府治理下，中国国内状况似乎并未明显改善"，俄国政府主张应"延缓正式承认中华民国"。②

意大利外交部长声称中华民国国内状况仍不稳定，"正式承认的时机尚未成熟"。③

英国外交部在向美国驻英大使送交的备忘录中声明：英国政府收到的报告，并不能证实贵国7月20日备忘录中所说中国内部状况已有改善，或者说临时政府正在实行普遍的行政管理，"相反，袁世凯总统本人也承认中央政府不能迫使中国的某些省遵守条约义务。此外，英王陛下政府没有理由相信此种承认会有助于现政府趋于永久地稳固"。④

日本的答复是："日本政府并不认为目前中国组织的临时政府，已充分符合国际法要求，值得承认。"⑤

8月末，美国驻华公使嘉乐恒又电告美国国务卿说英国于8月17日向中国政府送交了一份备忘录，声称英国"只承认中国对西藏有宗主权，而无主权，反对近三年来，中国干涉西藏内部事务的活动，在中国未同意英国的要求前，英国不能承认中华民国，并将禁止中国人经印度进入西藏"。⑥

列强反对立即承认中华民国，使一向倡导列强在对华问题上"一致行动"的美国政府，更加相信，承认中华民国的时机尚未成熟。1912年9月，代理国

---

① *Papers Relating to the foreign Relations of the united States*, 1912, Washington：Government printing office, 1919, P.83.

② *Papers Relating to the foreign Relations of the united States*, 1912, Washington：Government printing office, 1919, P.83.

③ *Papers Relating to the foreign Relations of the united States*, 1912, Washington：Government printing office, 1919, P.85.

④ *Papers Relating to the foreign Relations of the united States*, 1912, Washington：Government printing office, 1919, P.85.

⑤ *Papers Relating to the foreign Relations of the united States*, 1912, Washington：Government printing office, 1919, P.85.

⑥ *Papers Relating to the foreign Relations of the united States*, 1912, Washington：Government printing office, 1919, P.86.

务卿亨廷顿·威尔逊电告嘉乐恒:"国务院的意见是延缓承认中华民国,直至具有代表性的国会正式通过一部永久宪法,按宪法条文正式选出一位总统,并由具有行使宪法权力的持久政府取代当前的临时政府。"①

塔夫脱政府坚持推迟承认中华民国政府的政策,继续招致社会舆论抨击和非难,甚至美国驻华公使嘉乐恒也主张美国应立即承认中华民国政府。②1913 年 1 月 2 日,参议员培根(Bacon)提出一项联合决议案,敦促美国政府承认中华民国。③

即将下台的塔夫脱政府无意改变对华政策。国务卿诺克斯致函参议院外交委员会主席卡洛姆(Cullom),函内附有一份备忘录,该备忘录对培根参议员提出的有关承认中华民国的决议案,从事实、法律与政策三方面给予驳斥:

国务院的备忘录指出,目前行使中国国家权力的是临时参议院、临时总统及其内阁。临时参议院议员共有 34 名,湖北、江苏、甘肃、新疆、吉林、黑龙江、内外蒙古、青海与西藏均无代表参加。"34 名参议员中没有一位是由各自省份的人民通过正式选举所产生,有些是自封的,有些是由省议会选出,有些是由该省都督所委派",充分说明临时国会并不具有代表性。"备忘录"还针对培根参议员在决议案中所说"一个持久、稳固的临时政府已经建立"的论点批驳说,1912 年 7 月,"由于唐绍仪总理突然辞职而引发的内阁危机期间,袁世凯总统曾发布文告,声称共和政体尚未建立,其基础还不牢固,很难经受任何政治风暴冲击。局势十分紧张,以致他用显示军事力量的方法,才成功地使新组建的内阁获临时参议院批准"。可见中国的临时政府并非持久和稳固。

国务院的备忘录认为是否承认一个外国新政府,属于行政当局职权,应由行政部门决定。

---

① *Papers Relating to the foreign Relations of the united States*, 1912, Washington: Government printing office, 1919, P.86.

② *Papers Relating to the foreign Relations of the united States*, 1912, Washington: Government printing office, 1919, P.84.

③ *Papers Relating to the foreign Relations of the united States*, 1913, Washington: Government printing office, 1920, P.88.

备忘录重申在承认中华民国政府问题上,美国政府仍坚持与列强共同行动的方针。①

袁世凯虽窃取政权,处境十分困难,急需列强给予财政援助,并正式承认他领导的民国政府。

1913 年 3 月,威尔逊就任美国总统。袁世凯当即通过中国驻美公使张荫棠向威尔逊转交他的祝贺信。威尔逊政府对具有巨大潜力的中国市场十分看好,力图乘袁政府处境极为孤立之际,拉拢袁世凯,巩固和扩大美国在华势力和影响,决定扬弃塔夫脱政府关于列强对华"一致行动"的政策。3 月 8 日,国务卿布赖恩函告张荫棠,威尔逊对袁世凯在他就任美国总统时来函祝贺,深表感谢。3 月 18 日,威尔逊政府宣布撤销对美国银行团参加善后大借款谈判的支持。威尔逊关于不支持美国银行团参加善后大借款谈判的声明,并未按照惯例,交由代理国务卿亨廷顿·威尔逊公布(此时,国务卿布赖恩不在华盛顿,国务卿一职,暂由助理国务卿亨廷顿·威尔逊代理),而是直接送交报界公开发表,一向在塔夫脱政府中卖力推行列强对华"一致行动"政策的助理国务卿亨廷顿·威尔逊,对威尔逊总统此举极为不满,主动提出辞职,威尔逊照准,从而在美国政府内部清除了承认袁政府问题上一大阻力。

威尔逊总统的新举措在国内外引起强烈反响。3 月 20 日,日本驻美大使珍田舍巳电告日本外务大臣牧野伸显说,威尔逊政府放弃共和党政府关于列强对华"一致行动"的原则,促使美国银行团退出六国银行团表明:"美国政府可能于近期内单独正式承认中华民国政府。"②美国国内主张从速承认中华民国的各界人士纷纷上书威尔逊,要求立即承认袁世凯政府。美国驻华代办威廉斯希望威尔逊政府率先承认中华民国,从而增进中国对美国的好感,防止别国在承认中国政府时提出不公正条件。他指出如果在承认中华民国政府问题上,美国继续奉行大国合作,"一致行动"的政策,"只能损害美国利益,助长其

---

① *Papers Relating to the foreign Relations of the united States*, 1913, Washington: Government printing office, 1920, PP.88-92.

② 《日本外交文书选译——关于辛亥革命》(邹念之编译),中国社会科学出版社 1980 年版,第 422 页。

他国家侵略野心。"①

　　3 月 25 日,袁政府外交总长陆征祥致电国务卿布赖恩,希望威尔逊总统"忠于美国光荣传统,成为介绍中华民国加入国际大家庭的伟大而慷慨国家的第一个代表。"②

　　3 月 28 日,陆征祥又向威廉斯传达袁世凯总统请求美国立即承认民国政府的愿望。③

　　威尔逊在美国银行团退出六国银行团后,已决心尽早承认袁政府。代理国务卿艾地(A.A.Adee)在同巴西驻美大使馆官员的一次谈话中透露,美国政府正在"仔细考虑"承认中国政府问题。消息传出,引起列强关注。3 月 31 日,英国驻美大使布赖斯(Bryce)致函美国国务卿,要求在承认中华民国问题上恪守列强"一致行动"原则,一如既往,彼此就这一问题坦诚地、无保留地交换意见。④ 德国驻美大使也奉德国政府命令去国务院,对美国意图承认中华民国问题提出询问。

　　1913 年 3 月,袁世凯派刺客在上海沪宁车站杀害国民党领袖宋教仁。宋案发生后,举国震惊,舆论哗然,袁政府面临严重政治危机。中国政局剧烈震荡,丝毫也未动摇威尔逊政府尽早承认袁政府的决心。美国驻华代办威廉斯在致国务卿电文中为袁世凯辩护,他说:"袁世凯总统事前已知晓暗杀宋教仁的阴谋,似乎难以令人相信",因为他不可能不知道"对反对派领袖的这一攻击,会使他的政府处于被怀疑地位,并削弱他对国家的控制。袁世凯过去的经历已证明他是一位精明政治家,无须采用此类手段也肯定能达到打败宋教仁的目的",威廉斯还将宋教仁遇害归因于国民党内讧。他说:"国民党是由许多小党派组成的团体,这些小党派的领导人难免不彼此猜忌。可以肯定,他们

――――――――

　　① *Papers Relating to the foreign Relations of the united States*,1913,Washington:Government printing office,1920,P.98.

　　② *Papers Relating to the foreign Relations of the united States*,1913,Washington:Government printing office,1920,P.99.

　　③ *Papers Relating to the foreign Relations of the united States*,1913,Washington:Government printing office,1920,P.100.

　　④ *Papers Relating to the foreign Relations of the united States*,1913,Washington:Government printing office,1920,P.105.

不赞成宋教仁奉行的政策。他在国民党中央理事会中所处的支配地位,引起嫉妒,从而使他遭到暗算。当人们回顾过去年代,革命党人曾经鼓吹并实行暗杀,采用这一罪恶手段,一点也不会令人感到惊异。"①威廉斯此段评论,充分反映了美国政府对"宋案"所持的立场。威尔逊迫切希望看到"中国建立一个稳定的政府"②。决定尽快承认中华民国,巩固以袁世凯为首的北洋军阀政权。

1913 年 4 月 2 日,威尔逊政府向德、法、英、日、意、俄以及巴西、秘鲁等国驻华盛顿使节送交备忘录,明确宣布美国将于 1913 年 4 月 8 日,中国国会开幕之时,正式承认中国政府,并邀请上述国家在承认中国政府问题上同美国合作,参加承认袁政府行列。4 月 4 日,日本驻美大使珍田前往国务院会晤国务卿布赖恩,面交日本政府对美国 4 月 2 日备忘录的复文,日本政府在复文中说"鉴于目前中国局势,特别是与宋教仁遇刺有关的事件,北京当局已被指控为同谋犯,此事最终可能引起北方与南方之间严重纠纷,威胁该国秩序和安全,日本政府深感忧虑的是,此时承认袁世凯担任临时总统的政府,等于是支持袁世凯先生反对孙中山和黄兴先生为首的南方派。此举不仅不利于外国,而且也会损害中国的正当利益。据此,日本政府深感遗憾地坦率声明在迅速承认中国新政府问题上,不能(同美国)合作。"③继日本之后,英国、奥匈帝国、意大利和法国均纷纷表示,不能按照美国 4 月 2 日备忘录所提出的日程表,同美国一道正式承认中国政府。

威尔逊不顾列强反对,继续推行维护和巩固以袁世凯为首的北洋军阀政府的政策。5 月 2 日,也即"二次革命"爆发前夕,美国驻华代办威廉斯,亲自向袁世凯递交了美国总统威尔逊关于正式承认中华民国政府的信件。在宋案发生,全国震动,袁世凯阴谋败露,处境极为狼狈之际,美国承认袁世凯政府,无疑是对袁世凯在政治上的极大支持。

---

① *Papers Relating to the foreign Relations of the united States*, 1913, Washington: Government printing office, 1920, P.107.

② *David F. Houston: Eight years with wilson's cabinet*, 1913 to 1920, Vol.1, Garden City, New York: Doubleday, page and company, 1926, P.49.

③ *Papers Relating to the foreign Relations of the united States*, 1913, Washington: Government printing office, 1920, P.109.

第三节　反对孙中山领导的"二次革命"

　　美国承认袁世凯政府适于"宋案"发生之后。袁世凯为掩盖其罪行,电令江苏都督程德全认真缉拿凶手,"穷究主名",依法严办。追查结果,刺宋主凶,不是别人,正是袁世凯。3月27日,孙中山从日本归国,力主武力讨袁。国内政局动荡,山雨欲来,袁世凯深知同革命派的战争已不可免,加紧备战,但财政异常困难,1913年上半年,袁政府财政收入为5100万元,而财政支出却多达16800万元,亏缺11700万元。在5100万元财政收入中有1800万元是各省应当解交中央的款项,实际上仅收到200万元。① 除财政紧张外,袁政府一直未获各国承认,政治上处境孤立。英、美等国不愿坐视袁政府垮台。4月26日,以英国为首的五国银行团不顾孙中山等人一再警告,同袁政府签订2500万英镑大借款合同,使袁世凯有可能凭借雄厚财力,购置武器,收买政敌,稳定军心。美国则在中国内战即将爆发的关键时刻正式承认袁政府,帮助袁政府摆脱在国际上处于孤立的困境,提高袁政府政治声誉。美、英等国对袁世凯的支持增强了后者消灭国内革命势力建立独裁统治的信心。4月29日,袁世凯在同英国驻华公使朱尔典的一次谈话中说"孙中山与黄兴渴望掌握政权,并且能获广东、广西或许还有湖南等省的支持,中央政府拥有8万可以信赖的军队,能威慑这三个不顺从的省"。② 5月,袁世凯又公开发表谈话,指责孙中山、黄兴一意捣乱,"除捣乱外,别无本领。左又是捣乱,右又是捣乱,我受4万万人民付托之重,不能以四万万人民之财产生命,听人捣乱……彼等若敢另行组织政府,我即敢举兵征伐之。"③6月,他下令免去李烈钧江西都督职务,继又调广东都督胡汉民为西藏宣慰使。6月末柏文蔚也被免去安徽都督

---

　　① 《清末民初政情内幕——〈泰晤士〉报驻北京记者、袁世凯政治顾问乔·厄·莫理循书信集》下册,知识出版社1986年版,第202页。

　　② Robert L. Jarman ed.: *China*, *Political Reports* 1911 – 1960, Vol. 1: 1911 – 1921, Archive Editions, 2001, P.115.

　　③ 白蕉:《袁世凯与中华民国》,上海《人文月刊》社1936年版,第49—50页。

职务。国民党的三个都督相继被免职,表明袁世凯决定发动内战。至此,国民党才被迫迎战。7月12日,李烈钧在江西湖口出任讨袁军总司令,宣布江西独立,国民党领导的"二次革命"爆发。

"二次革命"爆发后,美国表面上声明对中国内战保持"中立",实则同情并继续支持袁政权。英、美人士控制的上海公共租界工部局宣布,不许革命派利用租界发表污蔑与攻击中国政府的言论。① 7月23日,工部局又作出决定,"将黄兴、孙文、陈其美、岑春煊、李平书、沈缦云、王一亭、杨信之八人逐出租界"。② 美国驻华代办威廉斯声称,禁止交战双方任何一方人员,利用租界作为基地,策划攻击对方,③但却听任已宣布效忠袁世凯的江苏都督程德全在租界内进行阴谋活动,程德全策反讨袁军刘福彪部,命其督率所部进攻吴淞炮台。威廉斯相信袁政府"能镇压暴乱。此次叛乱未获南方商界支持,所以很快就会瓦解。"④"湖南中美协会"曾请求威廉斯出面调停南北武装冲突,被他拒绝。南京商会要求美国副领事吉尔柏特(Gilbet)充当调解人,防止双方在南京城内作战,吉尔柏特置之不理。国务卿布赖恩赞同威廉斯对中国内战的判断及其所持的态度。8月6日,《纽约时报》发表文章说当前国民党发动的"二次革命""并非反对北京政府的人民起义,而是失意政客与猎官者强行夺取权力所作的努力"。⑤ 国务院法律顾问摩尔(J.B.Moore)警告美国驻华领事馆官员,不得采取任何可理解为承认叛党处于交战地位的行动。⑥ 美国政府严禁向革命党输出武器,当陈其美率军围攻上海江南制造局时,袁政府派出一

① *Papers Relating to the foreign Relations of the united States*,1913,Washington:Government printing office,1920,P.122.

② 《时报》1913年7月24日,中华民国史料丛稿:《民初政争与二次革命》下编,上海人民出版社1983年版,第713页。

③ *Papers Relating to the foreign Relations of the united States*,1913,Washington:Government printing office,1920,P.126.

④ *Papers Relating to the foreign Relations of the united States*,1913,Washington:Government printing office,1920,P.126.

⑤ Daniel M.Crane and Thomas A.Breslin:*An Ordinary Relationship*,*American Opposition to Republican Revolution in China*,*University*Presses of Florida,1986,P. 131.

⑥ Daniel M.Crane and Thomas A.Breslin:*An Ordinary Relationship*,*American Opposition to Republican Revolution in China*,*University* Presses of Florida,1986,P. 132.

千多人的队伍前往支援。唐绍仪向威廉斯建议美国出面阻止袁军进入上海，威廉斯借口此举将造成美国同情革命派的印象，同美国政府所执行的"中立"政策不符，明确表示不能采纳。

随着孙中山与黄兴领导的讨袁军在各战场节节败退，威廉斯更加起劲地吹捧袁世凯，咒骂革命派，他在致国务卿电文中斥责陈其美及其追随者"声名狼藉"，孙中山与黄兴的主张"不切合实际"，吹嘘袁世凯才是"中华民国真正的缔造者"，而革命党人却经常试图在袁政府前进道路上设置障碍，使该政府失败。他认为当今中国最大的问题是财政。一些省份的领导人拥有军队，拒绝将税款上缴中央，使中央政权衰弱。他希望袁世凯能利用军事上的胜利，"派军进驻骚乱省份，乘这些省的议会瓦解，反叛都督逃走之际，控制这些省以及财政收入"。① 由于获得以英、美为首的西方列强大力支持，袁世凯在反对国民党的战争中终于获胜。随着袁世凯政治地位的巩固，袁世凯同威尔逊政府的关系日益亲密，袁政府先后聘任前美国驻华公使柔克义、美国哥伦比亚大学教授古德诺（F.Goodnow）为政府顾问，威尔逊政府任命的驻华公使芮恩施（Paul S.Reinsch）亦于 1913 年秋来华上任。

第四节　维护袁世凯独裁政权

袁世凯镇压"二次革命"后，急欲从临时总统转为正式总统。1913 年 10 月 6 日，国会选举正式大总统，袁世凯密派便衣军警数千人，自称"公民团"，将选举会场包围，叫喊"非选出属望之总统，不许议员出门"。② 议员们从上午 8 时入场，直至晚上 10 时，被围困十余小时，忍饥挨饿，多次投票，最后"选出"袁世凯为中华民国大总统，"公民团"的"公民"们才高呼"大总统万岁，振旅而返"。③ 次日，国会选举黎元洪为副总统。

---

① *Papers Relating to the foreign Relations of the united States*, 1913, Washington: Government printing office, 1920, PP.128-129.
② 邹鲁：《洪宪之役》，荣孟源编：《中国近代史资料选辑》，三联书店 1954 年版，第 711 页。
③ 白蕉：《袁世凯与中华民国》，上海《人文月刊》社 1936 年版，第 62 页。

威尔逊获悉袁世凯当选总统,随即向袁致电祝贺。威尔逊在电文中表示相信,袁世凯政府将会确保中国进步,给中国人民带来"和平、幸福与繁荣",并保证他将在促进中美两国友好与亲密关系方面,同袁世凯合作。① 俄国、丹麦、葡萄牙、日本、荷兰、英国、奥匈帝国、德国以及意大利等国驻华使节也通知袁政府外交部,上述国家正式承中华民国。袁世凯认为国内外形势对他建立独裁统治十分有利,国会在完成总统选举任务后,已无存在必要,决定将它一脚踢开。1913 年 11 月,袁世凯下令解散国民党,收缴 438 名国民党籍议员的证书,使国会不足法定人数,无法开会。袁世凯的美籍法律顾问古德诺称袁世凯将国民党籍议员逐出国会,乃是"拯救国家所必需"。② 11 月 26 日,袁世凯命令组织政治会议,1914 年 1 月,授意政治会议通过决议,解散国会,又指令该组织成立"约法会议",起草"新约法",以取代不利于袁世凯专制统治的"临时约法"。为帮助袁世凯建立独裁统治,古德诺炮制出中国宪法草案在报上公开发表,鼓吹用总统制代替责任内阁制。1914 年 1 月,美国驻华公使芮恩施在致国务卿函件中赞同古德诺的观点,他说:"总统制比内阁制更能适合中国政治环境。"③1914 年 5 月,"约法会议"制定"中华民国约法",孙中山主持起草的"临时约法"被废除。"新约法"规定取消责任内阁制,确立总统制,总统之下,不设国务院,改设"政事堂","政事堂"首脑名曰"国务卿"。设立"参政院"作为立法机构。1914 年 8 月,"参政院"秉承袁世凯意愿,一致通过"大总统选举法修正案","约法会议"根据这一提案迅速制造出"修正大总统选举法",新总统选举法规定总统任期十年,可连选连任,总统继任人由袁世凯推荐。这样,袁世凯又从正式总统一变而为终身总统,袁死后其总统职位还可传给子孙。1914 年 5 月,袁记"中华民国约法"出笼,遭进步舆论抨击,美国驻华公使芮恩施却为袁世凯倒行逆施进行辩护,他说根据新约法,"现在集中掌握于总统之手的权力特别大,但应正确地视为引领国家向代议制政府前进中的

---

① *Papers Relating to the foreign Relations of the united States*, 1913, Washington: Government printing office, 1920, PP.132−133.

② Daniel M.Crane and Thomas A.Breslin: *An Ordinary Relationship*, *American Opposition to Republican Revolution in China*, University Presses of Florida, 1986, P. 136.

③ *Papers Relating to the foreign Relations of the united States*, 1914, Washington: Government printing office, 1922, P.43.

暂时停顿。我倾向于认为此举不应解释为反对民主制度的具有决定性的倒退,而是掌握必要权力才能使中央政府造成一种安全而有利于促使宪政发展的环境,也即民族团结与内部安宁的环境"。① 美国国务卿布赖恩也认为袁世凯上台以来政绩卓著,是维系中国内部政治稳定的强有力人物,继续支持袁世凯,反对孙中山领导的旨在推翻袁世凯统治的斗争,符合美国利益。1913 年 9 月,"二次革命"失败,孙中山流亡日本,次年 7 月组织中华革命党坚持反袁斗争,急需外国援助。8 月,第一次世界大战爆发。欧洲列强无暇东顾,孙中山认为日本和美国是唯一能援助中国革命的国家,袁政府面临严重财政危机,欧洲列强的财力耗于战争,不可能向袁政府提供援助,只要堵塞袁世凯从日本和美国获取贷款的道路,则袁政府"财源既竭,饷糈自空",②军心涣散,必然垮台。最初孙中山求助于日本,要求日本政府断绝对袁世凯的援助,支持他的革命事业。日本大隈内阁玩弄两面派手法,表面支持孙中山,暗中却同袁世凯进行政治交易,迫使袁世凯出卖更多民族权益,作为禁止孙中山及其追随者在日本进行反袁活动的交换条件。1914 年秋,日本竟然在中国领土上对德作战,夺取胶州租借地,并派密探监视孙中山在日本的行踪。显然期待日本援助已不可能,孙中山转而寄望于美国,他认为威尔逊政府一向尊崇民主自由原则,维护人道,不久前曾反对墨西哥乌埃尔塔(Huerta)的独裁统治,而袁世凯就是中国的乌埃尔塔,威尔逊政府对袁世凯独裁统治及其复辟帝制阴谋定会深恶痛绝,支持高举民主共和旗帜的革命党。

　　1914 年 11 月,朱执信在广东顺德起兵讨袁。孙中山致函美国友人戴德律说,他正策划一场"重大行动",中国南北各省"都已准备好合作,只是缺乏经费",只要有钱,就能"收买敌人的军人,则敌人虽欲攻打我们亦无可用的兵力,我们将稳操胜券无疑"。③ 他委托戴德律迅速在美国为他筹措 50 万美元以上现金,作为革命经费。孙中山断定袁世凯在借贷无门情况下必然会向美国求援,预料袁政府财政总长周自齐将赴美谋求贷款。果然,1914 年秋袁政

---

① *Papers Relating to the foreign Relations of the united States*, 1914, Washington: Government printing office, 1922, PP.51-52.

② 《中华革命党成立通告》,《孙中山全集》卷 3,中华书局 1984 年版,第 113 页。

③ 《致戴德律函》,《孙中山全集》卷 3,中华书局 1984 年版,第 135—137 页。

府派代表赴美乞援,当孙中山听说袁政府代表正同摩根公司商洽借款时,立即于 1914 年 11 月 30 日从东京致电威尔逊。日本警视厅密探的报告证实,11 月 30 日下午 4 时 30 分,孙中山曾向威尔逊拍发电报,①这是孙中山在欧战期间致威尔逊的第一封电函,全文如下:

> 为人道计,请您阻止摩根公司订立向袁世凯贷款的合同。金钱不能在中国恢复和平,只有延续中国乌埃尔塔的统治,使人民蒙受更大苦难。
>
> 袁世凯改共和为专制,人民决心推翻他的统治,广东和广西业已发难,他省很快亦必继之,希美国严守中立。
>
> 孙逸仙②

威尔逊获孙中山电报后,批示"请将此电提交国务院,征询他们的意见。"③自欧战爆发后,威尔逊政府的对华方针是维持中国政局稳定,防止日本在华制造混乱,乘乱进行武装干涉,称霸中国,危害美国在华权益。早在 1914 年 11 月 4 日,代理国务卿蓝辛(Lansing)在致美国驻华公使芮恩施电文中,即表示担忧,以孙中山为首的革命党会利用日军进攻青岛之际,在中国各地制造骚乱,危及中国局势稳定,"引起外国(按:指日本——引者)干涉。"④尽管威尔逊政府承认袁世凯采用了"乌埃尔塔的某些方法",企图建立独裁统治,仍坚信袁世凯是保持中国政局稳定和维护中国统一的"强有力人物",支持袁世凯对美国有利。国务卿布赖恩对孙中山电函持批评态度。他致函威尔逊的秘书图玛提(J.P.Tumulty)说:"孙逸仙博士的电报不值得注意。国务院不知道摩根公司曾进行任何对华贷款谈判。几周前,有两位中国下级官员至美国,一位同财政部取得联系,有报告说,他来此是为了研究银行业务,另一位同交

---

① 中国社会科学院近代史研究所近代史资料编辑组编:《近代史资料》总 59 号,第 128 页。

② *The papers of Woodrow Wilson*,Vol.31,Princeton:Princeton university Press,PP.372-373.

③ *The papers of Woodrow Wilson*,Vol.31,Princeton:Princeton university Press,P.373.

④ *Papers Relating to the foreign Relations of the united States*,1914,Supplement,The World war,Washington:Government printing office,1928,P.190.

通部接洽,据说是调查铁路管理。

几天前,本院获得一可靠消息,但此消息并非银行家或有关官员提供,上述中国官员曾访问花旗银行,谋求贷款。本院认为一家美国银行按照公平条件向中国提供这样的贷款,不仅对中国而且对美国均有利。然而,在目前情况下,中国要从美国获得任何贷款看来是不可能的。

本院掌握的情报并不能证实孙逸仙博士关于人民决心推翻袁总统的声明,除在日本的孙逸仙博士与在美国的黄兴将军正策划阴谋外,无任何证据说明推翻袁总统的斗争已在广东或别的地方兴起,因此,没有必要遵守中立。

孙、黄两人及其追随者正力图发动叛乱是千真万确的,新近出版的中国报刊对可能发生起义明确表示忧虑。但是除非这些革命者能得到他们自己国家以外的某个国家财政和道义支持,否则,他们的努力注定会失败。本院掌握的情报有助于说明,无论南方还是北方,甚至在孙逸仙博士的家乡广东省,富裕的中国人均站在袁总统一边"。① 布赖恩这封信确切地反映了此时威尔逊政府的对华方针。美国反对孙中山的革命事业,并不认为流亡日本的孙中山拥有足以推翻袁政府的力量。威尔逊政府极力拉拢袁世凯,希望袁政府能稳定中国政局。1914 年 7 月,黄兴一行至美国,国务卿布赖恩向袁政府驻美公使保证,美国不会鼓励反对一个友好国家的阴谋活动,威尔逊总统不会接见黄兴。② 黄兴也注意到美国与袁世凯相互勾结,两者关系亲密,1914 年 9 月 12 日,他致函谭人凤说:"袁贼以德、日之冲突,转乞怜于美,内容想亦许以特别权利,故美亦极欢迎。"③黄兴对袁世凯与美国关系的认识和判断,远比孙中山高明,孙中山对威尔逊政府充满幻想,他以为中美两国同为共和政体,袁世凯"改共和为专制",美国势难坐视,将会像反对墨西哥乌埃尔塔独裁政权一样,同情并支持为维护民主共和政体而斗争的中国革命派,历史事实表明,美国对华政策并非基于意识形态,而是美国自身利益。孙中山乞求威尔逊政府援助,无异缘木求鱼,其失败是必然的。

① *The papers of Woodrow Wilson*,Vol.31,Princeton:Princeton university Press,1979,P.381.

② Li Tien-yi:*Woodrow wilson's China policy*,1913-1917,New York,1952,P.144.

③ 《黄兴集》,中华书局 1981 年版,第 390 页。

第三章 欧战初期威尔逊政府的对华政策

第一节 日本进攻青岛与美国的态度

1914年8月,第一次世界大战爆发,欧洲列强陷入战争泥潭不能自拔。美国宣布对欧洲战争严守中立。德国在太平洋的殖民地与山东胶州租借地防御力量薄弱。英国陆海军几乎全部投入欧洲战场,在远东的军事力量空前削弱。日本军国主义者擅长趁火打劫伎俩,他们敏锐地意识到国际形势对日本极其有利,向外扩张势力的时机已经来临,日本军国主义头目井上馨侯爵欢呼"今日欧洲之大祸乱,乃天佑大正新时代发展日本国运。"他呼吁日本全国"团结一致,以享受此天佑。"①日本企图乘机夺取德国在胶州的租借地,将德国势力逐出中国,并占领德国在太平洋上各岛屿,扩大对华侵略,控制中国,逼迫袁世凯政府按日本意愿解决满洲问题,确立日本在远东的霸主地位。

8月1日,俄、法两国对德宣战。英国准备参战,担忧其在远东领地会遭德国攻击,8月3日,也即英国对德宣战前一天,英国政府训令其驻日本大使格林(C.Greene)向日本政府送交备忘录说一旦战火扩展至远东,香港或威海卫遭到攻击,希望日本能提供援助。② 8月4日,日本宣布对欧洲战争严守中立,同时声明如香港或威海卫遭到攻击,英国向日本求援,日本将履行英日同

---

① 歴史学研究会编:《日本史史料》[4]近代,岩波書店1997年版,第315页。
② *British Documents on Foreign affairs*:*Reports and papers from the foreign office confidential print*,Part2,Series 1,Vol,12,University Publications of America,1991,P.86.

盟条约所规定的义务,给予援助。① 英国对德宣战后,其远东舰队撤回欧洲,英国在远东的商船失去保护伞,面临德国舰艇袭击,迫使英国不得不考虑向日本求援,为防止日本乘机扩张势力,英国外交部与海军部均主张限制日本活动范围。8月6日,英国外交大臣格雷电示英国驻日大使格林,请求日本派出一些军舰搜索并消灭在中国水域攻击英国商船的德国舰艇,电文指出,日本如采取这一行动"是对英国最大的援助",此举"当然意味着是一种反对德国的战争行动",但"难以避免"。② 根据这一指示,7日,格林正式向日本求援。当晚,日本政府在大隈首相私邸召开临时内阁会议,讨论英国请求,会上,外相加藤高明力主日本参加对德作战,他指出"现今日本还不能采取依照英日同盟义务而参战的立场,因为英日同盟条款所规定的日本参战的事态尚未发生,然而一是基于同英国的同盟情谊,一是帝国可乘机清除德国在东亚的根据地,提高帝国在国际上的地位,相信利用这一时机,基于上述两点参战,实为良策"。③ 这次会议从8月7日晚延续至8月8日凌晨2时,会议一致同意日本参战。会议结束后,加藤立即前往日光疗养地晋见天皇,上奏内阁决定,获日本天皇批准。8月8日午后6时,日本政府召开元老与内阁联席会议,日本参战决定获日本政坛元老山县有朋、松芳正义、大山岩、井上馨等的支持。8月9日,加藤明确告诉格林,进攻青岛是解除德国在华军舰危害英国商业利益的"最快方法"。④ 夺取青岛是日本侵略者策划已久的图谋,日本海军省早已草拟作战计划,规定日本海军应协同陆军首先攻击德国在青岛的基地,永远清除德国在亚洲的势力。

日本企图乘欧战之机,在中国扩张势力,引起美国高度关注。美国驻华代办马慕瑞(Macmurray)电告国务卿布赖恩说:"德国代办告诉我,两年前(指

---

① J.W.Morley ed.: *Japan's Foreign Policy*, 1868－1941, *A Research Guide*, Columbia university Press, 1974, P.207.

② Peter Lowe: *Great Britain and Japan*, 1911－15, *A Study of British far Eastern policy*, New York: St.: Martin's Press, 1969, PP.181－182.

③ 長岡新次郎:《欧洲大戦参加問題》,见日本国际政治学会编:《日本外交史研究,大正时代》,有斐閣书社 1958 年版,第 27 页。

④ O.J.Clinard: *Japan's influence on American Naval power*, 1897－1917, University of California Press, 1947, P.119.

1912 年），当俄国全神贯注于巴尔干半岛局势时，日本乘机同俄国缔结一项协定，根据这一协定，俄国在卷入战争情况下，将向日本提供各种切实支持，以便其合并南满并得到胶州，俄国则保留在北满自由行动权利"。随后，又商定在爆发欧战情况下，"日本同英、俄一道在太平洋对德作战，日本获得德国在胶州的权利作为参战补偿"。① 8 月 8 日，日本将参战决定通知英国政府并要后者勿对日本援助作任何限制。

日本野心勃勃，阴谋以援助英国为借口，一举夺取德国在华租借地及其在太平洋上领地，日本势力壮大，对英国在中国与远东的霸主地位构成明显威胁，同时也必将引起美国以及英国自治领地——澳大利亚和新西兰的不安与疑惧。英国外交大臣格雷指出，英国的自治领地正在参战，并准备面对危险，作出牺牲，英国"丝毫不关心他们的利益和感受是不可思议的……我们也不敢冒得罪美国的危险"。② 英国驻华公使朱尔典也电告英国政府说："日本独自攻击胶州，将会引起误解，更可能加速危机发生，在中国引起混乱"。③ 香港总督声称"如有必要，香港商人宁肯忍受暂时损失，也不愿受日本救援的屈辱"。④ 面临强烈反对日本参战的呼声，8 月 9 日，英国紧急通知日本不要对德宣战，当前，日本的军事活动范围，只能局限于保护在中国水域的英国商船免受攻击。格雷向日本驻英大使明确表示，日本宣战会在远东引起广泛动乱，使英国商业蒙受损失。日本对英国的建议坚决拒绝。8 月 10 日，日本驻英大使向英国政府递交日本外相加藤的一份备忘录，强调日本对德宣战不可避免，反对英国限制日本军事活动范围，备忘录指出："日本军舰搜索与消灭德国武装商舰，无疑是一种战争行为，日本必然会对德宣战，日本一旦对德宣战，她就不能将其军事行动局限于单纯消灭德国武

---

① *Papers Relating to the foreign Relations of the united States*, 1914, Supplement, the world war, Washington: Government Printing office, 1928, P.164.

② O.J.Clinard: *Japan's influence on American Naval power*, 1897–1917, University of California Press, 1947, P.118.

③ Madeleine chi: *China diplomacy*, 1914–1918, Cambridge: East Asian Research center, Harvard university, distributed by Harvard university Press, 1970, P.8.

④ Madeleine chi: *China diplomacy*, 1914–1918, Cambridge: East Asian Research center, Harvard university, distributed by Harvard university Press, 1970, P.8.

装商舰。为达到英、日两盟国共同目的,就中国水域而言,日本将采用一切可能手段,摧毁给日本与英国在东亚的利益造成损害的德国势力"。① 日本外相加藤告诉英国驻日大使格林,日本国民对 1895 年德国参加干涉还辽一举,记忆犹新,渴望复仇,反德情绪日益高涨,如果政府不顺从民意,对德宣战,恐怕会引发政治危机。② 英国见阻止日本对德宣战已不可能,仍企图限制日本作战领域,要求日本不得在中国海西南、南太平洋以及东亚大陆德国领土以外的地区进行军事活动,以防止日本攻占德国在太平洋上的岛屿。日本认为英国的要求不合理,表示不能接受。

德国见日本加紧军事部署,意在夺取胶州,急忙作出求和姿态,训令其驻日大使雷克司通知日本政府,如果日本保持中立,德国会停止在远东进行反英活动。日本坚持对德作战方针,侵略矛头直指山东,一时中国上空战云密布,局势紧张。袁世凯深知日本进攻青岛,旨在消灭德国在华势力,进一步扩大对华侵略,控制中国。8 月 12 日,他致函英国驻华公使朱尔典说:"无论发生任何情况,均不应允许日本独自夺取胶州。最理想的解决办法可能是由一支国际部队占领胶州,然后将此地转变成通商口岸",③未获英国答复。袁世凯看出乞求英国制止日本侵华,希望渺茫,又转向美国请求帮助。在袁政府看来美国国力强大,且未卷入战争,一向标榜维护中国领土主权完整,中国有望获得美国援助。早在 8 月 3 日,中国驻美公使夏偕复即奉命向美国政府送交照会,请求美国政府向欧洲交战国政府建议订立协定,不在中国领土,沿边海域或租借地附近进行战争。6 日,袁政府又宣布中国对欧洲战争严守中立,并派外交部参事顾维钧会见美国驻华代办马慕瑞,会见时,美使馆参赞丁家立(Tenney)在座,顾维钧向马慕瑞等人表示,应由中、美、日三国出面向交战国建议不得在中国与东亚地区有交战行为,④丁家立声称"此事可由贵国大总统

①　Peter Lowe:*Great Britain and Japan*,1911－15,*A Study of British far Eastern policy*,New York:St:Martin's Press,1969,P.185.

②　Madeleine chi:*China diplomacy*,1914－1918,Cambridge:East Asian Research center,Harvard university,distributed by Harvard university Press,1970,P.9.

③　Peter Lowe:*Great Britain and Japan*,1911－15,*A Study of British far Eastern policy*,New York:St.:Martin's Press,1969,P.192.

④　中研院近代史研究所编:《中日关系史料·欧战与山东问题》(上),1974 年版,第 9 页。

专电本国威大总统，以昭郑重。"①8 月 10 日，中国驻日公使会见美国驻日大使，请求美国利用其亚洲舰队保护中国，维护远东和平。② 美国海军舰队主要集中在大西洋，驻远东与中国的军事力量相对说来，比较薄弱。③ 威尔逊政府十分担心美国在太平洋上的基地关岛、夏威夷与菲律宾会遭日本攻击，且美国多数民众均不愿美国卷入战争，决定在中国问题上尽力避免同日本发生武装冲突。8 月 7 日，国务卿布赖恩指示美国驻华使馆，"参加拟议中的所有有关在华外国租界中立化的安排"，但"不包括租借地"。④ 其后，代理国务卿蓝辛曾对美国政府这一决定作了一番解释，他说鉴于欧洲战火蔓延远东，"本院了解到交战国双方对其在华租借地免遭攻击已不抱有希望，因为这些租借地具有军事基地性质。然而通商口岸的公共租界则完全属于不同类型，本院相信，将居住着各国人民的租界完全排除在军事活动场地之外，应能获得普遍赞同"。⑤ 换言之，如果美国同意租借地中立化，一旦租借地遭到侵略，美国须承担保卫租借地义务，有可能冒同别国特别是同日本发生武装冲突的风险，从而背离美国在对华问题上的基本方针，保护通商口岸租界安全，符合包括美国在内的各国利益，较为切实可行，故威尔逊政府对中国政府提出的交战国"不得在中国领土、沿边海域"进行战争的倡议避而不谈，并声明美国不参与有关租借地中立化的安排，这无疑向日本发出明确无误的信息：美国不会干涉日本进攻胶州租借地。日本仍不放心，为了进一步拭探美国对日本夺取胶州租借地以及德国在太平洋领地的态度，日本报刊大肆宣扬美国大西洋舰队正开赴远东，日本在华出版的报纸也造谣说，美国正向其亚洲舰队派出增援部队，以便在需要时援助中国，美国担忧这些消息会引起日本政府疑忌，恶化美、日关系，

---

① 中研院近代史研究所编：《中日关系史料·欧战与山东问题》（上），1974 年版，第 10 页。

② Hikomatsu Kamikawa, ed.: *Japan-American diplomatic Relations in the Meiji-Taisho Era*, Tokyo：Pan-Pancific Press，1958，P.326.

③ 1914 年 8 月 15 日，美国驻华使馆参赞丁家立告诉顾维钧，美国远东舰队有巡洋舰三艘，"一驻烟台，二驻上海。此外有炮舰六七艘，分驻扬子江及沿海各处"。《中日关系史料·欧战与山东问题》（上），第 46 页。

④ *Papers Relating to the foreign Relations of the united States*，1914，*Supplement*，*the world war*，Washington：Government Printing office，1928，P.163.

⑤ *Papers Relating to the foreign Relations of the united States*，1914，*Supplement*，*the world war*，Washington：Government Printing office，1928，P.189.

立即训令美国驻日大使格思里（Guthrie）与美国驻华代办马慕瑞分别向中、日两国政府否认这些消息的真实性。① 威尔逊政府对日本进军胶州持默认和纵容态度，助长了日本侵略凶焰。8 月 13 日，日本驻华代办小幡奉命往见袁政府外交总长孙宝琦，对中国政府有关东方和平问题，"不先与日本电商，而先商之美国"，②表示不满，公开向袁政府施加压力，企图制止袁世凯投靠美国，依仗美国势力，阻止日本进军山东。

日本蛮横无理，咄咄逼人，美国则但求苟安，步步退让，美国驻华使馆参赞丁家立向奉命至美使馆谋求支持的顾维钧说："近日贵国人民，有谓本国应于此时派遣战斗舰若干艘来华者，本使馆以为此举实非其时……本国若派遣舰队东来，适足以惹起彼之恶感而无济于事"，他还劝告中国政府对付日本人，"现应以处处忍耐为是。"③

8 月 15 日，日本向德国送交最后通牒，要求：1. 德国军舰和各类武装船舰立即从日本海与中国海撤走。2. 德国必须在 1914 年 9 月 15 日前将全部胶州租借地无条件或无偿地交付日本，以便交还中国。以上要求，限德国于 8 月 23 日正午前答复，如拒绝，日本将采取行动。当晚，日本外相加藤向美国驻日大使格思里转交了日本政府上述声明，为安抚美国，加藤向格思里宣称，"日本采取这一行动并无自私目的，而是严格按照英日同盟条约行事。日本不寻求领土扩张，或在中国谋求一己之私利，日本将注意尊重各中立国的利益"。④ 8 月 17 日，日本首相大隈重信在日本全国工业家协会会议上发表演说，声称日本进攻胶州"旨在从中国大陆根除对远东和平构成不断威胁的德国势力，维护同英国联盟的宗旨，日本并未怀有领土扩张意图，也不希望达到任何别的利己目的。日本军事活动，不会扩展至为达此目的并为维护其自身合法利益所必需的界限之外。因此，日本政府毫不犹豫地向世界宣布，他们将不会采取任何使列强对其领土和属地安全感到忧虑不安的

---

① *Papers Relating to the foreign Relations of the united States*, 1914, *Supplement*, *the world war*, Washington：Government Printing office, 1928, PP.165.168.

② 《中日关系史料·欧战与山东问题》，（上），1974 年版，第 35 页。

③ 《中日关系史料·欧战与山东问题》，（上），1974 年版，第 46 页。

④ *Papers Relating to the foreign Relations of the united States*, 1914, *Supplement*, *the world war*, Washington：Government Printing office, 1928, PP.170-171.

行动。"①

日本侵略者赌咒发誓,声称日本进攻胶州并无扩大领土野心,仍引起美国疑虑。8月17日,伊利诺斯州众议员布列滕(Fred A.Britten)在众议院提出一项决议案,要求国务卿通知日本政府,"美国关切地注视着施用武力将中国领土转交日本或其他外国"。②8月18日,《纽约时报》发表社论,指责日本并未按照英日同盟条约行事,该条约主要目的之一是维护和平,而日本却扮演着和平破坏者角色。社论指出德国在太平洋上拥有大量岛屿,这些岛屿一旦被日本占领,就会使它在巴拿马运河与菲律宾之间的直通航线上获得加煤站与海军基地,从而对美国构成威胁,"不能设想我们对这一领土所有权的变化会漠不关心"。③威尔逊政府见势态发展非常迅速,欧洲战火扩大至中国和远东已不可避免,唯恐美国被卷入战争,企盼日本在对外扩张时,能照顾美国在中国与远东的利益。基于这一考虑,8月19日,国务卿布赖恩训令美国驻日大使格思里将下列电文通知日本政府,作为对日本8月15日声明的答复。电文说:"美国政府对日本帝国政府与德意志帝国政府之间,出现可能最终导致战争的分歧,感到遗憾。根据美国对别国之间的争端严守中立的政策,美国政府对这些分歧的是非曲直不表示任何意见。但美国政府满意地注意到,日本要求德国交出胶州全部租借地,意在将该领土归还中国,日本目前计划采取的行动,并非寻求在华进行领土扩张,而是严格按照英日同盟行事,据称该同盟目的之一,是确保中国独立与完整以及各国在华工商业机会均等原则,以维护各国在华的共同利益。如果日本认为中国国内发生动乱,需日本或其他国家采取措施,恢复秩序,日本帝国政府在决定采取这一行动方针前,无疑地要同美国政府协商,这将符合1908年11月30日,当时的日本驻美大使高平男爵阁下同美国国务卿罗脱阁下,以

---

① Madeleine chi:*China diplomacy*,1914-1918,Cambridge:East Asian Research center,Harvard university,distributed by Harvard university Press,1970,P.18.

② O.J.Clinard:*Japan's influence on American Naval power*,1897-1917,University of California Press,1947,P.123.

③ O.J.Clinard:*Japan's influence on American Naval power*,1897-1917,University of California Press,1947,PP.122-123.

换文方式所达成的协定"。①　1908 年的《罗脱—高平协定》规定。美日两国，共同维护太平洋地区现状与各国在华机会均等原则，"如有威胁上述现状或上述机会均等原则的事情发生，两国政府应互相知照，以便对两国认为应采取之有效手段，获得谅解"。很显然，《罗脱—高平协定》所指破坏太平洋地区现状与外国在华工商业机会均等原则的势力，主要来自中国外部，并非中国内部，因为当时帝国主义在华争夺势力范围，并谋求远东霸权的斗争极为剧烈。中国内部革命党人起义或其他动乱，不足以也不可能破坏太平洋地区现状与列强在华工商业机会均等原则，能起到这一破坏作用的只能是帝国主义列强，特别是日本。美国政府对此当然是一清二楚的。可是，美国没有也不敢揭露日本侵略中国的野心，就连他们一再标榜的"维护中国领土主权完整"的遮羞布也弃置不顾，要求日本在中国内部发生动乱，出军镇压，乘机浑水摸鱼夺取权利时，也让美国能够参加，分上一杯羹。美国此时重提《罗脱—高平协定》，旨在使日本注意维护美国在华利益。

美国政府电文使日本军国主义者深感高兴，特别是电文中"美国政府满意地注意到，日本要求德国交出胶州全部租借地，意在将该领土归还中国"一句，更使日本感兴趣，日本立即大肆宣扬美国支持日本进军山东。路透社从华盛顿发出一则电讯说："美国政府把日本将胶州归还中国的承诺视为满意"。②美国驻华代办马慕瑞致电国务院提出询问，电文说据"新闻电讯报道，美国认为日本承诺将胶州归还中国是令人满意的"，马慕瑞要求国务院将这一消息通知他，并询问美国政府是否已同意日本的建议。③　国务院这才意识到"美国政府满意地注意到，日本要求德国交出胶州全部租借地，意在将该领土归还中国"一句，已超越它所宣布的"严守中立"立场，极易被人理解为美国同意日本进军山东，夺取胶州租借地。布赖恩急忙致电马慕瑞，"美国政府并未说过日本有关将胶州归还中国的承诺令人满意，而是根据美国政府严守中立的态度，

---

①　*Papers Relating to the foreign Relations of the united States*, 1914, *Supplement*, *the world war*, Washington：Govermment Printing office, 1928, P.172.

②　Thomas F.Millard：*Our Eastern Question*, New York, 1916, P.92.

③　*Papers Relating to the foreign Relations of the united States*, 1914, *Supplement*, *the world war*, Washington：Government Printing office, 1928, PP.172-173.

不对问题是非曲直发表意见"。① 布赖恩在致美国驻日大使格思里电文中明明讲过这样的话,现在却矢口否认,企图掩盖事实,充分反映出美国对日本出军山东的复杂心态。

这时欧战正酣,德国无法抽调兵力投入远东战场,它在山东的兵力只有6000 人(3500 名正规军,2500 名预备役人员)和一支海军舰队。德、日两国在远东军事力量对比,日本占有绝对优势,加以美国名为保持中立,实则纵容日本侵略,远东形势对日本极为有利。德国驻日本和中国外交使节,对德国在中国与远东的前途,忧心忡忡,悲观失望。早在 8 月 10 日,德国驻日大使就曾私下向美国驻日大使格思里说:"日本意图夺取青岛和所有德国在远东的领地,德军将进行抵抗,但抵抗是没有希望的"。② 为避免胶州落入日人之手,德国驻华代办马尔桑(Maltzan)曾主动同中国外交部商谈将胶州租借地立即归还中国的问题,以便今后再从中国手中收回或要求中国给予赔偿。英、日两国获悉此事,随即向袁政府发出警告,要求中国政府停止同德国代买商谈,英国驻华公使朱尔典声称"英国政府现在不能承认这一移交。"③袁政府走投无路,只好再次向美国求援。8 月 19 日,袁政府交通总长梁敦彦告诉美国驻华代办马慕瑞"中国人认为日本占据青岛是对中国独立的威胁",请求美国政府以避免战争为由,"向英、德两国建议,将德国在胶州的权利让与美国,由美国立即转交中国"。④ 马慕瑞将梁的建议电告布赖恩,8 月 20 日,布赖恩复电马慕瑞,认为梁的建议"更会引起战争而不是避免战争",明确表示美国政府不能答应梁的请求。⑤

日本向德国送交最后通牒所规定的期限将临,局势日益紧张,尽管在远东

① *Papers Relating to the foreign Relations of the united States*,1914,*Supplement*,*the world war*,Washington:Government Printing office,1928,P.173.

② *Papers Relating to the foreign Relations of the united States*,1914,*Supplement*,*the world war*,Washington:Government Printing office,1928,P.165.

③ *Papers Relating to the foreign Relations of the united States*,1914,*Supplement*,*the world war*,Washington:Government Printing office,1928,P.173.

④ *Papers Relating to the foreign Relations of the united States*,1914,*Supplement*,*the world war*,Washington:Government Printing office,1928,PP.173-174.

⑤ *Papers Relating to the foreign Relations of the united States*,1914,*Supplement*,*the world war*,Washington:Government Printing office,1928,P.174.

地区德、日双方力量对比过于悬殊,德国仍决心抵抗,德皇命令驻青岛总督麦维德(Meyer-Waldeck)"保卫青岛,战斗到底"。① 8 月 23 日,日本向德国宣战。次日,日本首相大隈又一次发表声明,宣称日本"不希望得到更多的领土,不想剥夺中国和其他国家人民现在所拥有的任何东西"。② 中国政府不相信这些谎言,再次请求美国出面主持公道,制止日本破坏中国领土主权完整。8 月27 日,顾维钧奉命约见美国驻华代办马慕瑞,顾说根据《罗脱—高平协定》,日本在中国领土上采取任何行动之前,应同美国协商,他指出,日本远征军可能在胶州租借条约所规定的共管区外的山东境内登陆,日本在采取这一行动前应同美国协商,征得美国同意,要求美国按照《罗脱—高平协定》所给予它的权利,维护中国领土主权完整。马慕瑞回答说,"《罗脱—高平协定》有关两国协商的条款只涉及中国内部出现动乱问题。他要顾维钧注意《罗脱—高平换文》虽则为方便起见,通常称之为'协定',实际上,这只是一种单纯的政策联合声明,并非任何一方可据以反对另一方的具有法律地位的公约"。③ 马慕瑞这一解释受到美国政府赞扬,代理国务卿蓝辛称马慕瑞对罗脱—高平换文的解释,"极其正确"。④ 美国对日本侵略山东行径,采取不干涉政策,使日本侵略者更加横行无忌。8 月 27 日,日本海军舰艇在海军第 2 舰队司令官加藤定吉中将指挥下,对胶州湾实行全面封锁。从 9 月 2 日起,日军两万余人相继在距青岛 150 英里的山东北部海滨龙口登陆,沿途占据中国城镇,接管中国邮电机关,掠夺当地居民财物,杀害中国人民。袁世凯政府被迫将龙口、莱州与连接胶州附近的地区划为交战区。9 月 23 日,英国从香港和天津驻军中抽调一千余人,组成一支海军陆战队,在巴拉迪斯顿(Barnardiston)准将率领下从崂山湾登陆,由日军统帅神尾光臣统一指挥,向青岛进军。9 月 25 日夜,日军400 余人进入不属于交战区的山东潍县,强占胶济铁路潍县车站,强迫中国军队从车站附近撤走。10 月 1 日,日本驻美大使馆向美国政府递交照会,声明

---

①　Charles B.Burdick: *The Japanese Siege of Tsingtau*, Hamden, Connecticut, 1976, P.56.

②　Carl Crow: *Japan and America*, *A Contrast*, New York, 1916, P.257.

③　*Papers Relating to the foreign Relations of the united States*, 1914, *Supplement*, *the world war*, Washington: Government Printing office, 1928, P.187.

④　*Papers Relating to the foreign Relations of the united States*, 1914, *Supplement*, *the world war*, Washington: Government Printing office, 1928, P.190.

日本将接管胶济铁路,理由是该路全由德国政府管理,是胶州租借地不可分割的一部分,属于德国政府财产,且被德国政府用以运送军队与军用物资。袁政府当即向日本提出抗议,声称胶济铁路是华商和德商出资合办的产业,日本意图强占该路违反国际公法,并请美国进行干涉。交通总长梁敦彦告诉美国驻华公使芮恩施,日本拟对潍县以西的胶济铁路实行军事占领,会使战火从战区蔓延至山东腹地,袁世凯总统拟请威尔逊总统同英国协商,劝说日本将其战争行动限制在交战地区。① 10 月 2 日,袁世凯亲自接见芮恩施,他向后者指出日本长远计划是利用欧洲危机,试图为其进一步控制中国奠定基础。② 他请威尔逊与英国协商,共同调解,说服日本将其军事行动局限于进攻青岛。中国民间团体和社会知名人士,纷纷向美国驻华使馆递交请愿书或声明,呼吁美国政府主持公道,维护中国领土和主权完整。威尔逊政府却害怕出现日、美对抗局面,国务卿布赖恩致函威尔逊,力主美国应"避免卷入可能使我们同交战国发生冲突的任何事情",③美国对中国的呼吁和请求充耳不闻。11 月 4 日,代理国务卿蓝辛在致芮恩施电文中甚至说"让中国领土完整问题使美国陷入国际困境,这真是太愚蠢了"。④ 又一次暴露美国一再宣扬维护中国领土与主权完整的虚伪性。

日本见在远东唯一能与其对抗的美国继续袖手旁观,中国孤立无援,愈益暴戾恣睢,10 月 6 日,进军济南,占领胶济铁路全线以及铁路附近矿区。11 月 7 日,日、英联军攻陷青岛,德军投降,德国驻青岛总督麦维德做了日军俘虏。日军在向青岛进军的同时,相继攻占德国在太平洋赤道以北的马绍尔群岛、加罗林群岛等领地。

在此次攻占胶州战役中,日本损失 1 艘巡洋舰,1 艘驱逐舰,1 艘鱼雷艇,3

① *Papers Relating to the foreign Relations of the united States*, 1914, Supplement, the world war, Washington: Government Printing office, 1928, P.183.

② F.R.Dulles: *Forty years of American-Japanese Relations*, New York and London; D. Appleton-Century Company, 1937, P.103.

③ Xu Guoqi: *China and the Great War*, Cambridge university press, 2005, P.179.

④ *Papers Relating to the foreign Relations of the united States*, 1914, Supplement, the world war, Washington: Government Printing office, 1928, P.190.

艘扫雷艇,死 416 人,伤 1542 人;英军死 12 人,伤 61 人。①

日本占领青岛后,不仅全部接管胶济铁路及其附近煤铁矿,而且还以"敌产"为由,将德国银行以及德国人经营的为数众多的工商企业加以没收,并大量向青岛移民,日军占领青岛一年后,涌入青岛的日本移民达 16000 人。② 日本攻占青岛所耗军费大约为 2500 万美元,他们所没收的德国人财产,最低估计,也相当于日本所耗军费的两倍。③ 此外,日本侵略者还企图控制青岛海关。

德国盘踞青岛期间,青岛海关税务司虽由德国人担任,但须经中国海关总税务司任命并接受其监督,青岛海关仍是中国海关组成部分。日英联军占据青岛后,中国政府建议委派一名英国人为青岛海关税务司,所属职员,英国人与日本人各一半,日本表示反对,于是,中国政府又建议委派一名日本人为青岛海关税务司,海关职员,英国人和日本人各占一半,被日本拒绝。日本政府要求青岛海关税务司及其下属职员,不由中国政府和总税务司选派,全归日本政府直接委任,总人数定为 49 名。④ 芮恩施对此事极为关注,他在给布赖恩的报告中说,如果中国政府满足日本这一要求,将会开创危险先例,使中国海关陷入混乱,"结果所有同中国签订条约的国家均会受到影响。"⑤威尔逊政府对芮恩施上述警告无动于衷。

美国对日本侵华行径妥协让步,日本愈无所顾忌,公开否认对德最后通牒中有关将胶州租借地归还中国的承诺。日本报刊声称日本承诺将胶州租借地转交中国,前提条件是德国将胶州租借地和平地移交日本,德国并未接受日本最后通牒,进行武力抵抗,迫使日本不得不用武力夺取,故最后通牒中有关将胶州租借地归还中国的许诺已经失效。1914 年 12 月 8 日与 9 日,日本众议院议员小川平吉等人就胶州问题向外相加藤提出以下质询:1. 胶州是否将归还中国? 2. 在处理胶州问题上日本是否向中国或其他国家作出过保证? 3. 在

① Robert P. Porter：*Japan*，*The Rise of a modern power*，OXFORD，1919，P.261.
② Thomas F.Millard：*Our Eastern Question*，New York，1916，P.115.
③ Carl Crow：*Japan and America*，*A contrast*，New York，1916，PP.266-267.
④ *The papers of Woodrow Wilson*，Vol.31，Princeton：Princeton university Press，1979，P.509.
⑤ *The papers of Woodrow Wilson*，Vol.31，Princeton：Princeton university Press，1979，P.509.

送交德国的最后通牒中有关将胶州归还中国的条款是否对日本的行动构成约束？加藤回答说，关于是否归还胶州问题，是将来的事，现在不能回答。日本从未就胶州问题向中国或任何国家作出过承诺。向德国送交最后通牒，目的是从德国手中接管胶州，从而恢复东亚和平。经过一场战斗后，归还问题尚未考虑。① 也即最后通牒内所说将胶州归还中国，指的是和平接管胶州，由于是战争夺取，情况已经发生变化，归还胶州问题尚未作出决定。

袁世凯政府鉴于山东战事已经结束，1915 年 1 月 5 日照会日本驻华公使，宣布取消作战区，要求日本从山东撤军。日本指责中国政府声明取消战区，未同日本协商，是一种单方面的行动，宣称日军将继续留在山东，并利用中国国力衰弱，袁世凯急于称帝以及美国对其侵华持容忍、退让与妥协态度，向中国政府提出策划已久的"二十一条"。

第二节 "二十一条"出笼与美、日幕后谈判

"二十一条"是日本军国主义者谋划已久，旨在统治中国、称霸亚洲的罪恶见证。1913 年 1 月，日本驻英大使加藤高明离任回国时，曾同英国外交大臣格雷有过两次重要谈话，在 1 月 3 日谈话中，加藤声称日本付出了鲜血和金钱才在日俄战争中打败俄国，日本不可能离开南满，必须同中国就延长旅顺、大连租借期以及南满与安奉铁路经营管理权达成协定。格雷回答说关东地区是日本"浇灌了鲜血的地方"，有关问题"应由中国和日本自行解决，别国无需干涉"，②对日本侵略图谋表示同情和理解。1 月 10 日，加藤又告诉格雷，日本意欲要求中国政府延长日本对南满与安奉铁路的管理权，格雷对此未作评论。1914 年 4 月，加藤高明出任大隈内阁外务相。8 月，欧战爆发，日本军国主义者认为这是扩大对华侵略的天赐良机。8 月 7 日，日本军方向外务省递交侵华计划，主要内容包括南满与内蒙自治，委托日本管理中国军事、行政与

---

① Carl Crow：*Japan and America*，*A Contrast*，New York，1916，PP.267-268.

② Noriko Kawamura：*Turbulence in the pacific*，*Japanese-U.S. Relations During world war 1*，West port，Connecticut：Praeger pulishers，2000，P.21.

币制改革。① 日本元老山县有朋要求凡涉及第三国在华政治、经济事务,中国均须同日本协商。陆军参谋本部次长明石元二郎公开主张日本应合并南满与内蒙东部。② 日本驻朝鲜总督寺内正毅建议日本政府,劝告中国将满洲驻军移驻华中,满洲应成为日本陆军领地,由日本军队承担维护该地区秩序的责任。他甚至叫嚷日本有资格统治亚洲,并将他的建议称为"亚洲门罗主义"。③日本政友会的"中国通"小川平吉向日本政府呈递《对华外交东洋和平根本策》,主张日中两国订立特别同盟条约,中国陆海军、外交、财政、教育、产业、司法、交通等部门招聘日本人,进行内政改革。南满与内蒙由日、中两国共同统治,日本继承德国在山东的权利等等,④总之,应将中国变为日本的附属国。可见,日本各派势力尽管政见分歧,对大隈内阁扩大对华侵略的方针均一致支持和拥护。正是基于这股反华狂潮,1914 年 8 月—11 月,当日本政府向中国与世界保证,日本进军山东并无扩大领土野心,绝不会破坏中国领土主权时,日本外相加藤高明综合各派意见,密令外务省政务局长小池张造等人炮制出对华"二十一条",准备在"适当时机"抛出。1914 年 11 月,日军攻占青岛后,中国政府要求日本撤军,日本政府认为同中国谈判"二十一条"时机已至,特地将驻华公使日置益召回东京,加藤高明向他面授机宜,要他向袁世凯提出"二十一条",他在 12 月 3 日给日置益训令中说日本政府决心"运用其权限内一切手段",⑤达到使中国政府接受"二十一条"的目的,谕令他尽最大努力进行谈判。

1915 年 1 月 18 日,日本驻华公使日置益不经过中国外交部,直接向袁世凯本人递交"二十一条"。

---

① Noriko Kawamura:*Turbulence in the pacific*,*Japanese-U.S. Relations During world war 1*,Westport,Connecticut:Praeger pulishers,2000,P.22.

② Frederick R.Dickinson:*War and National Reinvention*,*Japan in the great war*,1914 - 1919,Harvard University press,1999,P.92.

③ Frederick R.Dickinson:*War and National Reinvention*,*Japan in the great war*,1914 - 1919,Harvard University press,1999,P.55.

④ 渡边幾治郎:《大隈重信》,東京,1952 年,第 255—256 页。

⑤ *Papers Relating to the foreign Relations of the united States*,1915,Washington:Government Printing office,1924,P.159.

"二十一条"共5号,第1号共4款,主要内容是要求将德国在山东享有的全部权益让予日本,山东省内及沿海一带土地与岛屿,不得让予或租予他国。第2号计7款,要求给予日本臣民在南满洲与东部内蒙古享有居住、租借土地、经营工商业、开矿等特权。中国政府如在南满与东部内蒙聘用政治、财政、军事顾问,必须先同日本政府商议;如欲准许他国人民在上述地区建造铁路,或向他国借贷修铁路所需款项,以南满、东部内蒙各项课税作抵押,须经日本政府同意。将旅顺、大连租借期限,并南满与安奉两铁路期限,均延长到99年。从本约画押之日起,由日本经营和管理吉长铁路99年。第3号共2款,内容是中国汉冶萍公司由中日两国合办,未经日本同意,该公司所有权和产业,中国不得自行处分,汉冶萍公司亦不得任意处分,"所有属于汉冶萍公司各矿之附近矿山,如未经该公司同意,一概不准该公司以外之人开采"。第4号1款,规定中国政府不得将中国沿岸、港湾及岛屿让予或租予他国。第5号共7款,内容包括中国中央政府须聘日本人担任政治、财政、军事等顾问。所有日本在中国内地开设的医院、寺院、学校等拥有土地所有权。将中国"必要地方"之警察,作为中日合办,或在该地的警察官署"聘用多数日本人"。中国需向日本采购一定数量的军械(占中国政府所需军械一半以上),或在中国设立中日合办的军械厂。中国允诺将连接武昌与九江、南昌的铁路,以及南昌到杭州,南昌到潮州各路线铁路建筑权给予日本。如需外资在福建省内筹办铁路,矿山及整顿海口(船厂在内),预先向日本协议。

有论者认为袁世凯心甘情愿地接受日本提出的"二十一条",目的是为了换取后者对他登上皇帝宝座的支持;[①]1915年5月,袁政府同日本签订有关山东的条约,并非如中国代表团在巴黎和会上宣扬,是在日本向中国送交最后通牒,采用武力威胁情况下,被迫签订,而是出于自愿等等。[②] 这些论断缺乏事实根据,很难成立。

的确,袁世凯畏惧日本,没有也不敢对日本提出的旨在沦中国为其附属国的"二十一条",进行武力抵抗,但也不甘心完全屈服;他虽急欲称帝,然而并

---

① 白蕉:《袁世凯与中华民国》,第290页。

② Bruce A.Elleman:*Wilson and China*,*A Revised history of the Shandong Question*,New York,2002,PP.16-17,35,38.

不想在日本帝国主义卵翼下当儿皇帝。日置益阴险狡诈,他在面交"二十一条"时,曾对袁世凯进行威胁利诱,声称:"中国革命党人正同许多不负责任的日本人紧密接触,关系密切,他们中的一些人有很大影响力并主张采取强硬方针,我国政府还未受这一方针的影响。如果贵国政府不迅速同意这些条款,那将不可能防止我国某些不负责任的人煽动中国革命党人在华制造骚乱。多数日本国民也反对袁总统以及袁总统的政府,他们全都断言袁总统怀有反日情感,并采取远交(欧美)近攻(日本)的政策……我国政府始终尽最大努力帮助中国政府。如果中国政府迅速同意日本所提条款,这将表明中国政府对日本的友好情谊,那时日本国民就能够说袁总统并未怀有反日情感,也未采取'远交近攻'政策……必要时,日本政府亦将倾向于对袁总统的政府提供援助"。①

袁世凯对日本既恨又怕,就在日置益向他递交"二十一条"的当天晚上,袁世凯将外交总长孙宝琦、次长曹汝霖、税务处督办梁士诒召至总统府商议对策,并向他们出示经他用朱笔逐条批驳的"二十一条"。② 袁世凯决定对日本采取消极对抗策略,具体办法是同日本谈判时尽量拖延时间,谋求英、美进行干涉;向报界泄露"二十一条"内容,争取国内外社会舆论同情和支持;派日籍顾问有贺长雄前往日本,游说日本政界元老,减免对华提出的侵略条款。

2月2日,中日双方关于"二十一条"的谈判在北京外交部迎宾馆举行,袁世凯特别任命陆征祥为外交总长,取代孙宝琦,作为中国首席谈判代表出席会议,中方参加谈判的除陆征祥外,还有外交次长曹汝霖,秘书施履本,日方首席谈判代表为日本驻华公使日置益,参赞小幡酉吉、书记高尾亨。在2月2日第一次会议上,日方建议每天开会,对"二十一条"进行一揽子审议。陆征祥遵循袁世凯拖延时间的策略,表示反对。会议决定一周会谈两次,日期定在每周星期二和星期五,对日方提出的"二十一条"逐条审议。

日置益曾警告袁世凯必须对"二十一条"严格保密,不得向任何国家泄露,袁政府仍然向新闻界透露了这一严重事件,1月下旬,日方提出的"二十一条"已被西方新闻记者探悉。最先向西方报道有关"二十一条"消息的是《京

---

① *Papers Relating to the foreign Relations of the united States*,1915,Washington:Government Printing office,1924,P.132.

② 岑学吕:《三水梁燕孙先生年谱》上册,第225页。

津泰晤士报》兼美国《芝加哥日报》驻京记者英国人纪乐士（W.R.Giles），他首先将这一消息发往美国，与此同时，担任美联社驻京记者的澳大利亚人端纳（W.H.Donald）也向美国发出了同样消息。①

"二十一条"不仅对中国独立与领土主权完整构成巨大威胁，而且亦将严重损害美国在华权益，阻塞其在华扩张势力的道路，从而引起美国官方深切关注。1月22日，美国驻华公使芮恩施访问了袁政府的一位总长，这位总长告诉他"日本提出了极其苛刻的条件，要是接受的话，那将要断送中国的独立，使她沦为附庸"。接着这位总长大概地谈了这些条件的性质。② 1月23日，芮恩施电告国务卿说："中日两国政府之间再次出现严重紧张局面。日本公使已提交了一长串要求清单，同时要总统与政府部门总长保证不得将要求性质向别的国家透露。否则会对中国产生严重后果……人们担忧如拒绝接受，对方会通过煽动革命运动，在中国引起骚乱，从而为实行军事占领提供借口。"③1月末，芮恩施已获悉"二十一条"全部内容。他在2月1日致国务卿布赖恩电文中指出，日本向中国政府提出的"二十一条"，"将使中国在政治上和军事意义上成为日本的保护国"。④ 奉调回国出任国务院远东司司长的中国问题专家威廉斯，完全同意芮恩施的判断，他致函国务卿布赖恩对日本"二十一条"给美国带来的危害作了以下分析：

"1.日本对中国海关的干预，可能影响作为支付庚子赔款担保的海关收入。

2.日本在满洲采取不公正手段，使我国在该地的棉织品贸易几乎完全被毁，他们在山东与福建享有特权，结果可能给我国在这些省的贸易造成严重伤害。

3.日本对钢铁工业，特别是军火厂与军火制造的控制，可能影响伯利恒钢铁公司同中国订立的关于提供贷款重建军火厂，建造一些军舰的合同。

---

① Thomas F.Millard：*Our Eastern Question*，New York，1916，P.140.

② ［美］芮恩施：《一个美国外交官使华记》，李抱宏等译，商务印书馆1982年版，第104页。

③ *Papers Relating to the foreign Relations of the united States*，1915，Washington：Government Printing office，1924，P.79.

④ *The papers of Woodrow Wilson*，Vol.32，Princeton：Princeton university Press，1980，P.169.

4.要求聘任一名军事顾问,预示日本对中国军事政策的监督并且同第三项联系起来,控制中国海军,这将使美国关于向中国提供海军官员的承诺不可能实现。

5.要求聘用一名日本人为教育顾问,是对我们引以为傲的工作的直接打击。甚至当我在北京任驻华代办时,有人就企图将我们退还庚款所开办的学校(清华学校),置于教育部管理之下,那时该部充斥着受过日本教育偏袒日本的官员,我提出抗议说清华学校仍由外交部管理,这件事才作罢论。

6.中国有一支国家警察部队,日本人控制这支部队,就等于给日本指挥一支庞大而训练有素的军队的权利,这支部队可用以侦察和镇压革命起义。与这支部队有关的是特务机构,一个极好的情报机构将使日本能精确地知道中国各地区状况。"①

芮恩施与威廉斯的评论清楚表明,美国当政者对日本排斥美国,称霸中国,深感忧虑,他们建议美国政府立即进行干预。威尔逊觉得美国出面干涉中日两国有关"二十一条"谈判,时机还未成熟,2月8日,他致函芮恩施说:"直接向中国提出劝告,或代表她直接干涉目前的谈判,对中国造成的伤害实际上会大于给她带来的好处,因为这很可能会引起日本的猜忌和敌视,中国自身则会首当其冲"。② 威尔逊表示他正在密切注视局势,准备在适当时候介入。

日本见"二十一条"内容已被公诸报端,在美国引起强烈反响,不得不安抚美国。2月8日,日本驻美大使珍田舍巳向布赖恩送交了一份有关"二十一条"的备忘录,但只有"二十一条"前4号,故意省略第5号内容。珍田舍巳向日本政府报告说,布赖恩并未对日本提出的条件表示反对,仅仅要求日本政府保证,有关开矿权与聘任日本顾问的条款只适用于南满和东部内蒙,珍田说从布赖恩谈话方式与态度判断,他并未对日本提出的全部条款感到吃惊或猜疑。③ 2月9日,日本外务相加藤高明向美国驻日大使格思里递交有关"二十

---

① *The papers of Woodrow Wilson*,Vol.32,Princeton:Princeton university Press,1980,P.177.

② *The papers of Woodrow Wilson*,Vol.32,Princeton:Princeton university Press,1980,P.197.

③ Noriko Kawamura:*Turbulence in the Pacific*,Japanese-U.S.Relations during world war 1,Westport,Connecticut:Praeger publishers,2000,PP.38-39.

一条"的备忘录亦只有前4号内容,对第5号内容避而不谈。日本的鬼蜮伎俩当然骗不了美国政府。2月19日,布赖恩根据报刊上公布的"二十一条"第5号内容,指示美国驻日大使格思里向日本政府交涉。加藤高明眼看赖不过去,只得向格思里出示第5号内容,但仍狡辩说第5号条款仅仅是日本的"希望",也即希望中国政府能给予友好考虑,并非"要求",故未通知美国政府。2月22日,布赖恩从中国驻美公使馆获得包括第5号内容的"二十一条"完整文本。当天,布赖恩致函威尔逊对第5号内容表示自己的意见。他指出第5号共7款,其中第2款与第7款有关中国应同意日本人在华建立医院、寺院与学校,并拥有土地所有权以及允许日本人在华传教等等,尚不令人讨厌,无须考虑,但有关聘请顾问、向日本采购军械,中日合办警察以及福建省的条款,损害中国政治独立,违反各国在华机会均等协定,应予反对。① 2月25日,威尔逊复函布赖恩,赞同他的观点,主张向日本提交一份文件,就第5号内容阐明美国的意见。此时,因日本向美移民问题未获解决,两国关系日趋紧张,1913年,美国加利福尼亚州立法机构通过《韦布法案》(*Webb Act*),该法案禁止未取得美国公民资格的外国人占有土地,矛头直指日本移民。1915年初,俄勒冈州和爱达荷州立法机构也相继通过类似法案。引起日本政府强烈不满和抗议。国务院远东司负责人威廉斯建议暂缓提及第5号内容,先就"二十一条"前4号同日本谈判。2月26日,威廉斯致函布赖恩,主张承认日本在南满和内蒙东部的特殊利益。威廉斯认为尽管日本对南满、内蒙古东部提出的要求,开创了危险先例,使日本在满洲处于优势地位,鉴于日本日益增长的人口压力,日本向美国移民引起的日、美冲突,美国"有必要承认日本在满洲有特殊利益",以便日本移民浪潮能转向满洲,缓和在移民问题上美日两国日益尖锐的矛盾。日本在满洲不得采取歧视美国工商业的措施,重申在该地区遵守"门户开放"原则。美国不能同意日本垄断汉冶萍公司所属各矿及其附近地区矿权。因为"附近"是富有弹性的词汇,可以包括汉冶萍各矿所在的湖北、江西和湖南三省,日本将利用这一条款"排斥美国人开采三个

---

① *The papers of Woodrow Wilson*, Vol. 32, Princeton: Princeton university Press, 1980, PP. 269-270.

省有价值的矿藏"。① 威廉斯建议美、日进行一笔幕后交易:美国以牺牲中国领土主权完整为代价,将日本向外移民祸水引向中国东北,换取日本不损害美国在华权益。

3月1日,国务院顾问蓝辛致函布赖恩同意威廉斯的意见。他认为威廉斯在2月26日备忘录中提出的建议"值得考虑"。美国政府可以承认日本在南满与山东的权利,以换取日本政府同意不再对美国国内涉及土地占有权立法提出抗议,除非此类法规具有没收(外国人)所占有土地的性质,或对(外国人)既有权利产生实际影响。明确重申"门户开放"原则,使之特别适用于日本所要求的地区。制止这些地区从事特殊行业的日本人进行垄断,日本铁路或运输商不得实行有利于日本人及其商品的优惠运价或给予优惠待遇。蓝辛指出,如果美、日这笔交易能够成交,将使美国"摆脱麻烦的加利福尼亚州土地争端"。② 3月4日,威尔逊致函布赖恩,反对单纯地同日本做交易,"剥夺中国某些权利以换取减轻我们自己的某些困难",主张在致日本照会中直接涉及"二十一条"第5号内容。③ 遵照威尔逊上述指示,威廉斯与蓝辛共同起草了美国政府致日本政府照会。

日本对袁世凯政府在谈判中采取拖延策略极为不满,决定向袁政府施加压力。3月6日,日置益向中方代表声明:"日本政府对中日谈判进展缓慢感到不满",中方在3月12日前必须作出重要让步,否则"日本政府可能采取外交以外的手段",并逼迫中方继续考虑日方提出的第5号要求。④

3月12日,美国获悉日本已密令海军舰队开赴中国,并向山东和满洲增派陆军,企图用武力逼迫中国接受包括第5号条款的"二十一条"。威尔逊通知布赖恩说:"我认为此事十分严重",⑤催促他将美国政府致日本的照会尽快

---

① *The papers of Woodrow Wilson*, Vol. 32, Princeton:Princeton university Press, 1980, PP. 319-322.

② *The papers of Woodrow Wilson*, Vol. 32, Princeton:Princeton university Press, 1980, PP. 322-323.

③ *The papers of Woodrow Wilson*,Vol.32,Princeton:Princeton university Press,1980,P.319.

④ *Papers Relating to the foreign Relations of the united States*, 1915, Washington:Government Printing office,1924,P.103.

⑤ *The papers of Woodrow Wilson*,Vol.32,Princeton:Princeton university Press,1980,P.368.

发出。3月13日,布赖恩就"二十一条"问题,向日本驻美大使珍田送交美国政府照会,该照会曾由威尔逊审定,他的批示是照会内容"详尽透彻,令人满意"。① 因此,这是表明威尔逊政府对"二十一条"所持立场的重要文件,其要点有三:第一,日本声称"二十一条"中的第5号条款仅是日本的"希望",而非"要求",美国对此感到高兴。第二,"根据原则以及美国同中国订立的1844年、1858年、1868年与1903年的条约,美国有理由反对日本有关对山东、南满和东蒙的要求",但因"领土邻近构成了日本同这些地区的特殊关系","美国政府此时无意对日本提出的'二十一条'中的第1号与第2号条款提出问题",也即不反对日本提出的有关对山东、南满与内蒙东部的要求。第三,重申美国对华门户开放政策。针对"二十一条"第5号条款,警告日本说:"美国不能对一个外国对中国进行政治、军事或经济统治漠然视之"。② 值得注意的是为换取日本让步,美国政府在这份备忘录中竟然声称,美国不反对日本对山东、南满与内蒙东部的侵略,理由是这些区域同日本领地接近。这种为日本侵略辩护的荒谬地缘政治说并非威尔逊政府的新发明。1904年,西奥多·罗斯福总统就曾对日本人说,日本"在黄海周围地区,应该有至高无上的利益"。③ 1912年,塔夫脱总统领导的共和党政府也曾同意日本与俄国在满洲、蒙古与新疆有"特殊利益",国际银行团对华贷款,不得损害日、俄两国在上述地区的利益,从而再次默认了日本,在满州、内蒙东部的特殊地位。④ 现在威尔逊政府又声称日本同山东、南满和东蒙有着"特殊关系",充分证明美国宣扬门户开放政策旨在维护中国领土主权和行政完整的虚伪性与欺骗性。美国向日本递交3月13日政府备忘录后,日、美两国通过外交途径,分别就二十一条第5号中有关福建、顾问、中日合办警察、中国向日本购买武器等问题进行谈判。

3月20日,日本外相加藤同美国驻日大使格思里首先就福建问题进行会谈,加藤说:"日本对福建问题很敏感,因为该省同台湾邻近。日本感到不安

① *The papers of Woodrow Wilson*, Vol.32, Princeton: Princeton university Press, 1980, P.367.

② *Papers Relating to the foreign Relations of the united States*, 1915, Washington: Government Printing office, 1924, PP.105-111.

③ Thomas H.Etzold ed.: *Aspects of Sino-American Relations since 1784*, New York, 1978, P.63.

④ Daniel M.Crane and Thomas A.Breslin: *An ordinary Relationship*, *American Opposition to Republican Revolution in China*, University presses of Florida, 1986, P.76.

的是若干年前,美国国务卿海约翰提出由美国疏浚福建一处海港作为海军加煤站。最近,根据已公布的报告,伯利恒钢铁公司正同中国谈判一项疏浚海港合同,重又引起日本不安。日本提出此一请求,目的是保证她反对任何国家在福建省获得立足点的各种活动,任何国家在该省获得立足点的所有尝试,均会被视为对日本不友好和怀有敌意"。谈话结束时加藤建议美国与日本就福建问题发表一项坦诚和友好声明,以消除今后可能引起的疑虑。①

3月22日,日本驻美大使珍田奉命往见布赖恩就3月13日美国政府照会作口头答复。珍田首先表示日本政府对美国承认日本在南满、东蒙和山东的特殊地位感到满意。接着,对第5号有关条款逐一进行辩解:关于顾问问题,珍田声称日本政府盼望中国聘用日本顾问,"旨在改善中国内部行政管理,促进中日两国之间的良好关系",并不打算强迫中国接受这一建议。有关军火武器与中、日合办警察问题,珍田说迄今德国与奥匈帝国已向中国提供了大量武器。去年这两个国家曾考虑在张家口郊区和别的地方建立制作军火武器工厂,此事已引起日本人的忧虑。日本不可能容忍敌国代理人积极进行向中国提供武器的活动。故建议中国向日本购买武器,并预先确定购买数量,以便更好地满足订货者需要。买方从这一约定中得到的好处大于供货方。这完全是一种纯粹的商业性建议。中、日合办警察也仅限于满洲与东蒙地区。关于日本在福建享有优先权的问题,珍田声称其他国家在中国别的地区也拥有类似权利,例如英国享有对山西省矿业投资的优先权,法国在广东、广西和云南省享有投资优先权。珍田公开指责美国在福建扩张势力,计划在三都澳建立海军基地。他说日本同福建省有着特殊关系,"鉴于该省在地理上邻近台湾,日本曾同中国订立有关福建省不得让与别国的协定……任何外国势力渗入福建,都会使日本国民担忧台湾防卫会直接或间接受到威胁,任何此类消息都会使日本国民的心情高度紧张"。日本向中国提出给予日本资本在福建省有优先权的建议,"主要是希望在一定程度上平息日本国民中经常怀有的不安情绪"。珍田最后表示希望美国政府能同意订立一项制止美国公民在福建

---

①　*Papers Relating to the foreign Relations of the united States*, 1915, Washington: Government Printing office, 1924, PP.113-114.

从事企事业活动的协定。①

日本不仅对美国干预中日关于"二十一条"的谈判发动反击，而且不断向中国增派军队进行武力威胁。3 月 22 日，中国政府通知芮恩施："胶济铁路沿线新到日军 1200 人，满洲 6000 人"。② 3 月 24 日，芮恩施电告国务卿布赖恩"据青岛领事报告日军正加紧进行军事准备。奉天总领事报告日军驻铁路区域内的军队在成倍增加。安东领事报告日军在夜幕掩护下运输军队。驻济南日军现已增至 1600 人。为运送军队，胶济铁路的一般运输业务已经停止。星期日，中国政府要求日方对军队调动作出解释，迄今未获答复"。③ 3 月 25 日，芮恩施再次电告国务院"据今日收到的报告说驻济南日军已增至 2500 名，且装备有大炮。潍县附近的坊子亦驻有日军 1000 人"。④

面对日本剑拔弩张的凶横姿态，美国政府继续退让。3 月 22 日，布赖恩致函威尔逊，建议通知日本，美国政府无意在福建沿海获取加煤站，也赞成"制止所有外国投资于该省的港湾疏浚，或建立加煤站与海军基地"。⑤ 3 月 24 日，威尔逊致函布赖恩，认为美、日两国能够在福建问题上达成谅解，"并消除长期以来存在的不应有的一种印象，我的意思是指海约翰先生关于在福建建立一处加煤站的建议所引起的印象"。⑥ 3 月 25 日，布赖恩再次致函威尔逊，主张中、日两国订立有关中国不得将福建沿海租让予外国的协定，然后由美国表示同意，而不是美、日两国直接就福建问题订立协定，因为美、日之间的协定仿佛是为了防止美国在福建沿海获取租让权，这是对美国的一种歧视，却为别的国家在福建获取租让权留下通道，如果日本同中国达成协定，就能防止

---

① *The papers of Woodrow Wilson*, Vol. 32, Princeton: Princeton university Press, 1980, PP. 416-421.

② *Papers Relating to the foreign Relations of the united States*, 1915, Washington: Government Printing office, 1924, P.115.

③ *Papers Relating to the foreign Relations of the united States*, 1915, Washington: Government Printing office, 1924, P.116.

④ *Papers Relating to the foreign Relations of the united States*, 1915, Washington: Government Printing office, 1924, P.116.

⑤ Russell H.Fifield: *Woodrow Wilson and the Far East*, *The diplomacy of the shantung Question*, Hamden, Connecticut, 1965, P.39.

⑥ Li Tien-yi: *Woodrow wilson's China policy*, 1913-1917, New York, 1952, P.117.

所有其他国家在福建沿海获取租让权。① 此外,关于第 5 号中的顾问、军火武器与合办警察问题,布赖恩建议指示驻日大使格思里本着下列精神同日本政府谈判:1. 顾问:中日两国可以达成这样的协定,即日本否认有意坚持过分的或不公正的请求;中国承诺在遴选或聘用顾问的人数方面,同其他主要国家相比,不歧视日本。2. 军火武器:日本无意坚持要求中国购买数量不恰当的日本武器;中国保证在购买武器方面,同其他主要国家比较,不歧视日本。3. 警察:警察监督条款仅适用于满洲和东蒙,适用于该地区中住有一定比例的日本人的地方,当日本人在人口中占有一定比例时才能实行联合监督条款。② 布赖恩还在函件中继续宣扬中国应向日本屈服的谬论,他说中日两国是邻国,"保持友好关系至为重要,如果日本要得太多,或者中国给得太少,指望产生睦邻友好精神是不可能的。"③威尔逊对布赖恩上述建议表示同意。以上事实清楚说明,美国企图以牺牲中国某些主权为代价,同日本妥协。3 月 26 日,布赖恩向美国驻日大使格思里发出训令要格思里根据 3 月 25 日他致威尔逊函件内容同日本政府谈判。日本外相加藤对美国愿在"二十一条"第 5 号条款问题上作出让步,感到高兴。3 月 30 日,他函告正在北京同中国代表谈判"二十一条"的日本驻华公使日置益说:"美国不会反对中国聘用日本顾问或购买日本武器,只要两者均限制在一定数量之内。美国也不反对在满洲与蒙古住有大量日本国民的地区,中、日两国合办警察"。④ 日置益获知这一消息,态度愈益蛮横,强迫中方代表讨论第 5 号各款。

美国牺牲中国,对日妥协,引起美国社会舆论与部分政治家不满。3 月 30 日,美国驻华公使芮恩施批评美国在"二十一条"第 5 号问题上态度软弱,他指出 3 月 26 日布赖恩向美国驻日大使下达的指示,意味着美国赞同限制中国有选择其所信赖的顾问的自由;按照其需要购买军火武器的自由;在它享有主权的领土内独立行使警察职能的自由。如果中国人知道这一消息,他们将会

① *The papers of Woodrow Wilson*,Vol.32,Princeton:Princeton university Press,1980,P.436.
② *The papers of Woodrow Wilson*,Vol.32,Princeton:Princeton university Press,1980,P.435.
③ *The papers of Woodrow Wilson*,Vol.32,Princeton:Princeton university Press,1980,P.434.
④ Noriko Kawamura:*Turbulence in the Pacific*,*Japanese-U. S. Relations During World war 1*,Westport,Connecticut:Praeger publishers,2000,P.47.

相信"美国已背弃过去的对华友谊,及其所承担的有关维护中国行政完整与门户开放的道义责任"。他警告说如果美国对日本侵华活动,遵循消极默认,而不是干涉的方针,将会"引起中国人对美国的厌恶情绪,丧失我国在此地的影响,以及我们既援助中国政府又维护我们在华权利的机会"。① 此后,芮恩施不断向布赖恩去电,揭露日本玩弄的两面派手法,以及利用美国妥协退让,强迫中国接受"二十一条"的事实,例如4月5日,芮恩施致电布赖恩说日本政府在向别国政府谈及"二十一条"时,将全部条款区分为"要求"与"希望"两类,但在日置益同中国外交总长谈判时却未作这样的区分,②而是强迫中国全部接受"二十一条"各条款。4月14日,芮恩施再次电告布赖恩:"在星期六的谈判会上,当讨论到福建问题时,日本公使说日本的真正目的是保护中国,防止美国觊觎该省",中国指望美国援助"徒劳无益"。芮恩施还在电文中谈到天津报刊上登载的一篇文章,该文引用一位"日本著名人士"的话说:"期望美国采取任何反对日本政策的行动均属荒谬,因为美国国务卿深受珍田男爵影响,以致他不说一句违反日本意愿的话。"文章刻薄地评论说:"美国政府似乎已放弃维护门户开放政策。"芮恩施指出"如果我国政府不明白无误地使自己脱离默认日本无理要求的外貌,听任他们明目张胆地曲解美国政府的动机,恐怕将会引起中国社会舆论对美国政府激烈抨击。"电文结尾,芮恩施建议美国政府授权他非正式地宣布,美国既未放弃其在华权利,也未撤销它对中国承担的义务。③

芮恩施的一系列报告,特别是4月14日的报告引起威尔逊严重关注和思考。

威尔逊原以为美国只要承认日本在满洲、东蒙与山东的特殊地位,并对"二十一条"第5号条款作出让步,日本就会投桃报李,对美国作出相应让步,维护美国在华权益,孰料日本却得寸进尺,强迫中国接受包括第5号在内的

---

① *The papers of Woodrow Wilson*,Vol.32,Princeton:Princeton university Press,1980,P.459.

② *Papers Relating to the foreign Relations of the united States*,1915,*Washington:Government Printing office*,1924,P.119.

③ *The papers of Woodrow Wilson*,Vol. 32,Princeton:Princeton university Press,1980,PP. 519-520.

"二十一条"全部条款,试图独霸中国。为维护美国在华权益和威信,威尔逊政府不得不对日本稍示强硬。威尔逊在获悉芮恩施 14 日来电后,当即函告布赖恩:"我对芮恩施先生报告中所述事实深感不安",指示布赖恩寻找一个机会,向日本驻美大使表示,美国政府对日本强迫中国接受第 5 号条款"深感关切",他告诉布赖恩"我们……应表明自己是维护中国主权的,而且一如既往,不考虑为我们自己谋求任何特殊利益或特权"。① 根据威尔逊指示,4 月 15 日,布赖恩电告芮恩施,授权他非正式地宣布"美国政府不会放弃其在华的任何条约权利,或丝毫降低对所有涉及中国工业与政治福利的友好关心,在等待目前中日谈判结果时,坚信美国的权利和义务不会受到影响,或者说她的利益不会受到损害"。② 4 月 16 日,威尔逊指示布赖恩向日本驻美大使就有关汉冶萍煤铁矿问题,"作一次非常坦率的谈话",应向他表明"我们非常严肃而且非常关心此事",因为日本对汉冶萍煤铁矿的要求,"极其明显地损害门户开放政策,并且也损害中国行政与经济完整"。③ 基于这一指示,4 月 27 日,布赖恩草拟致日本驻美大使珍田的信件,对日本增派军队进驻中国表示忧虑。日本政府向美、英、法、俄等国说明对华提出的"二十一条"时,曾将"希望"条款和"要求"条款加以区别,对中国政府提出"二十一条"却未作出这一区别,全部作为"要求"条款提出。在"要求"条款中有一条涉及汉冶萍煤铁矿,该条款构成了"对中国主权和别国平等权利的干涉"。信件指出汉冶萍煤矿"属于一家中国公司所有,该公司曾向某些日本资本家借了大量的钱,构成责任的仅仅是金钱,如果偿付了借款也就充分履行了责任。提供贷款似乎很难成为要求将该矿财产作为共同所有的正当理由……铁矿是大工业的一种基础……该矿位于中华帝国(原文如此!)心脏地带,中国曾正确地宣称她享有主权和独立,日本也一再予以承认。要求这些矿为外国人所有,是同中国主权和独立不相容的。共同所有制会赋予日本政府或日本国民对中国繁荣至关重要的工业部门进行监督的权利,且因这一要求涉及对邻近地区所有矿产的控制,似乎会

---

① *The papers of Woodrow Wilson*, Vol. 32, Princeton:Princeton university Press, 1980, PP. 520-521.

② *The papers of Woodrow Wilson*, Vol.32,Princeton:Princeton university Press,1980,P.520.

③ *The papers of Woodrow Wilson*, Vol.32,Princeton:Princeton university Press,1980,P.531.

形成对其他与中国贸易国家所享有的平等权利的干涉"。① 威尔逊对布赖恩上述声明深感满意,称布赖恩向日本递交的声明"十分正确"。②

美国态度日趋强硬,英国对"二十一条"中有关损害英国在华权益的条款感到不满,中国国内反对"二十一条"的群众运动蓬勃兴起,促使日本政府决定强迫中国同意日本要求,尽快结束谈判。4月26日,日方谈判代表向中国政府提出了一项修正案,仅对"二十一条"内容在字句上作了一些无关紧要的更动。

4月30日,日本驻美大使珍田向美国国务院递交有关日本更动"二十一条"内容的备忘录。5月3日,布赖恩致函威尔逊,对4月30日日本备忘录进行了下述评论:

关于南满问题:日本政府在4月30日的备忘录中提出三点建议:"1. 允许日本国臣民在南满地区,租赁或购买为盖造各类商业和工业厂房,或从事农业耕作所必需的土地。2. 日本国臣民可在南满地区自由居住往来,并经营商业、工业等各种生意。3. 南满地区的日本国臣民将向中国地方当局出示护照并注册,他们亦将遵守经日本领事同意的中国警察法规或章程,向中国当局缴纳经日本领事同意的税款。"③

布赖恩指出,有关南满问题的"第3条",意味着南满地区的日本国臣民可以不遵守未经日本领事同意的中国警察法规或章程,可以不缴纳未经日本领事同意的税款:"这将剥夺中国制定管理日本居民法规的权利,涉及主权的征税问题亦将听从日本人的命令。"④

关于汉冶萍公司问题。日本在4月30日的备忘录中要求中国政府承诺:"1. 批准汉冶萍公司和日本资本家将来可能订立的有关对该公司共同经营的协定。2. 不对该公司加以没收。3. 未经有关日本资本家同意不对该公司实行国有化。"

布赖恩认为日本在备忘录中提出中国应承诺不将汉冶萍煤铁矿实行国有

---

① *The papers of Woodrow Wilson*, Vol.33, Princeton: Princeton university Press, 1980, PP.83-84.

② *The papers of Woodrow Wilson*, Vol.33, Princeton: Princeton university Press, 1980, P.85.

③ *Papers Relating to the foreign Relations of the united States*, 1915, Washington: Government Printing office, 1924, P.128.

④ *The papers of Woodrow Wilson*, Vol.33, Princeton: Princeton university Press, 1980, P.95.

化的条款,等于否认中国拥有作为主权中最基本的征用权,他指出:"每个国家,每个州,每个市均应拥有征用权,当然应有条件地行使这一权利,即支付赔偿费,不得将财产无偿充公……中国不应放弃基于向业主给予适当赔偿,征用其领土之内的任何财产或工业的权利。"

日本在备忘录中虽对原"二十一条"第5号条款作了一些改正,然而新条款某些用语是"不适当的"。例如新条款规定"中国政府将来如有必要,将雇用日本顾问",这意味着将来中国如需要顾问,除日本顾问之外,不能雇用任何外国顾问。

在布赖恩看来,尽管日本政府在4月30日备忘录中提出的对"二十一条"的修正案,还存在诸多不合理与不恰当之处,但已作出了不少让步。如原"二十一条"第3号有关汉冶萍公司条款"所有属于汉冶萍公司各矿之附近矿山",新修正案已将"附近矿山"一词删去,不再提"中日合办警察"等等,特别是日本承诺将胶州归还中国更是"一种可贵的让步"。他建议继续向日本交涉,敦促其更改不合理的要求。①

正当美国政府以为美国对日交涉已取得成效,幻想日本会作出更大让步时,日本侵略者对谈判已失去耐心,正酝酿向中国发出最后通牒,诉诸武力,迫使中国政府向日本屈服。

日本"元老派"山县有朋及政友会总裁原敬等人,同意向袁世凯政府发出最后通牒,但并不主张强迫袁政府立即接受"二十一条"第5号条款,他们指责加藤高明坚持要中国接受第5号条款,激发了中国人民反日情绪,引起西方国家对日本猜疑和不信任,严重损害日本威信,山县有朋声称"为第5号条款而动员军队,会玷污日本国际声誉"。② 5月3日,英国外交大臣格雷电告加藤,第5号有关委派日本顾问以及由日本向中国提供军火武器的条款,"在英国社会舆论看来,是同英日同盟条款所确立的主张不符合的"。③ 由于外遭

---

① *The papers of Woodrow Wilson*, Vol.33, Princeton: Princeton university Press, 1980, PP.95-99.

② Frederick R.Dickinson: *War and National Reinvention*, *Japan in the Great War*, 1919-1919, Harvard University press, 1999, P.90.

③ Noriko Kawamura: *Turbulence in pacific*, *Japanese-U.S.Relations during world war* 1, Westport, Connecticut; Praeger publishers, 2000, P.28.

英、美强国反对,内受日本元老派压力,日本大隈内阁于 5 月 6 日决定,暂时放弃第 5 号中有关条款,向中国发出最后通牒。

5 月 6 日,美国驻华公使芮恩施电告国务院"日本人已接到命令离开广州、汉口和其他中心城市……北京的日本人正准备撤离。昨天夜里,在济南府,新的堑壕已经筑成。日本的 1 艘巡洋舰和 4 艘驱逐舰出现在秦皇岛附近海面"。① 同一天,美国发表公开声明,宣称美国无意放弃其任何条约权利,美国政府"并未停止对中国福利与进步的关心",②警告日本不得损害美国在华权益。布赖恩并以私人名义致函日本首相大隈重信,劝告日本政府"继续谈判",指示芮恩施要求袁世凯政府,本着"友好精神"谈判,避免发生武装冲突。美国政府还向英、法、俄三国倡议,美、英、法、俄 4 国联合向日本与中国发出紧急呼吁,要求两国"以耐心和友好的精神继续进行谈判,直至获得满意结果"。③ 日本对美国发起的外交攻势迅速予以还击,外相加藤高明紧急约见俄、英、法三国驻日大使,要求三国政府拒绝美国邀请干涉中日争端,美国关于联合进行干涉的建议未被俄、英、法三国采纳。5 月 6 日,日本驻华使馆已收到对华最后通牒文稿,根据日本政府指示,最后通牒必须在 5 月 7 日下午向中国政府递交,袁世凯政府得知这一消息,惊惶失措,决定屈服,授权外交部次长曹汝霖向日方表示,中方愿作出让步。6 日晚,曹汝霖访问日本使馆,声称中国政府愿就第 5 号某些条款作出让步。④ 7 日晨,当曹汝霖获悉日本最后通牒中第 5 号有关条款暂时搁置,留待以后协商的内容后,忙向日本驻华公使日置益表示,6 日晚上,他所说的愿对第 5 号某些内容作出让步的谈话,纯属个人意见。5 月 7 日下午 3 时,日置益向袁政府递交最后通牒,限令袁政府必须在 48 小时内,接受 4 月 26 日日本政府提出的"二十一条"修正案中第 1 到第 4 号各款,关于第 5 号,除福建条款以换文方式强迫中国同意外,其余各款日后

---

① *Papers Relating to the foreign Relations of the united States*, 1915, Washington: Government Printing office, 1924, P.143.

② *Papers Relating to the foreign Relations of the united States*, 1915, Washington: Government Printing office, 1924, P.143.

③ *The papers of Woodrow Wilson*, Vol. 33, Princeton: Princeton university Press, 1980, PP. 114-115.

④ 廣瀨順晧编:《近代外交回顧録》第 4 卷,第 206 页。

另行协商。5月9日,袁政府应日方要求,送交了中方对最后通牒复文的草稿,袁政府外交部作了最后一次努力,幻想用承认1、2、3、4号各款以及愿就福建问题换文,取消第5号5条款,所以在复文草稿中用了"除第5号中的5项条款外",日本驻华使馆看后大为不满,坚持中方必须在"除第5号中的5项条款"一句后面,加上"日后另行协商"字样,表明日本政府并不同意取消第5号中的5项条款,而是留待将来再行讨论。① 5月9日,袁政府被迫按照日本意愿,全部接受日本无理要求。

　　威尔逊政府没有也不可能为维护中国独立与领土完整同日本进行战争,但又不甘心日本独霸中国,损害美国在华权益。5月7日,国务院顾问蓝辛致函布赖恩,建议向中日两国发出内容相同的照会,拒绝承认日本与中国达成的损害美国在华权益以及门户开放主义的任何协定,以便"在将来形势较为有利时,能恰当地成为讨论的题目",②也即暂时提出保留意见,以后再同日本算账。威尔逊赞同蓝辛的建议。5月11日,美国政府向中日两国递交内容相同的照会,宣称中日之间凡有关损害美国及其公民"在华条约权利"与"门户开放政策"的协约,"美国政府不能承认"。③ 美国这一声明使日本当局非常恼怒,加藤高明向俄国驻日大使说,国务院这项声明:"厚颜无耻",并说"日本根本无须美国对日中条约的任何承认"。④

　　在日本最后通牒威逼下,1915年5月25日,袁政府外交总长陆征祥同日本驻华公使日置益,在北京签订《中日关于南满洲及东部内蒙古之条约》、《中日关于山东省之条约》并附13件换文,统称《中日民四条约》,主要内容是:

　　1. 袁世凯政府同意将旅大租借期限并南满和安奉两铁路期限,均延长为99年。日本人可在南满经营工商业"任便居住、往来",可在东部内蒙与中国人"合办农业及附随工业"。今后,中国政府如在南满"聘用政治、财政、军事、警察外国顾问教官时,可尽先聘用日本人",中国如欲在南满及东部内蒙建造

----

　　① *Papers Relating to the foreign Relations of the united States*, 1915, Washington: Government Printing office, 1924, P.150.

　　② *The papers of Woodrow Wilson*, Vol.33, Princeton: Princeton university Press, 1980, P.140.

　　③ *The papers of Woodrow Wilson*, Vol.33, Princeton: Princeton university Press, 1980, P.141.

　　④ 《北洋军阀》(1912—1928)第2卷,武汉出版社1990年版,第891页。

铁路,需借外资,"可先向日本国资本家商借"。

2. 承认日本继承德国在山东的一切权利。中国政府声明:将"山东省内或其沿海一带之地或岛屿,无论以何项名目,概不租与或让与外国"。

3. 关于汉冶萍公司问题,如将来该公司与日本国资本家商定合办时,中国政府"可即允准"。中国承诺不将该公司充公,收归国有,不使该公司"借用日本国以外之外国资本"。

4. 中国政府声明"并无在福建省沿岸地方允许外国设造船所、军用贮煤所、海军根据地及其他一切军事上设施之事;又无借外资欲为前项设施之意思"。①

日本通过向中国递交"二十一条",获得大量侵略特权,在争夺中国霸权斗争中处于领先地位。美国并未服输,威尔逊执政期间,美日两国在华角逐才仅仅开始,远未结束。

第三节 美国与帝制运动

袁世凯对自己从临时大总统,上升为大总统、终身总统并未感到满足,他还想黄袍加身,登上皇帝宝座。为复辟帝制,1914 年 9 月,袁世凯颁布祭孔令,亲率文武官员去孔庙祭礼,12 月,去天坛祭天。在袁世凯大力倡导下,"孔教会"、"孔社"、"孔圣会"等尊孔复古团体纷纷成立,封建思潮泛滥,"共和不适于国情"的言论甚嚣尘上。

美国继续推行支持北洋军阀头目袁世凯的政策,为袁世凯称帝推波助澜,1915 年上半年,美国政府公函与外交文件,多次出现用"中华帝国"一词,以取代"中国",或"中华民国"的现象,例如 1915 年 4 月 14 日,威尔逊在致布赖恩公函中谈到,日本向中国提出的"二十一条"第 5 号条款,"明显地是同中华帝国(Chinese Empire)的行政独立与自主不相容的"。② 又如,1915 年 4 月 27

---

① 王铁崖编:《中外旧约章汇编》第 2 册,三联书店 1982 年版,第 1100—1113 页。

② *The papers of Woodrow Wilson*, Vol. 32, Princeton:Princeton university Press, 1980, PP. 520-521.

日,布赖恩在致日本驻美大使珍田的外交公文中说,汉冶萍所属铁矿"位于中华帝国(Chinese Empire)心脏地带"。① 再如,1915 年 5 月 6 日布赖恩电告芮恩施,美国政府将于 5 月 7 日向报界发布公报,重申美国对中日谈判所持立场,公报说美国希望中日两国以令人满意方式达成一项协定,该协定条款将"有助于这两个伟大东方帝国(Both of these great Oriental empires)的繁荣"。② 1915 年 5 月 5 日,布赖恩在致珍田公函中,又一次提到中、日"这两个伟大的东方帝国"(these two great empires in the Orient)。③ "中华帝国"字样如此频繁地出现在美国政府官方文书,绝非偶然,中国维持共和政体抑或是复辟帝制,在美国当政者看来并不重要,最重要的是美国在华权益。他们确信,具有亲美倾向的袁世凯仍然是中国唯一能维护并增进美国在华权益的强有力人物。美国政客们争相向袁世凯唱颂歌,布赖恩说中国在袁世凯领导下局面已大有好转,"窜扰中部 4 省的匪患已被平定,总的说来全国秩序正在恢复,直至一年前还被地方上耗费殆尽的税收,现在正起着支撑中央政府的作用。"④ 被袁世凯聘为政府顾问的前美国驻华公使柔克义也在报刊上发表文章,为袁政府涂脂抹粉,欺骗美国人民,他声称袁政府正在进行稳妥的"符合人民真正迫切需要的改革",致力于"发展农业、商业和工业"。⑤ 1915 年 8 月,袁政府的美籍顾问古德诺发表了一篇题名为《共和与君主论》的文章,污蔑中国多数人的知识"不甚高尚",又"无研究政治之能力",结论是"中国如用君主制,较共和制为宜"。⑥ 古德诺是威尔逊的密友,曾任美国约翰霍普金斯大学校长,美国政治学会第一任会长,在美国学术界享有很高声望。由他出面领唱,袁世凯的心腹和一些官僚政客立即随声附和,杨度向袁世凯表示愿建立一研究会,为复辟帝制造舆论,拟将此会定名为"筹安会",袁世凯当即表示赞同,"命国

---

① *The papers of Woodrow Wilson*,Vol.33,Princeton:Princeton university Press,1980,P.83.

② *Papers Relating to the foreign Relations of the united States*,1915,Washington:Government Printing office,P.143.

③ *The papers of Woodrow Wilson*,Vol.33,Princeton:Princeton university Press,1980,P.104.

④ *The papers of Woodrow Wilson*,Vol. 31,Princeton:Princeton university Press,1979,PP.381-382.

⑤ Paul A.Varg:*Open door diplomat*,*the life of W.W.Rocknill*,University of Illinois press,1952,P.122.

⑥ 白蕉:《袁世凯与中华民国》,第 171—172 页。

库支十万金与皙子(即杨度),充开办费"。① 8 月 23 日,"筹安会"成立,杨度任理事长,孙毓筠为副理事长,积极为袁世凯复辟帝制奔走效劳。

威尔逊政府十分关心袁世凯一手策划的复辟帝制运动,美国驻华代办马慕瑞在致国务卿电文中说,近几周来,中国国内"对重建君主专制政体问题进行了广泛讨论,复辟帝制的议论似乎已得到普遍同情,不仅许多旧官僚而且迄今仍投身于共和运动的年轻官僚也给予了某种程度的支持……总统已拒绝干涉最近组成的旨在宣传帝制的筹安会的活动。总统公布了应他的请求由古德诺草拟的一份备忘录,古德诺在备忘录中所表述的意见是从理论与观念上讲,君主制政体能较好地适合中国国情"。② 马慕瑞指出"大多数省份的民政与军政长官,均致电筹安会,表示赞成复辟帝制运动"。此外"筹安会还收到全国商业与教育机构发来的数量众多的类似电报"。③ 他说筹安会的靠山有:"袁总统及其长子袁克定,中国最有势力的文职官员梁士诒,最有影响的军事领袖冯国璋……多数政府内阁官员以及其他最有影响的官员均赞同复辟帝制运动",他们"正筹划并为重建以袁总统为皇帝的君主政权而工作"。④ 袁世凯也派人同美国驻华公使馆联络,谋求美国支持。据马慕瑞说 1915 年 9 月 4 日,一位袁政府的总长曾拜访他与公使馆官员丁家立,该总长告诉他,袁世凯担心外国可能拒绝承认新政府,特别是日本可能会对承认新制度提出苛刻条件。⑤ 同时,袁世凯还派毕业于美国哥伦比亚大学的顾维钧出使美国,顾于1915 年 9 月抵达旧金山,适逢美国驻华公使芮恩施离美返华,途经旧金山,国务院特命他推迟返华,以便同顾维钧商谈有关中国复辟帝制运动问题,芮恩施发现顾维钧此次出使美国的目的,"就是要在欧美为袁世凯称帝制造舆论,并

---

① 许指严:《新华秘记》(近代史料笔记丛刊),中华书局 2007 年版,第 33 页。

② *Papers Relating to the foreign Relations of the united States*,1915,Washington:Government Printing office,1924,PP.46-47.

③ *Papers Relating to the foreign Relations of the united States*,1915,Washington:Government Printing office,1924,P.47.

④ *Papers Relating to the foreign Relations of the united States*,1915,Washington:Government Printing office,1924,P.51.

⑤ *Papers Relating to the foreign Relations of the united States*,1915,Washington:Government Printing office,1924,P.51-52.

为袁称帝打好基础"。① 9 月 4 日,马慕瑞向国务院建议承认袁世凯复辟帝制应取决于下列情况:"新政府为中国人民所接受"。该政府"能维持秩序并维护外国人利益"。"美国人民以及在华拥有利益的人士",对君主制信任与同情的程度。② 9 月 7 日,新任国务卿蓝辛致电马慕瑞,赞同他在 9 月 4 日电文中所提出的上述建议。③ 马慕瑞对袁世凯一手策划的帝制运动颇为乐观,他在致国务卿蓝辛电文中说:"中外观察家似乎全都相信政府能控制局势,革命运动不会取得进展或超越纯为局部骚乱范围,除非革命运动受日本煽动和援助。我相信大多数人对政体问题会采取漠不关心的态度,只要对他们不统治过严,征税太多"。④ 美国驻华公使芮恩施从美国返回北京任所后,对袁世凯复辟帝制也持马慕瑞同样观点,他在 10 月 2 日致国务卿电文中说:"如果复辟君主制度,预料不会遇到公开抵抗,虽则可能有人会扔一些炸弹。"⑤

日本同美国相反,日本政府对袁世凯称帝持敌视态度。日本军国主义者始终认为亲西方的袁世凯是他们称霸中国的主要障碍,不愿看到袁世凯通过复辟帝制掌握更大权力,决定联合英、美、俄等国对袁亲自导演的复辟帝制闹剧进行干涉。10 月 27 日,日本驻美大使珍田向国务院递交了日本外相石井的一份电文摘录,石井在电文中指出中国复辟帝制运动,已遭到国民反对,在长江流域与华南一带,国民反对情绪尤为强烈。中国政府为掩盖事实真相,粉饰太平,采用了各种手段,例如"授意各省当局上呈赞同实现君主制计划的报告并予公布,或命令各省当局直接与间接地向反对派施加巨大压力",事实是"愈企图加速实现君主制,国民反对情绪愈益强烈增长"。如果因加速实现君主制而引起动乱,在华拥有重大利益的国家必然会蒙受损失。为了及时防止

① ［美］芮恩施:《一个美国外交官使华记》,李抱宏等译,商务印书馆 1982 年版,第 134—135 页。

② *Papers Relating to the foreign Relations of the united States*, 1915, Washington: Government Printing office, 1924, P.47.

③ *Papers Relating to the foreign Relations of the united States*, 1915, Washington: Government Printing office, 1924, P.60.

④ *Papers Relating to the foreign Relations of the united States*, 1915, Washington: Government Printing office, 1924, P.53.

⑤ *Papers Relating to the foreign Relations of the united States*, 1915, Washington: Government Printing office, 1924, P.65.

可能发生的灾难,维护远东和平,值此关键时刻,日本政府建议就是否能保证不发生动乱,和平实现君主政体问题,向中国政府提出询问,并向中国政府提出缓期实行帝制非正式友好劝告。石井在电文中表示希望美国也能同日本一样,向中国政府提出类似劝告。①

英国担心袁世凯急于称帝会导致袁政府被推翻,袁世凯下台不符合英国利益,因而赞同日本进行干涉的意见,根据英国政府训令,英国驻美大使馆也于 10 月 27 日,向美国政府递交备忘录,希望美国能同日本一样,向中国政府提出劝告。② 国务卿蓝辛在收到日、英两国内容相同的备忘录后,当即致函威尔逊,内容如下:

> 随信附上今天日本与英国大使向我递交的两份文件,这些文件并非只是在语言上,而且实际上抗议中国政府复辟君主制。
>
> 我对两位大使中的任何一位,均未就美国政府持何种态度表示任何意见。我承认我不了解日本采取这一行动的目的,或者说我很怀疑日本采取这一行动旨在维护远东和平。我个人的意见是对他们采取的这一行动,我们不应反对。其实我相信如能达到目的是有好处的。我们收到的各种报告表明,袁世凯称帝会在中国各地引起叛乱。现在他实际上就是皇帝,除了怀有使他的家族继续掌权的野心外,我看不出有何理由要采用这一头衔。
>
> 除表示收到这些文件外,我认为我们没有必要在这个问题上采取任何行动。由于这是一个重要问题,如果您让我知道您对这个问题的意见,我将不胜感激。③

以上信件表明,蓝辛对日本倡议干涉袁世凯称帝的动机怀有疑虑,担心袁世凯仓促称帝会破坏中国政局稳定,损害美国在华权益,他想了解威尔逊对这

① *The papers of Woodrow Wilson*, Vol. 35, Princeton: Princeton university Press, 1980, PP. 115-116.

② *The papers of Woodrow Wilson*, Vol.35, Princeton: Princeton university Press, 1980, P.117.

③ *The papers of Woodrow Wilson*, Vol.35, Princeton: Princeton university Press, 1980, P.115.

一问题的见解。10月28日,美国对日本的倡议尚未作出正式答复,日本驻华代办即联合英国与俄国驻华公使前往袁政府外交部,要求"延缓变更国体计划"。10月29日,美国驻华公使芮恩施致电国务院,反对美国参加由日本倡议的干涉中国复辟帝制的活动,他说:"国民公决国体正在进行,君主制政体可望在一两月内建立。我仍然看不出有理由担忧会遭到严重反抗或危及外国在华利益。"①10月31日,威尔逊致函蓝辛,明确表示,美国同意中国改变政体,他说此问题属于中国内政,现在还无证据表明中国改变政体会危及外国利益,"采取任何形式的干涉,或者甚至提出抗议,均会严重破坏中国主权"。美国政府应以最友好方式,劝告中国政府,值此世界局势处于最紧张时刻,改变现行政体,应十分坚定而小心谨慎,以免危及中国自己的国际与国家利益。②威尔逊上述意见大体上规定了美国对袁世凯复辟帝制的态度和方针。根据这一方针,1915年11月3日,当日本驻美大使珍田拜会蓝辛,询问美国对袁世凯复辟帝制究竟持何种方针,将采取何种措施时,蓝辛答称"关于这个问题,我们不会采取任何措施",他说"我们自然同情共和政体",但美国政府觉得应日本邀请,同她一道对中国目前改变政体表示反对,"这或多或少是对中国内部事务的干涉",因而"是不适当的"。珍田当即对蓝辛上述声明表示遗憾,他问蓝辛,为何要将日本采取的行动视为"干涉",蓝辛回答说:"我相信这件事实际上已经决定,中国将恢复君主立宪政体,我认为此时发表意见,不会对局势产生实质性影响。据我所知军队是忠诚的并同意这一变革,不会发生严重的有组织的反抗。"③

　　袁世凯获悉威尔逊政府支持他复辟帝制,企图迅速登上皇帝宝座的欲望更为强烈,11月1日,袁政府向日、英、俄三国保证,中国变更国体,实行帝制,"断不致发生事端"。④　11月5日,日本驻华代办小幡奉命往见袁政府外交总长陆征祥,声称中国复辟君主制是一个影响远东和平的问题,因而日本政府有

---

　　①　*Papers Relating to the foreign Relations of the united States*, 1915, Washington: Government Printing office, 1924, P.71.

　　②　Li Tien-yi: *Woodrow wilson's China policy*, 1913–1917, New York, 1952, PP.151–152.

　　③　*The papers of Woodrow Wilson*, Vol. 35, Princeton: Princeton university Press, 1980, PP. 163–164.

　　④　王芸生:《六十年来中国与日本》卷7,三联书店1981年版,第10页。

权知道帝制是否实行,日本要求中国政府作出解释,"以免因产生误会而导致令人遗憾的结果"。① 日本还通知袁政府7艘日本海军船舰已奉命驶往中国沿海各地,②向袁世凯施加压力。尽管如此,袁世凯仍决心将复辟帝制运动进行到底。因为他坚信美国是支持他复辟帝制的,英国也曾通过其驻华公使朱尔典对他复辟帝制计划表示赞同。10月2日,朱尔典会见袁世凯,明确表示复辟帝制,"此中国内政,他人不能干涉",并说:"英国对于此事极为欢迎。盖中国现时政府,一人之政,仅系于大总统一身。大总统即时离任,无有能继续其事者,中国大局不堪设想,似此局面岂能长久。现行之共和,系世界所无之政体,既非共和,又非专制,又非君主立宪,此种特别政体,断难永久维持。若早日议决正当君主立宪政体,则于中国人民思想习惯丝毫不背……所以英国不但欢迎,且绝无反对之意"。③ 在袁世凯看来,10月28日,英国同日俄两国驻华使节就复辟帝制问题提出劝告,只是因为英国担心他急于复辟帝制,会引发动乱,危及英国在华权益,并非反对他称帝。袁世凯相信外有美国与英国支持,内有北洋军队作后盾,他的皇帝梦定能实现。11月11日,袁政府外交部约见日、英等国驻华公使,向他们保证:万一发生意外之事变,"无论何时,本政府之权力、足随时消除之"。④ 为了给复辟帝制披上合法外衣,袁世凯授意其心腹梁士诒等人组织"全国请愿联合会",向参政院请愿,要求召开国民会议,表决国体。参政院遂呈请袁世凯年内召开国民会议,获袁世凯批准。于是,参政院迅速炮制出"国民代表大会组织法",由各省加紧选出代表,在当地投票,表决国体。12月11日,全国投票完毕,各省"国民代表"共1993人,一致赞成君主立宪,各省拥戴书完全一样:"谨以国民公意,恭戴今大总统袁世凯为中华帝国皇帝,并以国家最上完全主权奉之皇帝,承天建极,传之万世。"参政院当即根据"民意",向袁世凯"劝进",袁世凯装模作样,推让一番,参政院再次"劝进",袁世凯方才同意称帝。1915年12月13日,袁世凯在居仁堂

① *The papers of Woodrow Wilson*, Vol. 35, Princeton:Princeton university Press, 1980, PP. 203~204.

② *The papers of Woodrow Wilson*, Vol.35, Princeton:Princeton university Press, 1980, P.204.

③ 《北洋军阀(1912—1928)》第2卷,武汉出版社1990年版,第1114页。

④ 王芸生:《六十年来中国与日本》卷7,三联书店1981年版,第16页。

接受百官朝贺,15 日,封副总统黎元洪为武义亲王,改元洪宪,以 1916 年为洪宪元年,改中华民国为中华帝国。

　　芮恩施坚决执行美国政府的政策,对袁世凯复辟帝制积极支持,以便进一步密切美国与袁政府的关系,巩固并扩大美国在华势力。1915 年 11 月至 12 月,他多次致电国务卿蓝辛,赞扬帝制运动顺利发展,中国国内局势稳定。11 月,中华革命党人陈其美派人在上海刺死袁世凯心腹上海镇守使郑汝成,揭开了护国运动序幕。芮恩施在致美国国务卿电文中将郑汝成被杀,归结于"对帝制运动强烈不满的革命党人所采取的个别暴力行动",他说中国各地"尚未出现有组织的反抗"。[1] 11 月 19 日,芮恩施电告蓝辛:"美国政府关于帝制问题乃中国内部事务,应由中国人自行解决的决定,使中国各阶层人民深受感动,认为这一决定同迄今美国在中国事务上奉行的正确政策完全一致。我国政府的态度受到高度评价。社会舆论普遍地认为美国在任何时候都未像现在这样,在中国人民中享有如此高的声望"。[2] 他在 12 月 11 日致国务卿电文中说"昨天下午的选举会上溥伦亲王(Prince Pulun)提名袁世凯为皇帝,此事表明满人已经顺从"。[3] 芮恩施主张尽早承认中华帝国政府,他说鉴于中国政体变更"未经通常采用的政变方式,亦未发生派系斗争或有组织的反抗"。预料 1916 年 1 月 1 日后,将正式宣告中华帝国成立,请国务院下发有关承认中华帝国的训令。[4] 12 月 21 日,国务卿蓝辛回电:"当中华帝国宣告成立时,如无严重的有组织反抗存在,而且你也看不出有其他理由怀疑新制度的持久性,兹训令你承认中国新政府"。[5] 12 月 14 日,黄兴曾致电芮恩施警告说:"袁世凯

---

[1] *Papers Relating to the foreign Relations of the united States*, 1915, Washington: Government Printing office, 1924, P.78.

[2] *Papers Relating to the foreign Relations of the united States*, 1915, Washington: Government Printing office, 1924, P.78.

[3] *Papers Relating to the foreign Relations of the united States*, 1915, Washington: Government Printing office, 1924, P.78.

[4] *Papers Relating to the foreign Relations of the united States*, 1915, Washington: Government Printing office, 1924, PP.78-79.

[5] *Papers Relating to the foreign Relations of the united States*, 1915, Washington: Government Printing office, 1924, P.79.

废共和,行帝制,中国必立起革命,声讨其罪"。① 芮恩施对黄兴的警告置若
罔闻。

袁世凯与美国低估了中国人民反抗封建专制统治的意志和决心。正当美
国支持的帝制运动进入高潮时,12 月 25 日,蔡锷在昆明联合云南将军唐继
尧、原国民党将领李烈钧宣布云南独立,组织讨袁护国军,蔡锷任护国军第一
军总司令进军四川,李烈钧为第二军总司令进攻两广,唐继尧任第三军总司
令,留守云南。

护国战争开始后,袁世凯调兵遣将进行抵抗,宣布延期登位。

美国相信袁世凯有力量消灭敌对势力,胜利登上皇帝宝座,决心仍将赌注
压在袁世凯身上。芮恩施对中国国内形势进行了一番分析后,十分乐观地电
告国务院说,除云南和贵州外,"还未有系统的反对派组织建立"。② 中国人民
群众"对任何政治组织问题普遍漠不关心",③他们是"得到官方批准的任何
运动的天然顺从者"。④ 他指出江苏军事长官冯国璋将军,"虽对袁世凯近来
某些活动明显地感到不快,但仍忠于袁世凯总统"。⑤ 芮恩施指示各地美国领
事继续收集有关护国战争政治与军事情报。1916 年 1 月中旬,他基于各地送
来的情报,对中国政局与袁世凯称帝前景进行了评估,他指出:"就军事机构
整体而言仍忠于袁世凯总统",有证据表明革命派曾用金钱收买政府军归顺。
"各省巡按使报告说,他们已经控制了局势并相信他们有能力镇压当地骚乱。
来自云南的官方报告表明该省远非为了革命事业而团结一致,派系斗争仍在
继续……曾与云南联合的贵州省仍或多或少地保持着中立态度,贵州省显要
人物吁请云南当局和中央政府不要派军进入贵州,该省将军仍然忠诚,虽则他

---

① 李希泌等编:《护国运动资料选编》上册,中华书局 1984 年版,第 70 页。

② *Papers Relating to the foreign Relations of the united States*,1916,Washington:Government
Printing office,1925,P.51.

③ *Papers Relating to the foreign Relations of the united States*,1916,Washington:Government
Printing office,1925,P.51.

④ *Papers Relating to the foreign Relations of the united States*,1916,Washington:Government
Printing office,1925,P.51.

⑤ *Papers Relating to the foreign Relations of the united States*,1916,Washington:Government
Printing office,1925,P.52.

仅掌握着一支小部队。广东省内曾发生较为严重的地方骚乱,当地税关遭到攻击……其他许多地方也发生暴乱,这些事件完全是自发的,彼此并无联系……在长江下游地区,除偶然发生暗杀与火车出事外,迄今仍保持平静。的确,在长江流域各省存在着强烈不满于袁世凯阁下个人统治的暗流,这一地区的温和派具有高度知识水平与经商能力,他们觉得袁政权并未成功地使国事获得任何具体改善,但这些温和派现在并不倾向参加激进派的革命运动,为了和平与维护正常的环境,他们宁愿允许帝国建立,希望中央政府接着从事于建设工作。尽管温和派对袁世凯并无热情,他们仍愿忍受变革,希望国事能有所改善,并确信目前的反抗运动害大于利"。[1] 他的结论是美国应迅速承认帝制,拖延承认,只能"有助于鼓励不负责任的分子进一步制造动乱"。[2] 他在 1 月 19 日致国务卿电文中说中国局势"如无实质性变化",国务院未进一步下达训令,他将根据 1915 年 12 月 21 日国务卿蓝辛训令,承认中华帝国政府。[3]

可是,中国局势并未按照芮恩施之流的愿望发展,护国运动获得广大中国人民热情支持和拥护,蔡锷领导的第一军,士气旺盛,在四川境内屡败敌军。李烈钧率领的第二军,在广西俘获袁世凯爪牙龙觐光,乘胜向广东与江西推进。袁世凯不得不于 1 月 22 日再次宣布延期登基。芮恩施方始察觉中国局势不容乐观,匆忙派公使馆官员分别去长江流域、广州等地收集情报,并趁向袁世凯递交威尔逊总统答谢信(威尔逊再婚时袁世凯曾致电祝贺)的机会,向袁世凯出谋划策,试图拯救袁政府。他向袁世凯谈了三个问题,第一,尽早建立国会。他说根据来自华南与华中的报告,人民群众普遍对政府感到不满,为了克服这种不满情绪,必须建立国会。他指出国会能起到两种有益作用:首先作为信息源泉,政府通过国会能知道公众真正需要;其次,作为一个机构,政府的措施经过国会充分讨论,易于为人民接受,这

① *Papers Relating to the foreign Relations of the united States*, 1916, Washington: Government Printing office, 1925, P.54.

② *Papers Relating to the foreign Relations of the united States*, 1916, Washington: Government Printing office, 1925, P.55.

③ *Papers Relating to the foreign Relations of the united States*, 1916, Washington: Government Printing office, 1925, P.55.

样,政府就能获得广泛支持。第二,提高行政效率,对审计与会计进行改革,彻底检查税收制度,以利商业发展。第三,中国政府应在政府技术部门如会计与审计、矿业和农业、铁路行政管理,聘用外国专家。外国人亦可应聘担任中国的行政官员。① 芮恩施这里讲的"外国人",主要指美国人,芮恩施虽未明确提出聘用军事专家问题,但早在1913年威尔逊即意图派遣美国军事专家来华,训练中国军队,②芮恩施要求各政府部门聘用外国专家,充分反映了美国意图在华扩张势力的强烈愿望。交通总长梁敦彦曾私下告诉芮恩施,袁世凯对于他有关聘用外国专家的建议极为重视,在2月初的内阁会议上对这一问题作了充分讨论。③

随着护国运动迅猛发展,局势对袁世凯日益不利。袁的心腹将领冯国璋、段祺瑞等因袁复辟帝制,堵塞了他们登上总统宝座之路,对袁心怀不满,暗中授意北洋前敌将领屯兵不前,袁不得已派阮中枢往徐州,要求张勋率军南下,一向忠于清室的张辫帅却向阮大谈四不忍:"容纵长子,谋复帝制,密电岂能戡乱,国本因而动摇,不忍一。赣宁乱后,元气亏损,无开诚布公之治,辟奸佞尝试之门,贪图尊荣,孤注国家,不忍二。云南不靖,兄弟阋墙,寡人之妻,孤人之子,生灵堕于涂炭,地方夷为灰烬,国家养兵,反而自祸,不忍三。宣统名号,依然存在,妄自称尊,惭负隆裕,生不齿于世人,殁受诛于春秋,不忍四。"④明确表示,不愿为袁世凯效力。芮恩施在致国务卿报告中惊呼"对袁世凯怀有敌意的暗流开始在各地涌现,湖南与最南边的两个省广东与广西的局势,特别令人捉摸不定。2月19日,长沙将军衙门受到攻击,该地群情激昂,迄今还不能完全肯定湖南将军汤芗铭在此次危机中是否可靠,据信他同情共和派。有消息说广西商会已请求中央政府不要派军队进入该省,这一步骤暗示要保持一种类似贵州省半独立的中立局面。除了这些不确定因素外,冯国璋与张勋将军对袁世凯心怀不满,也应作为一种重要的人际因素。因为他们曾经暗示

① *Papers Relating to the foreign Relations of the united States*, 1916, Washington: Government Printing office, 1925, PP.56-58.

② *The papers of Woodrow Wilson*, Vol.28, Princeton: Princeton university Press, 1978, P.401.

③ *Papers Relating to the foreign Relations of the united States*, 1916, Washington: Government Printing office, 1925, P.57.

④ 岑学吕:《三水梁燕孙先生年谱》上册,第320页。

袁世凯总统使他们彼此相互监视"。① 为拯救袁世凯政权,他主张采用君主立宪制,将大部分权力下放给内阁和国会,批准各省自治,以争取中部各省支持。2 月 16 日,芮恩施面见袁世凯向他陈述了上述主张,内外交困的袁世凯采纳了芮恩施的建议,计划采取下列措施:尽早召开国会。内阁在国务卿主持下每周召开一次会议,讨论重要政策问题,皇帝不出席。各部总长与各自部门的首席顾问定期举行会议,讨论并精心制定政府措施。② 芮恩施相信这些改良措施有助于袁世凯收拾人心,摆脱困境。他希望进入四川的北洋军队能将护国军赶回贵州与云南,届时,北洋政府就能向护国军领导人提出和谈条件。③ 中国时局发展清楚表明芮恩施的算盘打错了。3 月,广西宣布独立,广东亦有加入护国运动的趋势,湖南境内,人民群众反袁怒潮此起彼伏,袁世凯的心腹干将冯国璋与段祺瑞对战局消极旁观,冯国璋并同护国运动领导人暗中联系,袁世凯眼见大事不妙,3 月 22 日被迫宣布撤销帝制,仍称总统,再次任命徐世昌为国务卿,段祺瑞为参谋总长,并以黎元洪、徐世昌、段祺瑞的名义向护国军领导人通电求和,电文说:"帝制取销,公等目的已达,务望先戢干戈,共图善后"。④ 芮恩施对袁世凯突然宣布取消帝制感到吃惊,他认为宣布取消帝制而未向对方提出任何交换条件,是一种"单方面的让步",担心此举将会被革命派视为袁世凯处于弱势地位,已被打败的表现。⑤ 果然蔡锷等人不肯罢休,他们复电说:"帝制虽已取销,然总统资格,早于接受帝位时完全丧失。此次未经人民公举,又由皇帝嬗蜕而为总统,未免不法,如果以国家为前提,宜速退位,以安大局"。⑥ 1916 年 4 月初,护国军提出停战条件,主要有:1. 袁世凯于一定期内退位;可贷其一死,但须驱逐至国外。2. 诛戮附逆之杨度、段芝贵等 13 人

---

① *Papers Relating to the foreign Relations of the united States*, 1916, Washington: Government Printing office, 1925, PP.59—60.

② *Papers Relating to the foreign Relations of the united States*, 1916, Washington: Government Printing office, 1925, PP.63—64.

③ *Papers Relating to the foreign Relations of the united States*, 1916, Washington: Government Printing office, 1925, P. 64.

④ 岑学吕:《三水梁燕孙先生年谱》上册,第 330 页。

⑤ *Papers Relating to the foreign Relations of the united States*, 1916, Washington: Government Printing office, 1925, PP.67—68.

⑥ 岑学吕:《三水梁燕孙先生年谱》上册,第 330 页。

以谢天下。3.关于帝制之筹备费及此次军费约 6 千万元,应抄没袁世凯及附逆 13 人家财赔偿。4.袁世凯之子孙三世剥夺公权。5.袁世凯退位后,即按照约法,以黎元洪副总统继任总统。① 袁世凯政府拒绝接受上述条件,战争继续。

4 月 6 日,广东省宣布独立,袁世凯的独裁统治危若朝露。尽管如此,美国仍然相信袁世凯不会垮台,为拯救袁政府,4 月 7 日,美国悍然不顾中国进步舆论谴责和抗议,由李·希金逊公司(Lee, Higginson and Company,旧译"利益坚顺公司")出面,同中国驻美公使顾维钧在华盛顿签订向袁政府贷款 500 万美元合同,借期 3 年,年息 6 厘,93 折扣,每半年付息一次,1919 年 4 月 1 日还本。1916 年 4 月 3 日,也即正式合同签订 4 天前,李·希金逊公司已向袁政府预先支付 100 万美元。② 袁世凯的心腹梁士诒致函芮恩施说,此次借贷的 500 万美元,用于各省"发展工业、市政建设与教育",③这纯属谎言,事实上,该款主要用于镇压国内反袁运动。此约订立后,护国军领袖唐继尧当即发表声明,宣称"民国政府,誓不承认"。④ 为了密切同美国的关系,争取美国支持和援助,袁世凯不惜出卖民族利权,1916 年 5 月 17 日,袁政府同美国裕中公司(Siems-Carey company)签订由后者在华承造 5 条铁路共 1500 英里的合同。袁政权已病入膏肓,美国向袁世凯出计划策,提供财政援助,仍未能阻遏中国国内汹涌澎湃的反袁怒潮,1916 年 4—5 月,袁政府处境愈益艰危,袁世凯任命段祺瑞为国务卿以取代徐世昌,段祺瑞却采用辛亥革命时期袁世凯对待清廷的办法,要求组织责任内阁,掌握军权,袁世凯被迫让步,向段祺瑞交权,任命段为国务卿兼陆军总长,组织责任内阁,段祺瑞仍不愿为袁世凯卖力。袁世凯指望冯国璋能出面扶持危局,冯国璋口是心非,继续同护国军暗中保持联系。为统一指挥反袁各军,5 月,宣布独立的云南、贵州、广西、广东 4 省,在广东肇庆组成中华民国军务院,唐继尧任抚军长,岑春煊为副抚军长,梁启超为政务委员长,刘显世、吕公望、李烈钧、蔡锷等人为抚军。他们宣布袁世凯必

① 岑学吕:《三水梁燕孙先生年谱》上册,第 331—332 页。
② 王铁崖编:《中外旧约章汇编》第 2 册,三联书店 1982 年版,第 1176 页。
③ *Papers Relating to the foreign Relations of the united States*, 1916, Washington: Government Printing office, 1925, P.134.
④ 李希泌等编:《护国运动资料选编》上册,中华书局 1984 年版,第 188 页。

须下台。5月9日,孙中山亦发表"讨袁宣言",主张将反袁斗争进行到底,"国贼既去,民国始可图安"。① 国际形势对袁世凯也十分不利。袁世凯一向视为靠山的英国,正在欧洲同德国进行你死我活的斗争,自身难保,不仅无力拯救袁世凯,而且还一度寻求袁世凯给予军事援助,以便加强香港防卫。② 美国虽一如既往地支持袁世凯,面临中国人民声势浩大的反袁运动,亦感到无能为力,相反,自帝制运动兴起之日起,日本却积极推行倒袁政策,并取得成效。

美国支持袁世凯复辟帝制,日本却同美国针锋相对,反对袁世凯称帝,决心利用中国反袁势力,将亲英、美的袁世凯赶下台,并乘机扩大日本在华势力和影响,确立日本在华的霸主地位。

在东北地区,日本浪人三岛浪速等与肃亲王善耆组织的宗社党相勾结,建立"勤王军",以蒙匪头目巴布扎布率领的土匪队伍为骨干,阴谋在东北地区发动大规模反袁武装叛乱,建立由日本人保护的"满蒙独立国"。日本财阀大仓喜八郎向肃亲王善耆贷款100万日元,作为善耆的活动经费,③大批日本军官如骑兵大尉青柳胜敏等人参与了这一阴谋活动。日本利用奉天军阀张作霖与袁世凯心腹奉天将军段芝贵的矛盾,支持张作霖,将段芝贵逐出东北。同时大力扶植南方反袁势力,计划南北呼应,逼袁下台。

日本对梁启超为首的进步党极为重视。1915年8月,梁启超发表《异哉所谓国体问题者》,向袁世凯一手导演的帝制运动公开宣战。接着,他又联络他的学生蔡锷以及戴戡等,在其天津寓所策划反袁武装起义。当1915年末帝制运动进入高潮时,日军驻旅顺司令官青木宣纯秘密安排蔡锷经越南去云南,组织护国军,发动反袁起义,蔡锷在日本留学时的老师日本陆军总参谋部的山县少佐,也赶赴云南参与讨袁活动。④ 1916年初,日本政府将青木调往上海专

① 孙中山:《讨袁宣言》,见《孙中山选集》,人民出版社1981年版,第114页。
② 1915年9月,袁世凯曾应英国请求,密令赵庆华等人负责向香港运送军火武器,1915年末至1916年初,共向香港运送2万余支步枪以及山炮、快炮等武器。参看岑学吕:《三水梁燕孙先生年谱》上册,第290—291页。
③ 栗原健:《第一次、第二次满蒙独立运动》,日本国际政治学会编:《日本外交史研究,大正时代》,第57页。
④ Frederick R.Dickinson:*War and National Reinvention*,*Japan in the Great War*,1914-1919,Harvard university press,1999,P.129.

门从事联络南方反袁势力的工作。1916 年 2 月,梁启超应广西军阀陆荣廷之邀,欲去广西,策划广西独立,青木主动与梁暗中联系,梁启超等一行人从上海经香港、越南至广西,沿途均受到日本人精心照料与保护,使梁启超等得以免遭袁世凯的暗算,1916 年 3 月,安全抵达广西。

1916 年 3 月,日本大隈内阁作出决议,为达倒袁目的,日本政府默许日本人士向中国反袁势力提供财政援助。谕令外务省协调各方,统一行动,贯彻倒袁方针。在日本政府鼓励下,日本财阀竹内维彦同云南军政府代表岑春煊与张耀曾签订 100 万日元贷款契约。岑春煊在其《乐斋漫笔》中说:当时"虽有云南起义,而饷械俱缺,难于持久,因之广西亦未敢昌言讨贼。余见逆势犹盛,非有实力为助,惧其功败于垂成也,乃约同章士钊、张耀曾二人东渡日本,说其当局,共讨袁逆,彼邦亦深恶世凯,谓余能讨袁,必尽力相助,遂缔结条约,以个人名义,借得日币 100 万元,并两师炮械,携之回国,西师始得东下,围攻广州,余亦遄赴肇庆,传檄四方"。①

孙中山领导的中华革命党在山东、上海、广州等地组织并发动反袁武装起义,也获得日本援助,1916 年 2 月至 4 月,日本财阀久原房之助共向孙中山资助 240 万日元。② 日本人中西正树、萱野长知、工藤铁三郎等人加入中华革命党组织的讨袁军。③ 日本控制的胶济铁路当局以铁路中立为名,拒绝运送袁政府的军队,却向讨袁军提供专车,帮助他们进攻潍县等地。④

1916 年 4 月至 5 月的中国政局发展表明,在美、日两国"保袁"和"倒袁"斗争中,美国处于不利地位。4 月 17 日,日本外相石井菊次郎向中国驻日公使表示,如袁世凯决心退出政界,日本欢迎袁来日本定居,日本将保护其安全,力促袁世凯尽快下台。袁世凯一筹莫展,心力交瘁,忧愤成疾,卧床不起,病中的袁世凯仍念念不忘寻求美国老朋友救援,曾表示愿往美国避难。⑤ 美国见

---

① 岑春煊:《乐斋漫笔》,台湾文海出版社 1971 年版,第 20 页。

② 《近代史资料》总 45 号,第 192 页。

③ 《近代史资料》总 35 号,中华书局 1965 年版,第 119—120 页。

④ *Papers Relating to the foreign Relations of the united States*, 1916, Washington: Government Printing office, 1925, PP.79−80.

⑤ *Papers Relating to the foreign Relations of the united States*, 1916, Washington: Government Printing office, 1925, P.82.

袁世凯陷入四面楚歌的危境,垮台已不可免,决定在中国另寻可以依靠的代理人。5 月 22 日,一向被袁世凯视为心腹的四川将军陈宦通电反袁,随后,湖南将军汤芗铭也宣告独立。消息传来,袁世凯病情加重,1916 年 6 月 6 日,病死于北京。

威尔逊政府无视中国人民意愿,继续奉行支持袁世凯独裁统治的政策,赞同袁世凯复辟帝制,试图通过袁世凯政权,扩大美国在华势力,日本却坚持倒袁方针,插手护国运动。美、日两国在"保袁"与"倒袁"问题上的明争暗斗,反映出两国在华争夺霸权的斗争日趋尖锐,两国在袁世凯称帝问题上的较量,以美国失败而告终。

第四节　1916 年的日俄密约与美国

《中日民四条约》订立后,日本确立了在东北与内蒙的优势地位。为了巩固并扩大其侵略特权,控制中国,称霸亚洲,日本继续利用欧战机会,兴风作浪,从中渔利。尽管日本政府已对德宣战,却暗中同德国勾结,摆出对德亲近姿态,以便迫使协约国对它作出更大让步。

1915 年初,德国驻华公使辛慈(Hintze)同日本驻华公使日置益在北京频繁接触,前者向日置益表示,德国愿同日本单独媾和,将青岛与太平洋上诸岛交付日本,支持日本侵华。同年 3 月至 4 月,德国通过土耳其、奥地利驻瑞典公使,同日本驻瑞典公使进行接触,商谈德、日媾和事宜。1915 年 4 月,英国驻美大使斯普灵-莱斯(Cecil Spring-Rice)电告英国外交部:"日本正处在同德国合伙的边缘"。① 日本同德国暗中勾结,引起沙俄疑惧。欧战才进入第二年,沙俄已精疲力竭,沙皇害怕日本背弃协约国,同德国结盟,从背后攻击俄国,使处境困难的俄国腹背受敌。此外,欧战前线的俄军缺乏军火武器,急需从日本获得军火供应。由于以上原因,俄国政府决心密切同日本的关系。日

---

① James William Morley ed.: *Japan's foreign policy*, 1868-1941, *A Research Guide*, Columbia university press, 1974, , PP.298-299.

本统治阶层内部主张日俄结盟的呼声也日益强劲,特别是山县有朋、井上馨、寺内正毅等元老派,对加藤高明奉行亲英外交十分不满,井上馨称加藤"是一个不懂外交的蠢材"。① 他们认为日本向中国与亚洲扩张的主要障碍是美国与英国。日本陆军参谋次长田中义一断言美国是日本的主要威胁,应趁美国军事力量尚未壮大之际"对付美国"。② 元老派以及依附于他们的一批陆军将领一致认为,应改变日本外交路线,同俄国与法国建立牢固同盟。1915 年 8 月亲英派加藤高明辞去日本外相职务,为日、俄结盟清除了障碍。日俄双方均有密切两国关系的强烈愿望。

　　1916 年 1 月,俄国政府派米哈伊洛维奇大公爵(Grand duke G.Michae lov-ich)率代表团访日。米哈伊洛维奇受到日本政府隆重接待,同日本军、政、商各界头面人物进行了广泛接触。在米哈伊洛维奇访日期间,俄国访日代表团成员外交部远东司司长科沙可夫(G.Kozakov),同日本外相石井菊次郎进行了会谈。日本军国主义者惯于玩弄乘人之危为自己捞取最大利益的伎俩,对俄国也不例外,日方提出向俄国提供军火武器,应以俄方将中东铁路长春到哈尔滨段出售与日本作为交换条件,企图将日本的势力伸入俄国势力范围北满,急需日本给予军火援助的沙俄,最终让步,同意将中东铁路通过日本势力范围的南部支线,从宽城子至松花江段转让与日本。此后,日本驻俄大使本野一郎在俄国首都圣彼得堡继续就俄、日结盟问题进行谈判,1916 年 7 月,日、俄双方在圣彼得堡订立《日俄协约》,第四次《日俄协约》有公开条款和秘密条款两部分,公开条款凡两条:第一条日、俄双方约定,彼此不参加反对方的任何政治协定。第二条,缔约国一方在远东的领土权利与特殊利益遭到危害时,应彼此协商,采取必要措施,以维护彼此权益。秘密条款 6 条,主要内容是日、俄双方应防止中国落入敌视俄国或日本的第三国控制之下,如缔约国一方向上述第三国宣战时,请求缔约国另一方给予援助,缔约国另一方应予援助,缔约国双方在未取得彼此同意前,不得单独媾和。显然,第四次《日俄协约》是一项具有

---

　　① Frederick R. Dickinson:*War and National Reinvention*,*Japan in the Great War*,1914-1919,Harvard university press,1999,P.100.

　　② Frederick R. Dickinson:*War and National Reinvention*,*Japan in the Great War*,1914-1919,Harvard university press,1999,P.81.

军事同盟性质的条约,密约涉及范围已不限于日、俄两国在华的势力范围东北与蒙古,而是扩大至全中国,对中国独立与主权构成严重威胁,充分暴露了日本图谋控制中国的野心。

第四次《日俄协约》中所说的第三国究竟是指何国? 中外学术界一向众说纷纭,有人认为这是指德国,理由是此时在欧洲战场,协约国与同盟国正打得难解难分,鹿死谁手,殊难逆料,日、俄两国均担心德国会卷土重来,再次控制中国。俄国外交大臣萨佐诺夫(Sazonov)与日本外相石井菊次郎后来也承认,约内所说的第三国是指德国。[①] 当时,俄国害怕德国与日本和解,因而订此密约。此说有一定的道理,但称日本害怕德国成为其对华扩张的障碍,则值得商榷。1914 年 8 月,日本朝野各派政治势力几乎一致同意将赌注压在协约国一边,对德宣战,因为他们确信德国在此次欧战中凶多吉少,即使不败,也会元气大伤,无力再同日本在中国与亚洲竞争。何况,第四次《日俄协约》订立前夕,德国正向日本频送秋波,极力献媚讨好,谋求同日本和解,日本在对德问题上握有充分主动权,不可能将德国视为其向华扩张的主要敌人。有人认为第四次《日俄协约》,锋芒不仅指向中国,而且在一定程度上也指向英国。该协约旨在扩大日本对华侵略,这是毫无疑问的,英国在华拥有重大政治和经济利益,日本担心英国会进一步控制中国,因而将其视为潜在对手,似乎也不无道理,但从当时情况看,英国正在欧洲同德国进行生死搏斗,无力东顾,不可能成为日本称霸远东的主要障碍。第四次《日俄协约》所说的第三国,应该是指在华同日本争夺霸权的美国。自 1898 年美西战争后,美国即举起门户开放、机会均等旗帜,积极在华扩张势力,美国在华投资从 1902 年的 7900 万余美元增至 1914 年的 9900 万余美元。日本陆军参谋次长田中义一指出,不管欧战谁胜谁负,俄、德、英、法四国国力将会遭到极大削弱,唯独美国会"增加实力并向中国扩张势力"。[②] 元老派山县有朋元帅在向日本首相递交的"对华政策意见书"中说,日、美关系是日本政府在拟定与执行对华政策时应予"主要考

---

① Frederick R. Dickinson: *War and National Reinvention*, *Japan in the Great War*, 1914—1919, Harvard university press, 1999, P.144.

② Frederick R. Dickinson: *War and National Reinvention*, *Japan in the Great War*, 1914—1919, Harvard university press, 1999, P.143.

虑"的因素。① 1915 年美国干涉中、日有关"二十一条"的谈判,进一步引起日本对美国的警惕。美国政府密切注视俄、日两国在圣彼得堡的谈判以及《日俄协约》的订立。1916 年 7 月 11 日,美国驻奉天总领事海因茨勒曼(Heintzle-man)向国务院报告说日、俄双方尚订有秘密条款三条:"1. 允许日本国民在松花江航行。2. 日本继续向俄国提供军火。3. 将中东铁路松花江与宽城子之间路段转让日本",他指出,这段铁路经过地区盛产大豆。铁路售价为 1 千万卢布,约合 300 万美元。日本占有这段铁路对扩大日本在满洲势力范围很有帮助,使日本获得巨大经济利益,"就日本而言这是一次外交胜利。"②

从 1916 年初起,美国政府就因日本控制的南满铁路对运销满洲的美国商品收取高于日本商品 30% 的运费,不断同日本进行交涉。新的日俄协定意味着日本的势力从南满延伸至北满,更加引起美国不安。1916 年 7 月 8 日,《纽约时报》发表文章说,《日俄协约》会使美国在满洲的商业受到损害,纽约的《美国人》报认为该条约表明,俄、日两国约定瓜分亚洲,"将美国从敞开的门户中逐出,然后将门锁上"。③ 7 月 8 日,美国代理国务卿波尔克(Polk)电告美国驻日大使格思里,国务院对《日俄协约》深为关切,要他就该条约作出详细报告。7 月 17 日,格思里大使电告国务卿,证实《日俄协约》尚有补充条款,日本报刊对美国报刊所宣扬的《日俄协约》损害了美国在远东的利益,威胁着中国主权,危及英、日同盟的稳定等言论进行了批驳。④ 8 月 16 日,美国国务院指示美国驻日、俄两国大使,分别向日本和俄国政府表示,美国对新的《日俄协约》避而不提对华门户开放,机会均等以及维护中国独立与领土完整,感到忧虑,1907 年的《日俄协约》以及次年的《罗脱—高平协定》均曾提到这些原则。⑤ 正当美

---

① Frederick R. Dickinson: *War and National Reinvention*, *Japan in the Great War*, 1914–1919, Harvard university press, 1999, P.143.

② *Papers Relating to the foreign Relations of the united States*, 1916, Washington: Government Printing office, 1925, PP.433–434.

③ Burton F. Beers: *Vain Endeavor*, *Robert Lansing's Attempts to end the American-Japanese Rivalry*, Duke University press. 1962, P.64.

④ *Papers Relating to the foreign Relations of the united States*, 1916, Washington: Government Printing office, 1925, PP.437–439.

⑤ *Papers Relating to the foreign Relations of the united States*, 1916, Washington: Government Printing office, 1925, PP.442–444.

国对 1916 年第四次《日俄协约》疑虑不安,担心美国在华利益将遭损害时,1916 年 8 月,日本军国主义者在中国东北又制造了"郑家屯事件"。

第五节　郑家屯事件与美国对日交涉

郑家屯属奉天省辽源县,驻有奉军第 28 师一个团。1916 年 8 月 13 日,当地一家日本杂货店雇员吉本欺负中国一卖鱼小童,一群奉军士兵路见不平,上前干涉,致起争执,吉本被打,向日本领事馆警察署申诉,警察署巡查河濑遂偕同吉本前往奉军营地交涉,遭营地卫兵阻拦。河濑向当地日军守备队求援,日军松尾中尉率士兵二十余人冲击奉军营房,日军首先开枪,奉军还击,日军死 10 人(包括一名警察),伤 6 人,中国军队死 4 人,伤 9 人,[1]此即"郑家屯事件"。郑家屯事件的发生并非偶然。8 月 18 日,美国驻奉天总领事海因茨勒曼电告芮恩施说,近来东北的日本人鼓动科尔沁旗蒙古人组织政党,联合满洲的宗社党人为复辟君主制度而战斗。由日本人组织并装备的盗匪团队吸收社会不法分子加盟入伙。"四平街与长春是招募匪徒的主要中心地,在那里,盗匪受日本人保护并向其提供必要的军事装备"。[2] 日本人在四平街、长春等地不断制造事端,最终酿成 8 月 13 日中日两国军队武装冲突事件。

"郑家屯事件"发生后,日本乘机派军向辽源挺进,无理要求中国驻军从辽源后退三十里,驻辽源奉军被迫撤退,日军武力接管洮南与辽源两地民政和军事衙署,对上述地区实行军事占领。

9 月 2 日,日本驻华公使照会中国外交部提出 8 项要求,日本政府采用 1915 年向袁政府提出"二十一条"的故伎,将 8 项条件分为"要求"与"希望"两部分,各 4 条。"要求"条件主要内容是惩戒第 28 师师长。惩办凶手,凡负有责任的将校人员悉行免黜,对直接指挥暴行者处以严刑。在南满与东蒙

---

① *Papers Relating to the foreign Relations of the united States*, 1917, Washington: Government Printing office, 1926, P.242.

② *Papers Relating to the foreign Relations of the united States*, 1917, Washington: Government Printing office, 1926, P.242.

"派驻日本警察官"。南满中国官府增聘日本人为警察顾问。"希望"条件是南满及东部内蒙驻扎之中国各部队,聘用日本将校若干名为顾问。中国士官学校聘用日本将校若干名为教习。奉天督军亲往关东都督府及奉天日本总领事署访问谢罪。对被害者或其遗族,与以相当之慰藉金。① 日本提出的蛮横无理要求,引起美国严重关注。美驻华公使芮恩施指出,日本在满洲地区派驻警察,该地区的中国警察部队由他们控制,是损害中国主权的"性质极其严重的事件"。② 他说,日本这些要求虽只涉及满洲与东蒙,但"为中国所有其他地区确立了危险先例"。③ 美国驻奉天总领事海因茨勒曼在致国务卿蓝辛的报告中也认为"日本的目的显然是想用各种有效手段清除这个地区的中国军队,使该地区处于周期性的混乱状态,以便日军在那里长期驻扎"。④《纽约时报》发表文章指责日本所提要求"违反门户开放原则"。⑤ 9 月 6 日,蓝辛致函威尔逊总统说日本正以"郑家屯事件"为由,"残酷无情地加紧强迫中国接受其提出的要求"。⑥ 蓝辛想拉拢英国共同进行干涉,指示美国驻英使馆,询问英国外交部,对"郑家屯事件"以及日方对华提出的要求有何看法,并电令美国驻日大使格思里同外务省进行交涉。9 月 11 日,格思里会见外务相石井菊次郎,递交美国政府照会,指责日本采取旨在改变现状的对华措施时,未事先通知美国,从而违背了 1908 年《罗脱—高平协定》。日本外务大臣石井菊次郎辩解说:"郑家屯事件"特别严重,因为实际上这是中日两国军队之间的冲突……日本政府认为必须使此类事件不能再度发生,除要求中国政府对其错误行为向日本作适当道歉和赔偿损失外,还应作出保证。为达此目的,日本政

---

① 中国第二历史档案馆编:《中华民国史档案资料汇编》第三辑,江苏古籍出版社 1991 年版,第 106—107 页。

② *Papers Relating to the foreign Relations of the united States*, 1917, Washington: Government Printing office, 1926, P.241.

③ *Papers Relating to the foreign Relations of the united States*, 1917, Washington: Government Printing office, 1926, P.243.

④ Burton F. Beers: *Vain Endeavor, Robert Lansing's Attempts to end the American-Japanese Rivalry*, Duke university press, 1962, P.67.

⑤ Burton F. Beers: *Vain Endeavor, Robert Lansing's Attempts to end the American-Japanese Rivalry*, Duke university press, 1962, P.67.

⑥ *The papers of Woodrow Wilson*, Vol.38, Princeton: Princeton university Press, 1982, P.150.

府已训令林权助男爵要求中国政府在中国士官学校中自愿聘用日本官员,替换曾取代日本官员职务的德国教官;中国政府在涉及日本人问题上,应征询驻南满和东蒙中国军队中日本官员的意见;允准日本政府在有大量日本人居住的城镇派驻日本警察。石井声称日本政府所提要求同《罗脱—高平协定》并不冲突,日本"不能承认美方有进行干涉的权利"。[①] 英国也通知美国,不准备对日本新近向中国提出的要求采取任何措施。

　　1916 年 10 月,日本大隈内阁垮台,寺内正毅出任日本首相。寺内政府认为大隈内阁在对华问题上一贯采取不必要的粗暴的"大棒政策",以致激起中国人民仇日情绪,加剧了日本同美、英两国的紧张关系,倾向于实行"胡萝卜加大棒"的对华政策。1917 年 1 月,日本撤回了有关驻南满与东蒙的中国驻军须聘用日人为顾问等条款,另行同北洋政府商定 5 条,内容是申饬第 28 师师长,惩罚负有责任的中国军官,奉天督军以适当方式向日本关东都督与日本驻奉天总领事道歉,付予日本人吉本恤金 500 元,结束此案。

---

① *Papers Relating to the foreign Relations of the united States*, 1917, Washington: Government Printing office, 1926, P.245.

第四章 美国与府院之争

第一节 促使北洋政府对德绝交

袁世凯死后,根据"临时约法",副总统黎元洪继任中华民国总统,冯国璋任副总统,段祺瑞出任国务院总理,恢复被袁世凯非法解散的国会,南方讨袁各省联合成立的军务院宣告撤销。从形式上看,全国似乎出现统一局面,实际上,中央与地方政局为军阀把持,军阀割据局面逐渐形成。

全国军阀大致可分为北洋系与非北洋系两类,北洋系内部又分为:1.段祺瑞为首的皖系,皖系控制着中央政府,主要地盘有安徽、陕西、山东、浙江、福建等省。2.冯国璋为首的直系,直系拥有江苏、江西与湖北三省地盘。3.张作霖为首的奉系,奉系盘踞奉天等省。北洋军阀除皖、直、奉三个主要派别外,还有拥军两万余、控制徐州等地的"辫帅"张勋。

非北洋系的各省军阀,主要有:唐继尧为首的滇系,占有贵州、云南与四川三省;陆荣廷为首的桂系军阀,拥有广西与广东两省地盘。

段祺瑞同国会中梁启超领导的"研究系"相勾结,挟持总统黎元洪,操纵北京政权,事无巨细均由国务院决定,黎元洪的总统府成为皖系军阀专政的装饰品。黎元洪不甘心当傀儡,暗中拉拢直系军阀,并依靠国会中以国民党议员张继为首的"商榷系",同段祺瑞相对抗。黎元洪的总统府和段祺瑞的国务院在政治上彼此倾轧,时起争执,加以美国与日本挑唆煽动,"府院之争"在中国是否应参加欧战问题上达到高潮。

美国支持中国对德绝交和参战,同威尔逊政府对欧战政策发生巨大变化密切相关。

1914 年 8 月,欧战爆发,9 月,英、法、俄三国在伦敦签订条约,三国宣布在对德国和战问题上,团结一致,每一国均不得同德国单独订立和约。威尔逊政府虽声明对欧战严守中立,实际上亲近协约国。美国当政人物从威尔逊、蓝辛到豪斯上校(Colonel House)等人对德国均无好感,他们视德国为敌视民主制度的军国主义国家,希望在欧战中协约国获胜。威尔逊赞同英国外交大臣格雷所说英国对德作战旨在拯救世界文明,他指出"英国正在为我们为之奋斗的目的而战斗……在目前情况下,我将不会向她设置障碍"。① 蓝辛在其"回忆录"中说,早在 1915 年 7 月初,他即认为"德国政府对所有民主国家极端敌视,绝不允许德国打赢这场战争"。② 1916 年 1 月 11 日,豪斯上校同英国领导人举行会谈,当对方问豪斯,美国希望英国做些什么事时,豪斯回答说:"美国希望英国做那些会使美国帮助英国赢得战争的事情"。③ 美国军火商向协约国大量出售军火武器,威尔逊政府同意美国银行家向协约国提供贷款,1917年美国参战时,美国向协约国的贷款已达 20 多亿美元。

欧战开始,英国宣布对德国港口进行封锁,阻止德国从国外获得军事与民用物资。1915 年,英国公布了一长串禁止向德国运送物品的清单,粮食亦在禁运之列。④ 德国叫嚷英国此举,意在使德国人挨饿,随即作出强烈反应。1915 年 2 月 4 日,德国海军部宣布德国将用潜艇封锁英伦三岛,英国周围水域包括整个英吉利海峡在内均为作战区域,1915 年 2 月 18 日以后,所有行驶于作战区域的协约国商船与兵船将被消灭。由于英国经常滥用中立国旗帜,特别是美国旗帜,将其货船伪装成美国船,德国宣布进入德国划定为作战区的中立国船只亦将被击沉。威尔逊对德国这一决定表示不满,亲自起草了一份对德抗议照会,警告德国必须对由此造成的美国船只与人员伤亡承担责任,并

① Alexander De Conde, Armin Rappaport and william R.Steckel: *Patterns in American history*, Vol.2, Belmont, California: Wadsworth publishing company, 1965, P.306.

② Alexander De Conde, Armin Rappaport and william R.Steckel: *Patterns in American history*, Vol.2, Belmont, California: Wadsworth publishing company, 1965, P.306.

③ Alexander De Conde, Armin Rappaport and william R.Steckel: *Patterns in American history*, Vol.2, Belmont, California: Wadsworth publishing company, 1965, P.307.

④ Leroy Ashby, William Jennings Bryan, *Champion of Democracy*, Boston: Twayne publishers, 1987, P.158.

明确表示美国政府"将采取一切必要手段,保护美国人的生命和财产,保证美国公民充分享有他们在公海上公认的权利"。① 德国政府回答说,如果美国总统能完全停止向协约国输出军火,并保证采取措施向德国提供原材料和粮食,德国"会重新考虑其态度"。② 美国与德国的关系逐渐恶化。1915 年 3 月末一艘英国船"法拉巴"(Falaba)号,被德国潜艇击沉,有一美国人丧生。4 月 28 日,美船"库兴"(Cushing)号又遭一架德国飞机攻击。5 月 1 日,美船"加尔夫莱特"(Gulflight)号再次成为德国潜艇战牺牲品。

1915 年 5 月 7 日,一艘从纽约起航的英国客轮"露西特尼亚"(Lusitania)号,在爱尔兰南部海滨附近遭遇德国潜艇袭击沉没,导致 1000 余人丧生,内有 128 名美国乘客。当"露西特尼亚"号轮从纽约起航前,德国驻美大使馆曾在纽约报纸上刊登广告,声称德国与英国处于战争状态,英伦三岛周围海域为作战地区,驶向这一海域的英国与其他协约国船只将被消灭,提醒旅客切勿搭乘此类船只。"露西特尼亚"号事件发生后,德国驻美大使柏恩斯多夫立即照会国务院,对造成美国乘客丧生表示遗憾。

5 月 13 日,美国就英国客轮"露西特尼亚"号被击沉,100 多名美国公民死亡事件,向德国发出严重抗议照会。德国政府在复照中说"露西特尼亚"号船是一艘交战国船只,且船上载有军火,德国潜艇将其击沉是正当的。德国的答复更加引起威尔逊总统不满,他主张再次向德国发出抗议照会,要求德国赔偿损失,同意美国公民有搭乘他们所希望的任何国家船只旅行的权利。国务卿布赖恩在这个问题上却持有不同观点,他认为美国如果保持真正中立,就应禁止美国公民搭乘交战国船只。他指出"一艘装载违禁品的船只,不应依靠船上旅客的保护使之免受攻击",就像"将妇女儿童置于军队之前,以免遭对方攻击一样",他不主张允许美国人冒生命危险,搭乘交战国船只进入战区,从而将美国拖入战争。③ 威尔逊不同意布赖恩的见解。他说美国政府有责任

---

① Ray stannard Baker and William E.Dodd eds.: *The new democracy*, *Presidential messages*, *Addresses*, *and other papers*, 1913–1917 *by Woodrow Wilson*, vol.1, New York, 1926, P.282.

② *War memoirs of David Lloyd George*, Vol.2, London, 1933, P.667.

③ Robert W.Cherny: *A Righteous Cause*, *The life of William Jennings Bryan*, Boston and Toronto: Little, Brown and company, 1985, P.149.

保护美国公民自由旅行权利,并且,当德国宣布用潜艇封锁协约国时,美国就曾向德国严正指出,德国政府必须对美国船只财产损失以及人员伤亡承担严重责任,美国不应从这一立场后退。布赖恩则坚持美国应采取公正的中立政策,他认为英国也实行封锁政策,侵犯中立国权益,损害美国商业利益,美国在对德国提出抗议时,也应向英国提出抗议。威尔逊反驳说英国破坏中立国权利与德国破坏人权是不同的,前者仅造成中立国财产损失,而后者却屠杀无辜平民,坚决主张向德国再次发出抗议照会。国务院顾问蓝辛赞同威尔逊的意见。蓝辛认为"德国政府完全敌视所有建立民主制度的国家",因为在德国看来,民主是对专制主义的一种威胁,"会使德国统治世界的野心失败"。① 布赖恩坚持己见,拒绝在有关"露西特尼亚"事件第二次抗议照会上签字,并于6月8日宣布辞职。6月9日,威尔逊任命国务院顾问蓝辛为代理国务卿,两周后,又提名他担任国务卿职务。蓝辛后来回忆说,威尔逊曾告诉他,提名他为国务卿是因为"通过我们之间的交往,他相信我们对国际问题见解相同"。②

美德两国涉及"露西特尼亚"号事件的争执,尚未解决,这年8月,又一艘英国轮船"阿拉比克"(Arabic)号被德国潜艇击沉,两名美国人遇难,更加激起美国政府愤怒。为防止美、德关系继续恶化,德国政府急忙训令德国驻美大使向美国政府道歉,允诺向受伤害美国公民赔偿损失,并保证今后德国潜艇不会不事先发出警告,不考虑客轮上非战斗人员生命安全,即将客轮击沉。由于德国政府表示道歉并作出保证,美德两国紧张关系暂时缓和。

1916年3月,一艘法国轮船"苏色克斯"(Sussex)号被德国潜艇击沉,导致多名美国人受伤,美德关系再度紧张,威尔逊政府向德国发出严重警告,要求德国政府同意不攻击武装或非武装的美国客轮和商船,否则美国将同德国断交,德国被迫同意。

1916年11月,美国举行总统选举,威尔逊被提名为民主党总统候选人。为迎合美国多数选民反对美国参加欧战的意愿,民主党竭力宣传威尔逊政府

① Lloyd E.Ambrosius:*Wilsonian statecraft*,*Theory and Practice of liberal internationalism during world war 1*,Wilmington:Scholarly Resources Inc.,1991,P.41.

② Josephus Daniels:*The Wilson Era*,*years of peace*-1910-1917,The university of north Carolina press,1944,P.438.

的中立政策,并提出了"他使我们不参战"的竞选口号,赢得了广大选民支持和拥护,对威尔逊战胜共和党总统候选人休斯(Hughes),蝉联美国总统起了巨大作用。

1917 年 1 月初,再次出任美国总统的威尔逊,仍幻想美国能避免战争,他曾对其亲信豪斯上校说,美国不准备卷入这次战争,"我们现在是唯一免于卷入战争的伟大白人国家,我们参战是一种反对文明的罪行"。[1] 1 月 22 日,威尔逊在国会发表演说,呼吁实现"没有胜利的和平"。[2]

1917 年,欧战进入第三年,交战双方人员伤亡惨重,物资消耗巨大,德国认为只需加强对协约国封锁,断绝其一切接济,英、法等国绝对无力再战,将被迫投降。1917 年 1 月 31 日,德国驻美大使柏恩斯多夫奉命宣布,从 2 月 1 日起,德国将无限制地进行潜艇战,凡进入作战区域的交战国与中立国各类船只,包括兵船、商船与客轮,将不预先发出警告,即予击沉。

欧战爆发后,美国同协约国的经贸关系日益密切,战前美国向英、法等国出口的各类商品总值每年约 8 亿美元,1916 年上升至 32 亿美元。德国宣告无限制地进行潜艇战,将严重危害美国利益,1917 年 2 月 3 日,威尔逊政府宣布同德国断绝外交关系,但考虑到美国多数人的反战情绪,美国下一步是否应对德宣战,威尔逊仍颇犹豫,举棋不定,试观威尔逊在 2 月 3 日向国会发表的关于与德断交的演说词,即可大致明了此时威尔逊的心态,他说美国"不希望同德意志帝国政府发生敌对冲突。我们是德国人民真诚的朋友,并渴望同为他们讲话的德国政府保持和局……我们除合理地维护我国人民无可置疑的权利外并无其他任何意图"。[3] 威尔逊企图迫使德国放弃其危害中立国利益的潜艇战,指示美国驻中国等中立国使节,劝告驻在国政府,与美国一道行动,同德国断交,向德国施加压力。

美国驻华公使芮恩施获美国政府训令后,相继拜会总统黎元洪、总理段祺

---

① Lloyd E.Ambrosius:*Wilsonian statecraft*,*Theory and Practice of liberal internationalism during world war 1*,Wilmington:Scholarly Resources Inc.,1991,P.83.

② *War memoirs of David Lloyd George*,Vol.3,London,1934,P.1655.

③ Ray stannard Baker and William E.Dodd eds.:*The new democracy*,*Presidential messages*,*Addresses*,*and other papers*,1913~1917 *by Woodrow Wilson*,vol.2,New York,1926,P.426.

瑞、外交总长伍廷芳以及财政总长陈锦涛,同他们讨论美国 2 月 3 日发布的同德国断交公告,一再劝说中国政府,同美国一致行动,与德断交。段祺瑞同袁世凯一样,对贪婪狡诈的邻邦日本一直心存疑忌,有心靠拢美国,以美国为靠山,与德绝交并参战,从而获取美国援助,壮大皖系实力,实现其武力统一中国目的,但又害怕一旦靠拢美国,在美国指导下参战,会引起日本敌视和反对,给日本进行干涉提供借口。段祺瑞这一顾虑并非毫无根据。日本寺内内阁成立后,日本军国主义者仍然强调"欧美人是我们的敌人……在欧战停止以前,首先应将中国兵工厂和汉冶萍公司的实权掌握在我手中"。① 因而他们向芮恩施提出了下列几个问题:如果中国最终参战,美国能保证中国的军火工厂与军事力量不受外国控制吗? 战争结束时美国"能保证中国在和会上拥有正式成员的资格吗?"现在参战的国家对不单独媾和的伦敦协定有何关系。② 接着又向芮恩施提出,为清除中国和美国一致行动的障碍,希望美国能向中国提供 1000 万美元贷款,以改善中国军火厂。美国应同意动用庚子赔款,将庚子赔款美国应得份额,改为长期贷款,并吁请协约国也采取同样行动。③ 芮恩施在致国务卿蓝辛密电中指出:除非美国同意采取上述措施,"对维护中国民族独立作出有效保证",否则"他们不会采取行动"。④ 2 月 7 日,他又密电蓝辛说,财政总长陈锦涛告诉他,中国官员们愈益倾向于中国政府同美国一致行动,建立更为适当的军事组织,因害日本政府寻求协约国授权,对该组织进行监管,所以不敢作出决定。他们希望美国政府能作出保证,使其能依靠美国援助和指导,采取必要措施。芮恩施在密电中还说,为了"使中国履行同美国一致行动的责任",他已代表美国政府向中国保证提供充足财力,以便使中国军事机构与一般行政管理不会受到任何损害。⑤ 芮恩施在未获美国政府明确训令的情况下,向段祺瑞政府作出给予所需援助的承诺,意图在华扶植亲美政府,巩固并扩大美国在华势力,他对段祺瑞印象颇佳,称赞段"沉静而谦逊,勇于承

---

① 《北洋军阀(1912—1928)》第 3 卷,武汉出版社 1990 年版,第 698、700 页。

② The papers of Woodrow Wilson,Vol.41,Princeton:Princeton university Press,1983,P.175.

③ The papers of Woodrow Wilson,Vol.41,Princeton:Princeton university Press,1983,P.176.

④ The papers of Woodrow Wilson,Vol.41,Princeton:Princeton university Press,1983,P.177.

⑤ The papers of Woodrow Wilson, Vol. 41, Princeton:Princeton university Press, 1983, PP. 177-178.

担责任",是"中国军界最杰出的领袖",在中国政府中"有着极其重要的影响",①断定段祺瑞之流的军阀政府奉行"有奶便是娘"的原则,正可乘他们有意投靠美国之际,进行拉拢,以免其倒向日本,并相信他向段祺瑞政府作出的给予财政援助的保证,定会获美国政府批准。2 月 8 日,芮恩施再次密电蓝辛,段祺瑞政府已通知他,中国准备向德国送交照会,表示对潜艇封锁政策强烈不满,如德国一意孤行,将与之断交。采取这一行动的条件是美国保证向中国政府提供财政援助。芮恩施还在密电中说,法国、英国与俄国驻华使节均希望中国能同美国一致行动,但他们不准备作任何公开声明。"因为有必要考虑日本的愿望,日本有可能像 1915 年一样,反对中国参战"。② 不仅协约国驻华使节对日本的态度有所疑虑,而且,段祺瑞政府对于日本是否反对中国与美国一致行动,对德绝交和参战,亦心中无数。故他们决定未获美国正式保证与弄清日本态度前,只限于对德国潜艇战提出抗议,并指示驻日公使章宗祥就中、美一致行动,与德断交问题私下征求美国驻日大使格恩里的意见。格思里于 2 月 9 日从东京密电蓝辛:"今晨,此地的中国公使通过一位中国公使馆官员向我传话说,他的政府已决定按照总统的建议将在最近断绝对德外交关系,立即召回中国驻柏林公使。根据他的政府指示,中国公使就采取这一步骤前,是否应通知日本外务省的问题征求我的意见,他也请求我将美国与德国一旦宣战,美国可能采取的方针告之。关于后一个问题,我传话给他说,对这一突发事件,美国参议院最初至少会向协约国提供海军与物资援助的方式参战。至于前一个问题,我仔细考虑后回答说:我相信中国完全可以不依赖于日本并以接受美国总统建议的方式,采取这一深思熟虑的行动,我觉得不事先告知日本政府采取这一步骤最为有效。"③

在美国驻华与驻日公使鼓励与支持下,2 月 9 日,段祺瑞政府对德国潜艇封锁政策提出抗议。

---

① [美]芮恩施:《一个美国外交官使华记》,李抱宏等译,商务印书馆 1982 年版,第 187—188 页。

② *The papers of Woodrow Wilson*,Vol.41,Princeton:Princeton university Press,1983,P.178.

③ *The papers of Woodrow Wilson*,Vol. 41,Princeton:Princeton university Press,1983,PP.181-182.

2月9日前,日本驻华代办芳泽谦吉从英国驻华公使获悉美国已邀请中国与德国断交,他即电告日本政府,主张支持中国对德绝交和参战,他认为这有助于继续清除德国在华势力。日本寺内正毅内阁亦认为中国此时对德绝交并参战,对日本有利无害。为避免中国倒向美国一边,主张中国应在日本指导下与德断交和对德宣战,以达到加强对中国控制,扩大日本在华权益的目的。因此,当中国驻日公使章宗祥将中国对德抗议措辞通知日本外相本野时,"该外相不惟不贺中国政府之能持非常强硬举动,且反不慊于中国之未就商于日本也。该外相又称,中国若就商于日本,日本政府必劝中国步美国后尘,与德国断绝外交关系。深望此等问题,中国政府……应首先就商于日本,以期两国和衷共济云云"。① 日本政府首相寺内正毅决定派其心腹西原龟三去华活动,答允向段祺瑞政府提供财政援助,并催促段祺瑞政府迅速对德绝交并参战。2月10日,日本外相本野向中国驻日公使章宗祥表示"仅提抗议,于中国地位似非得计,不如即行宣布断绝国交,并不必俟抗议回答"。② 次日,段祺瑞政府致电章宗祥令其向日本政府解释说,中国此次对德抗议,"仍希德能反省,不致使中德有失和平。万一德不受我劝告,其势不能不至断绝中德国交。我与日本同处东亚,若对德断绝国交,即不菅与日本取同一之态度,此后一切进行,非诚意接洽不能收互相联络之效"。③ 从这一电文看,段祺瑞政府已有投靠日本的趋势。日本外相本野对中国政府的解释以及保证今后同日本"诚意接洽","互相联络",一致行动,深感满意。本野敦促中国在与德断交后"再进一步加入联合战团"。④ 日本积极拉拢段祺瑞,加紧推行将中国"放在日本保护底下来参战的新计划",⑤使芮恩施深为焦虑和不安,他企盼威尔逊政府能满足段祺瑞政府的愿望,向中国作出保证,以便将中国拉向美国的一边。2月9日,他致电蓝辛说,中国政府已就德国"新的

---

　① 《黎元洪任总统时中日关系资料》,《近代史资料》总46号,中国社会科学出版社1982年版,第201页。
　② 章宗祥:《东京之三年》,《近代史资料》总38号,中华书局1979年版,第24页。
　③ 章宗祥:《东京之三年》,《近代史资料》总38号,中华书局1979年版,第26页。
　④ 章宗祥:《东京之三年》,《近代史资料》总38号,中华书局1979年版,第26页。
　⑤ 《孙中山全集》卷5,中华书局1985年版,第298页。

封锁措施",向德国政府提出强烈抗议,如抗议无效,中国政府将与德国断绝邦交。① 次日,他再次致电蓝辛说中国政府已明确赞同美国"捍卫国际权利的政策",根据已达成的秘密谅解,"如果美国宣战,它有义务采取进一步行动"。② 2月14日,芮恩施又一次致函威尔逊说:"中国通过在抗议德国潜艇战问题上同美国协调一致,再次显示她信赖美国的目的和政策",如果中国在美国的领导下参战,美国有必要给予适当的财政援助。③ 可是威尔逊政府对芮恩施的建议却有所顾虑,2月9日,威尔逊致函蓝辛说,他在阅读2月6日至8日芮恩施的历次报告后,"内心感到不安,我们可能引导中国冒遭致毁灭的危险……在我看来,如果我们使中国跟随我们行动,我们现在就应准备按照同中国以及在东方所作出的约定,始终用一切可能方式援助中国并同她站在一起。中国通过芮恩施所提出的要求并非毫无道理,但我们能指望参议院和我国银行家满足我们在中国可能引起的各种期望吗? 我很想听听你的想法和意见。"④ 蓝辛亦有与威尔逊同样的疑虑,害怕日本会作出强烈反应,从而导致日美冲突。国务院电告芮恩施,劝告中国政府,在对德绝交和宣战问题上,"应极其严肃地考虑",切勿仓促行动,⑤"中国此时对德宣战"并非明智之举⑥。美国政府明确表示不能向中国政府作任何承诺或保证,并埋怨芮恩施误解了美国政府意图,⑦对敦促中立国同美国合作的通知"执行得太过分。"⑧产生这一情况的原因是美国政府此时还未决定对德作战。威尔逊政府虽痛恨德国的潜艇封锁政策,并未下定对德作战决心。2月3日,美国宣布与德断交后,威尔逊仍认为德国未必会如他们所说击沉在作战区域的所有船只,他说:"即使是现在,只有他们采取公开行动,才能使我相信。"⑨这说明,威尔逊在宣

---

① *The papers of Woodrow Wilson*,Vol.41,Princeton:Princeton university Press,1983,P.182.
② *The papers of Woodrow Wilson*,Vol.41,Princeton:Princeton university Press,1983,P.195.
③ *The papers of Woodrow Wilson*,Vol.41,Princeton:Princeton university Press,1983,P.229.
④ *The papers of Woodrow Wilson*,Vol.41,Princeton:Princeton university Press,1983,P.175.
⑤ *The papers of Woodrow Wilson*,Vol.41,Princeton:Princeton university Press,1983,P.187.
⑥ *The papers of Woodrow Wilson*,Vol.41,Princeton:Princeton university Press,1983,P.402.
⑦ *The papers of Woodrow Wilson*,Vol.41,Princeton:Princeton university Press,1983,P.383.
⑧ [美]芮恩施:《一个美国外交官使华记》,李抱宏等译,商务印书馆1982年版,第199页。
⑨ Llewellyn woodward:*Great Britain and the war of* 1914-1918,London,1967,PP.240-241.

布与德断交后,仍怀有美国可以避免战争的念头,威尔逊有此幻想并不奇怪,因为他在 1916 年总统选举中获胜,很大程度上得益于他提出的不使美国参战的竞选口号,他不能不考虑多数美国人的反战情绪。威尔逊政府向包括中国在内的所有中立国送交照会,呼吁同美国一致行动,目的是共同向德国施加压力,迫使对方放弃严重危害美国利益的潜艇战,照会发出后,中立国响应者寥寥无几,美国政府考虑到在各重要中立国拒绝与德断交的情况下,"只有中国赞同,没有别国参加,将不足以达到原定目的"。① 北洋军阀政府表示愿同美国一致行动,对德绝交和宣战,条件是美国提供财政援助,加强国防力量,威尔逊政府担忧,日本将以中国军事力量加强对日本构成威胁为由,要求控制中国兵工厂和军队,中国理所当然地会拒绝此类要求,中日一旦发生冲突,美国理应履行对中国承担的义务,援助中国,从而在远东形成日、美对抗局面,美国不希望出现这种局面。自 2 月 9 日,中国向德提出抗议后,日本从反对中国参战转为积极支持中国与德绝交和参战,日本外务相召见中国驻日公使章宗祥,建议中国与德断交,答允向中国提供财政援助,企图诱使中国政府参战,控制中国。由于美国迟迟不向中国政府作出对德绝交与宣战所需的保证,段祺瑞已有投靠日本的倾向,如果美国力促中国与德断交并参战,无异于"为他人作嫁衣裳",对美国不利。威尔逊政府在援助以段祺瑞为首的皖系军阀问题上疑虑重重,客观上促使段祺瑞加速倒向日本一边。

第二节　美国对德宣战与中国内部政争

自 2 月 3 日,美国宣布与德断交后,由于德国坚持实施无限制的潜艇战略,美、德关系继续恶化。2 月 25 日,英国将其截获的德国外交大臣齐墨门(Zimmermann)致德国驻墨西哥公使的密码电报副本转交给美国,该电报说德国已实行无限制潜艇战略,仍希望美国保持中立,如美国对德宣战,德国政府建议与墨西哥结为盟国。德国将向墨西哥提供充足的财政援助,墨西哥可以

---

① *The papers of Woodrow Wilson*, Vol.41, Princeton: Princeton university Press, 1983, P.383.

收回 1848 年被美国夺取的亚利桑那、得克萨斯与新墨西哥领土。墨西哥可以要求日本也参加这一同盟。美国在墨西哥有着重大政治与经济利益,迄至1913 年,侨居墨西哥的美国公民达 75000 人,美国在墨西哥的投资高达 12 亿美元,约 80% 的墨西哥石油掌握在美国人手中。① 该密电在美国报纸上公布后,激起美国公众极大愤慨。威尔逊随即要求国会授权政府武装美国商船,并不顾参议院部分议员阻挠和反对,命令美国武装商船在作战区域可向敌人潜艇开火。3 月,又有多艘美国商船被德国潜艇击沉,造成十多个美国人丧生。蓝辛确信对德作战不可避免,敦促威尔逊"为保卫文明参战"。豪斯也致函威尔逊,力主对德宣战,他说如果美国参战,"将使这场战争早日结束"。② 3 月20 日威尔逊召开内阁会议,全体参加会议者均主张对德宣战。此时,欧洲战局对协约国不利。俄国内部政局不稳,3 月(俄历 2 月),俄国爆发革命,3 月15 日,沙皇被迫退位,威尔逊政府担心如德国在欧战中获胜,德国下一个打击对象将是美国。4 月 2 日,威尔逊在国会宣读了对德宣战咨文;国会通过对德宣战案,4 月 6 日,美国对德宣战。从此,美国对华政策发生明显变化,为将中国丰富人力与物力资源用于对德战争,美国转而力促中国参战。中国财政部美籍顾问詹克斯教授在致威尔逊总统的信件中指出,如果中国参战,"中国现在就能将 50 万训练有素的人员投入战场"。③ 蓝辛主张向中国提供贷款,支持中国参战,他说:如果我们在中国政府处于严重财政困难情况下,援助中国,"将会使我们两国的关系处于极其牢靠的基础之上。我认为中国参战有利无害。"④ 国务院远东司负责人威廉斯认为"假使国会决定向协约国提供 30 亿美元贷款,如需援助中国,看来供给 1 千万或更多的钱是容易的。"⑤ 威尔逊也说"如果中国参战,向她提供贷款不会有困难"。⑥ 据当时中国驻美公使顾维钧回忆,美国对德宣战后,美国政府高级官员和一些重要的国会议员均认为"中

---

① B.J.Hendrick:*The life and letters of walter H.Page*,London,1924,PP.178-179.

② Lloyd E.Ambrosius:*Wilsonian statecraft*,*Theory and Practice of liberal internationalism during world war 1*,Wilmington:Scholarly Resources Inc.,1991,P.85.

③ *The papers of Woodrow Wilson*,Vol.42,Princeton:Princeton university Press,1983,P.62.

④ *The papers of Woodrow Wilson*,Vol.42,Princeton:Princeton university Press,1983,P.53.

⑤ *The papers of Woodrow Wilson*,Vol.42,Princeton:Princeton university Press,1983,PP.53-54.

⑥ *The papers of Woodrow Wilson*,Vol.42,Princeton:Princeton university Press,1983,P.53.

国应当与美国站在一起"。① 芮恩施公开鼓吹同美国站在一起,"符合中国利益"。② 正在中国进行访问的芝加哥大陆商业信托储蓄银行副行长艾博特(J. J. Abbott)表示愿向中国政府提供 2500 万美元贷款。③ 可见,美国对德宣战后,从自身利益考虑,美国政府已决定采取促使中国对德作战方针,后来,美国官员也一再承认"中国在美国的建议下参战"。

然而,中国国内各派势力对参战问题却意见分歧,斗争激烈。

这时的中国政治舞台主要有 4 种势力:以孙中山为代表的民主革命派;段祺瑞为首的皖系;黎元洪派;冯国璋为首的直系。孙中山在野,段、黎、冯当权。在当权派中段祺瑞视黎元洪为傀儡,黎却不甘心当傀儡,黎、段之间矛盾甚深,冯国璋担心皖系势力增强会对直系不利,在黎、段斗争中支持黎元洪。段祺瑞急欲以参战为名,依靠美国或日本援助加强皖系实力,绞杀民主革命势力,排除异己,在中国建立军事独裁统治。段曾一度想投靠美国,获取援助,未能如愿,转而投入日本怀抱。

孙中山为防止段祺瑞以参战为借口,获取外援、壮大皖系力量,不赞成中国参战,他在致段祺瑞的信中指出:"中国积弱,无可讳言,既为弱国,自有弱国应守之分……且加入之后,我国不能尽如何之职责,将令人谓我之军队必须有特别训练之人,我之财政必当处于特别监督之下,大局何堪复问?"④1917年 3 月,他又致电英国首相劳合·乔治,反对协约国劝诱中国参战,他说中国参战将会引起中国内乱,损害英国在东方的利益,⑤他在《中国存亡问题》这本小册子中警告说中国"仍守中立,尚有可以存之理由",如加入协约国,"则中国终不免于亡。"⑥黎元洪与冯国璋亦担心段祺瑞以参战为幌子,增强皖系军

① 《顾维钧回忆录》第 1 分册,中华书局 1983 年版,第 152 页。
② 《顾维钧回忆录》第 1 分册,中华书局 1983 年版,第 153 页。
③ 该项贷款因财政总长陈锦涛被捕入狱,未能兑现。详见芮恩施:《一个美国外交官使华记》(中译本)第 200—201 页。但该书中译本记载的"芝加哥大陆商业储蓄银行行长艾博特",不够确切,应为"芝加哥大陆商业信托储蓄银行副行长艾博特"(John J. Abbott, Vice president of the continental and commercial trust and savings Bank of Chicago)。
④ 《孙中山全集》第 4 卷,中华书局 1985 年版,第 30—31 页。
⑤ 《孙中山全集》第 4 卷,中华书局 1985 年版,第 19—20 页。
⑥ 《孙中山全集》第 4 卷,中华书局 1985 年版,第 90 页。

事实力,基于阻止皖系力量壮大的共同目的,孙、黎、冯三派一致反对中国参战。以黎元洪为首的总统府和段祺瑞领导的国务院,因参战问题引发的政争日益剧烈。段祺瑞为达到参战目的,暗中勾结复辟派张勋,1916—1917 年,张勋在徐州多次召集各省督军开会,密谋复辟清朝,段亦派有代表参加。刚刚上台的日本寺内正毅内阁最初对张勋复辟清室的阴谋表示赞同。1916 年末日本黑龙会骨干分子佃信夫曾面见寺内,征求他对复辟清朝的意见,寺内表示"如果有强有力的人物坚决实行复辟,也是和我们的理想相符的。"①在征得寺内同意后,佃信夫遂往徐州活动,经他推荐,张勋派遗老升允前往日本,要求日本政府在复辟清朝的战争开始后,谕令日本驻华使馆保护宣统皇帝安全,获日本政府应允。德国为阻止中国站在协约国一边对德宣战,对张勋复辟清室的计划亦暗中给予鼓励和支持。经梁敦彦介绍,德国驻华公使曾往徐州活动。德国向张勋提供"枪 8 千余支,炮 4 尊,又德华银行有现洋 700 万,并在华定货之钞票 2 千万……均允张勋借用"②,条件是复辟清朝成功后,中国对欧战保持中立。面临黎、冯、孙三派势力强烈反对参战,段祺瑞加速靠拢日本步伐,谋求日本支持,阴谋利用张勋力量,将主要政敌黎元洪赶下台,达到完全控制中央政府目的。驻华公使芮恩施向国务院报告说:"他(指段祺瑞——引者)和一个重要派别均全面参与日本的阴谋活动……显然,复辟清朝君主专制政体是阴谋的一部分,如果阴谋得逞,定会引起严重困难和骚乱。"③他认为日本必然乘乱打劫,攫取特权,对中国加强控制,损害美国在华权益。美国政府不希望中国出现混乱局面,为日本在华扩张势力提供机会。

1917 年 3—4 月,日、美两国的对华政策均有所调整和变化。

1917 年 3 月,日本寺内政府的对华政策发生重大变化,从支持复辟派张勋,转而全力支持段祺瑞,引诱段祺瑞政府对德绝交并宣战,日本政府派陆军参谋次长田中义一前往徐州,告诫张勋:复辟"时机尚早"④,制止日本人帮助蒙匪头目巴布札布在东北进行复辟清朝活动,并应段祺瑞政府请求,召回在山

---

① 《张勋与佃信夫》,见《近代史资料》总 35 号,中华书局 1965 年版,第 123 页。
② 《北洋军阀(1912—1928)》第 3 卷,武汉出版社 1990 年版,第 251 页。
③ *The papers of Woodrow Wilson*,Vol.41,Princeton:Princeton university Press,1983,P.394.
④ 《张勋与佃信夫》,《近代史资料》总 35 号,中华书局 1965 年版,第 130 页。

东从事复辟清朝活动的日本浪人。寺内正毅还派西原龟三作为他的私人代表前往中国,同段祺瑞政府谈判贷款事宜。

段祺瑞在对德绝交并宣战问题上曾一度指望美国给予援助,威尔逊政府却拒绝作出保证,段祺瑞愿望落空,转而求助于日本,他指示驻日本公使章宗祥就对德绝交和宣战问题,征求日本政府意见,章复电说:日本政府深望中国与德断绝国交,再进一步参战。西原龟三也鼓动段祺瑞政府"参加协约国对德国宣战,与日本推诚合作",并说,"寺内首相对此十分关注,希望能够实现。"①美国对德宣战以前,美国在中国对德绝交和参战问题上的方针是,中国应同美国一致行动,在美国指导下对德绝交,但切勿宣战。美国同黎元洪、冯国璋以及国民党议员张继为首的"商榷系",意见基本一致。这使黎元洪等人产生了错觉,以为美国会坚决支持中国的反参战派,因此,并无实力的黎元洪在同"参战派"段祺瑞的斗争中,立场坚定,勇气倍增。3月4日,在日本唆使下,段祺瑞亲率内阁全体阁员晋谒黎元洪,要求黎元洪在对德绝交咨文上盖印,被黎元洪拒绝,当晚,段祺瑞即宣布辞职,离京赴天津,府院冲突开始表面化。段祺瑞去天津后,皖系军阀纷纷致电中央政府,支持段祺瑞,英、法等协约国驻华公使对段离职表示关切,黎元洪不得不暂时妥协,声称对德绝交问题,只要国会同意,他不会干涉。段祺瑞遂回京复职。3月10日与11日,国会参众两院,分别通过对德绝交案。3月14日,中国正式宣布对德绝交。

自2月3日美国宣布与德断交后,美与德关系继续恶化,4月6日,美国对德宣战,此后,美国对华方针出现巨大变化,美国不但不反对中国对德宣战,相反极力支持中国参战,②在中国参战问题上,美国与日本已无原则分歧,美国唯一感到担心的是中国在日本控制下参战,反对日本利用中国内部各派在对德宣战问题上的政争,制造混乱,从中渔利。由于美、日两国在幕后煽风点火,1917年春、夏之交,"府院之争"进入高潮。

1917年4月,段祺瑞邀请各省督军来北京开会,组成以皖系为首的督

---

① 　[日]西原龟三:《西原借款回忆》,见《近代史资料》总38号,中华书局1979年版,第137页。

② 　详见拙文《孙中山致威尔逊的三封电函》,《历史研究》1994年第4期。

军团,力图迫使国会通过对德宣战案。5 月初,国会讨论国务院提出的对德宣战案,段祺瑞公然扬言"如果国会顽固不化的话,就把它解散",①督军团也发出类似叫嚣。芮恩施感到情况严重,不得不面告外交次长陈箓:"为了执行参战政策而发动任何推翻国会的运动,决不会得到美国的同情。"②5 月 7 日,中国驻日公使章宗祥电告段祺瑞的心腹曹汝霖,要他向段传达日本寺内首相与本野外相下列要求与愿望:"此次参战问题……幸段总理毅力主持,内外意见得就一致,现所余者惟国会内之部分,深冀再用相当办法,使国会圆满通过。"③日本人要段祺瑞"再用相当办法"迫使国会通过对德宣战案,段心领神会,遂再次采用袁世凯行之有效的老办法,组织所谓"公民团",5 月 10 日,段祺瑞及其党羽出动 3000 余人的"公民团",包围国会,强迫议员通过宣战案,殴伤议员十余人。段祺瑞的横暴行径,激起公愤,议员停止开会表示抗议。芮恩施认为段祺瑞此举可能引发严重骚乱,"如果国会被解散,革命将不可避免,"他警告段祺瑞说"采用非法手段,会造成有害印象"。④ 为抗议段祺瑞专横不法,段祺瑞内阁的海军总长程璧光等人相继辞职。段祺瑞仍坚持要求国会讨论对德宣战案,国会则以段内阁成员纷纷辞职,内阁已不能履行责任内阁职责,主张先改组内阁,然后国会再讨论宣战案,段祺瑞遂唆使督军团呈请总统黎元洪解散国会,黎元洪断然拒绝。5 月 14 日,黎元洪接见芮恩施,黎告诉后者,段祺瑞已失去国会信任,并且督军也并非一致支持段祺瑞,⑤表示决不向段祺瑞屈服。5 月 21 日,黎元洪召见督军团的孟恩远与王占元,明确声明,他不会解散国会,并说段祺瑞应自行引退。芮恩施对黎元洪不妥协的姿态感到欣慰,他极其乐观地向国务卿报告说,黎元洪的强硬态度,使"督军们明显地感到惊恐,他们当中的许多人,尤其是倪嗣冲将军,因敲诈勒索而声名狼藉,只要采用强硬手段,就会轻

---

① [美]芮恩施:《一个美国外交官使华记》,李抱宏等译,商务印书馆 1982 年版,第 203 页。
② [美]芮恩施:《一个美国外交官使华记》,李抱宏等译,商务印书馆 1982 年版,第 204 页。
③ 章宗祥:《东京之三年》,《近代史资料》总 38 号,中华书局 1979 年版,第 40 页。
④ *Papers Relating to the foreign Relations of the united States*, 1917, Washington: Government printing office, 1926, P.47.
⑤ *Papers Relating to the foreign Relations of the united States*, 1917, Washington: Government printing office, 1926, PP.63-64.

易地将他们推倒"。① 5 月 22 日,黎元洪宴请芮恩施与中国政府美籍法律顾
问威洛比(Willoughby),他告诉后者决定免去段祺瑞总理职务,并就有关将总
理免职的合法方式问题征求威洛比的意见。② 芮恩施等人对黎元洪决心让段
祺瑞下台表示支持,"允为后盾"。③ 5 月 23 日,黎元洪下令免去段祺瑞总理
职务,由外交总长伍廷芳暂行代理国务总理,当日,芮恩施电告国务院说:"总
统与国会强烈反对总理。上星期,除一位总长外,内阁全体阁员均辞职。督军
团会议已于星期一休会。今天,总统发布命令,免去段祺瑞总理职务,任命伍
廷芳为代总理,参谋总长王士珍将军负责领导京畿军警,总统将遴选完全可靠
的人,确保内阁安全,此后,可能将解决参战问题"。④ 在芮恩施看来,局势正
朝着美国企盼的中国在美国指导下参战方向发展。亲日派段祺瑞垮台,意味
着,日、美幕后斗争,美国暂时获胜。

段祺瑞被免职在日本引起巨大反响,日本报刊纷纷发表评论,指责美国在
幕后操纵,以致段祺瑞被迫下台,美国驻日代办惠勒(Wheeler)电告国务院,日
本有影响的报刊《日日新闻》散布谣言说"美国驻华公使向黎元洪总统提供 25
万元(中国钱)用以联络反对前总理的反对派。日本外务省政务局长向新闻
记者表示相信美国在幕后操纵这一改变,并声明日本对美国这种态度感到
遗憾。"⑤

段祺瑞被免职后,离北京去天津,唆使皖系督军宣布废除约法,另组中华
民国军政府,拟推举徐世昌为大元帅。黎元洪任命李经羲为总理,因督军团反
对,李不敢赴任,北洋政府陷于瘫痪。6 月初,外交总长伍廷芳向芮恩施递交
一封求援信,呼吁威尔逊总统发表公开声明支持黎元洪总统:

① *Papers Relating to the foreign Relations of the united States*, 1917, Washington: Government printing office, 1926, P.64.

② *Papers Relating to the foreign Relations of the united States*, 1917, Washington: Government printing office, 1926, P.64.

③ 《张勋藏札》,《近代史资料》总 35 号,中华书局 1965 年版,第 51 页。

④ *Papers Relating to the foreign Relations of the united States*, 1917, Washington: Government printing office, 1926, P.47.

⑤ *Papers Relating to the foreign Relations of the united States*, 1917, Washington: Government printing office, 1926, P.48.

鉴于当前危险局势以及叛乱督军的态度,我恳求全世界民主与宪政保卫者威尔逊总统,就美国对华态度发表一份公开声明,热诚支持合法国家元首黎元洪总统,所有西方国家均盼望他维护其在华利益。在此关键时刻,来自美国的这一公开声明,无疑会立即使所有遵纪守法的人团结在黎元洪总统周围,从而使督军们陷入困境。

此外,还请美国政府立即与盟国协商,特别是向英、法两国协商,现今,由于后者获美国在财政和道义上的支持,美国对他们有巨大影响,请求他们立即赞成对华采取同一态度。①

不仅北洋政府中的亲美派渴望威尔逊政府给予援助,寓居上海的孙中山亦致函威尔逊谋求支持。

第三节 孙中山致威尔逊的两封电函

美国密切注视中国国内日益激烈的政争,为使中国各派势力能团结一致,支持美国对德宣战政策,防止日本乘中国内乱,在华扩张势力,芮恩施先后同英、法等国驻华使节进行协商,他主张列强共同向中国政府重新作出保证,维护中国完整,不寻求领土与特权。6月2日,芮恩施致电蓝辛说"整个北洋军阀集团现在正团结起来,反对总统并威胁施用武力,"总统意图同叛逆和解,"这只能有助于鼓励他的反对者,如果军人成功地推翻总统,南方无疑地将进行战斗,结果将会出现中国分裂局面,眼下还不存在妥协的基础",他认为只有列强联合进行调解,才能拯救险象环生的中国时局。② 鉴于中国局势急剧恶化,威尔逊政府决定立即进行干涉。6月4日,美国政府致电芮恩施,要他向中国政府送交下述内容的照会:

---

① *Papers Relating to the foreign Relations of the united States*, 1917, Washington: Government printing office, 1926, PP.50-51.

② *Papers Relating to the foreign Relations of the united States*, 1917, Washington: Government printing office, 1926, P.48.

美国政府极其遗憾地获悉中国内部纠纷,诚恳希望平静与政治协调能立刻实现。中国参战或与德国政府的关系维持绝交现状,乃次要问题。中国当务之急是恢复并继续保持其政治实体,沿着民族发展道路前进……美国衷心希望派系政争会被摈弃,所有政党和人民将为重建政府并使其协调而工作。①

6月7日,芮恩施向中国政府递交了上述照会,美国驻英、法、日等国的大使馆也奉命向驻在国政府送交6月4日美国政府就中国时局所发表的声明。

"府院之争"与孙中山反对段祺瑞政府的斗争性质不同,前者是军阀之间权力之争,后者则为中国民主革命派反对北洋军阀独裁政府的革命斗争。美国政府照会将两种不同性质的斗争混同起来,笼统称之为派系纠纷,貌似公正,实则谴责孙中山的正义斗争。照会声称中国是否参战,"乃次要问题,"这是同中国政局混乱相比较而言,意即只有中国政局稳定,才能解决参战问题,才能给协约国和美国以有效援助,既非贬低中国参战的重要意义,更不是劝中国"只绝交不参战"。正如国务卿蓝辛在致美国驻英大使佩济(Page)电文中所说,美国政府"意识到中国参战的重要性",但"中国因内部纷争而四分五裂",就不可能向协约国和美国提供任何援助。② 一向对威尔逊存有幻想的孙中山不可能识破美国政府真正意图,1917年6月8日,他从上海向威尔逊发出一封电函,全文如下:

因美国首先欢迎我国民主政体,其榜样亦为影响中国结束对同盟国中立的主要因素,值此关键时刻,美国在道义上必定会援助我中华民国。

一群叛逆借口对德宣战有利于中国,其真实意图则为复辟帝制,他们力图争取协约国同情和支持,从而获取贷款,名义上作为忠实盟

---

① *Papers Relating to the foreign Relations of the united States*, 1917, Washington: Government printing office, 1926, PP.48–49.

② *Papers Relating to the foreign Relations of the united States*, 1917, Washington: Government printing office, 1926, P.57.

友参加协约国,实则为了达到他们自私的目的。

中国人民知道他们罪恶活动的真实动机,激烈反对中国参战,因为参战结果是彼辈利用现今正在欧洲引起战争灾祸的军国主义压制人民,废弃国会。

虽则军国主义者占有优势,只要阁下现在使各友邦了解真相,并运用您的影响,得到这些国家合作,防止中国卷入欧战,我们定能战胜他们,维护民国。依靠这一友好行动,我们能顺利消灭中国的军国主义和无政府主义。

为了人类事业,我期待阁下的援助。①

孙中山获悉美国 6 月 4 日照会内容后,又于 6 月 9 日致电威尔逊,全文如下:

阁下:

在我向您发出呼吁的同时,传来阁下对我国政治家的忠告,谨以我的同胞的名义,对阁下具有远见而及时的警告表示最深切的谢意。

只要中国仍为军国主义和民主的敌人所控制,中国绝不可能实现统一与和平。我们准备为消除这些祸因而献出生命,盼望阁下促使各国保持中立,给予我们公平对待。②

孙中山的两封电函深刻地揭露了段祺瑞政府以参战为名,依靠日本贷款扩充和加强皖系军事力量,绞杀国内民主革命势力,废弃国会,建立军事独裁统治的阴谋,明确指出以他为代表的中国进步力量反对段祺瑞政府参战政策,是民主主义同军国主义的抗争,段祺瑞政府的军国主义政策是造成中国政局

---

① *The papers of Woodrow Wilson*, Vol.42, Princeton: Princeton university Press, 1983, P.466.

② *The papers of Woodrow Wilson*, Vol.42, Princeton: Princeton university Press, 1983, P.468.这封电函仅注明"6 月 9 日上海收到",未有发出日期,但从该电内容看,此电发出的时间似应为 6 月 9 日。

混乱的根源,从而含蓄地驳斥了美国将中国政局动乱归因于派系纠纷的指责。电文指出他不会接受美国政府劝告而停止斗争;相反,将为消除导致中国动乱的"祸因"斗争到底。再次显示出孙中山不畏强暴和险阻,为中国独立富强继续奋斗的决心。电文严正指出参战问题事关中国存亡。这个问题是由美国敦请中国与德绝交所引起,美国在道义上有责任帮助中国,说服协约国切勿诱迫中国参战,防止段祺瑞之流的北洋军阀以参战为名,利用外国援助,消灭中国民主共和政体,建立军国主义统治,并劝说协约国对中国内部政争保持中立。

威尔逊政府一贯低估以孙中山为首的中国民主革命派的力量。在他们看来此时的孙中山既未掌握政权,也无兵符在握,一再反对中国对德宣战,与美国奉行的政策背道而驰,故对孙中山的两封来函未予以重视,也未作出任何答复。

第四节　美、日在华矛盾激化

随着府院之争进入高潮,美、日两国在华的矛盾日益尖锐。6月6日,美国驻日代办惠勒收到国务院6月4日美国对华声明文件,美国政府训令他建议日本政府,就美国6月4日文件内容,对华作联合劝告,遵照这一指示,惠勒向日本外务大臣本野一郎送交了6月4日声明文件,并建议美国、日本与其他协约国,根据声明内容,对中国政府作共同劝告。此时,段祺瑞正在日本支持下,避居天津,纠集党羽,玩弄阴谋诡计,以同意张勋复辟清朝为交换条件,唆使他驱逐黎元洪,解散国会,为再次上台执政扫清道路。日本认为美国向中国各党派呼吁团结,消除纠纷,恢复一个负责任的团结的中央政府,是对黎元洪总统的有力支持,不利于实现段祺瑞的阴谋。6月8日,日本已获悉美国不俟日本答复,率先向中国政府递交了6月4日声明,对美国此举强烈不满,日本外务次官币原喜重郎向美国驻日代办惠勒表示遗憾。日本报刊纷纷发表评论,指责美国"干涉中国内政"。6月11日,币原喜重郎向惠勒说,美国6月4日声明实际上已起了挑动一方反对另一方的效果,"并且被北京某些政治人物用以巩固总统的地位"。①

6月15日,日本驻美大使佐藤向国务院递交备忘录,对6月6日美国驻日代办惠勒吁请日、英、法等国基于国务院6月4日声明,向中国进行联合劝告一事,作出正式答复,备忘录声称:"日本政府充分理解美国政府建议所蕴含的单纯目的……没有任何一个国家比日本更加关心维护中国的团结与和平",但"日本并不相信本着美国建议向中国政府进行劝告的时机是适宜的",因为"日本政府认为中国发生冲突的两派均渴望不施用武力以解决目前争端……局面并非无可挽回",况且居住中国的"外国人的生命和财产基本上未受损害",如果对目前中国内部冲突,施加外部影响,会使对立双方的任何一方因过于敏感而产生疑虑,其结果是"害大于利"。日本在备忘录中不仅拒绝美国提出的有关向中国各派进行劝告的建议,而且,针对美国控制中国的图谋,声称"日本在中国政治与经济两者领域均有卓越利益"。② 日本备忘录郑重提出日本在华有"卓越利益"(Paramount interests),未作进一步阐述,日本政府指示驻美大使佐藤在向蓝辛递交备忘录时,口头宣读一份日本政府通告,着重就"日本在华有卓越利益"问题,进行说明。基于这一指示,佐藤宣称:"日本在政治以及经济上同中国有着特殊和密切关系,很久以来即为美国政府所熟知。1915年3月13日,时任国务卿的布赖恩先生在致我的前任珍田子爵照会中,承认了这一事态,并曾声明,美国人在华的活动绝非是政治性的"。佐藤指责美国驻华公使芮恩施,"或多或少地卷入了目前中国的政治危机",批评美国6月4日致中国政府照会,"事先未同日本协商",要求美国政府重申布赖恩在1915年3月13日致珍田子爵照会中所作的声明,以证实在有关中国问题上,美国对日本的友好态度。③

7月6日,美国国务卿蓝辛对6月15日日本政府备忘录以及口头通报,作出答复,威尔逊对蓝辛的答复内容表示"完全同意"。蓝辛在备忘录中,否

---

① *Papers Relating to the foreign Relations of the united States*, 1917, Washington: Government printing office, 1926, PP.60-61.

② *Papers Relating to the foreign Relations of the united States*, 1917, Washington: Government printing office, 1926, P.72.

③ *The papers of Woodrow Wilson*, Vol.43, Princeton: Princeton university Press, 1983, PP.55-56.

认布赖恩曾承认日本同中国在政治与经济上有着特殊和密切关系,布赖恩在1915 年 3 月 13 日的照会中只是说由于领土接近,构成了日本同山东、南满与东部内蒙的特殊关系。5 月 11 日,布赖恩在致中日两国通告中已明确表示,美国决不承认中日两国现今或以后订立的有损美国条约权利、中国行政与领土完整或门户开放政策的任何协定,美国也无意承认日本在中国有着"卓越利益"。蓝辛指出"中国国内派系纠纷并未对太平洋地区现状与机会均等原则构成威胁",美国没有必要根据 1908 年订立的《罗脱—高平协定》事先通知日本政府。再者,日本在 1915 年向中国提出"二十一条"时,并未根据 1908 年的罗脱—高平换文事前通知美国,日本因"郑家屯事件"向中国提出要求,也未通知美国,只是在美国查问下方才知道。①

美国对日本 6 月 15 日书面备忘录与口头通报予以批驳,表示决不承认日本在华有"卓越利益",反映出日、美两国在谁应领导中国参战问题上斗争日益加剧。法国与英国同日本立场一致,婉言谢绝美国提出的由美、英、法、日等国联合向中国进行劝告的建议,标志着美国政府奉行的由美国指导中国参战的政策遭受重大挫折。

第五节　美国、日本与张勋复辟

如前所述,1917 年 2 月初,美国在吁请中国与德断交时,掌握中央政府实权的段祺瑞曾怀有投靠美国的愿望,美、日两国在控制中国内政外交斗争中,美国一度占有优势。可是,威尔逊政府拒绝承诺给段祺瑞所需援助,向日本压力屈服,以致将段祺瑞为首的皖系军阀推到了日本一边,直至 4 月 6 日,美国对德宣战后,才确定援助中国参战的方针,但为时已晚,段祺瑞集团已投入日本怀抱,决定在日本保护与领导下参战。正如芮恩施所说美国避免给中国和世界带来危险的机会,"已无可挽回地消逝"。② 段祺瑞在日本紧密配合和支

① *The papers of Woodrow Wilson*,Vol.43,Princeton:Princeton university Press,1983,PP.80-83.
② *The papers of Woodrow Wilson*,Vol.41,Princeton:Princeton university Press,1983,P.394.

持下决定利用复辟派张勋的力量,将他的主要政敌赶下台。

盘踞徐州的保皇派张勋,在段祺瑞被免职、离京去天津后,以调停黎段之间纠纷为名,率数千辫子军,由徐州进京,6月7日抵达天津,段祺瑞怂恿他解散国会逼迫黎元洪下台,段告诉张勋,"只要解散国会,驱逐总统两事办到,余事容易商量",①对张勋阴谋复辟清室表示支持。日本同段祺瑞密切合作,希望利用张勋尽快推翻具有亲美倾向的黎元洪,解散国会,不反对张勋率军经津京铁路进京。芮恩施敏锐地察觉日本玩弄的阴谋诡计,他在致国务卿蓝辛的报告中说,两月前,日本公使曾反对中国军队驻扎津京铁路沿线,现在却说没有必要反对张勋的军队经由津京铁路进京,宣扬"争取和平的最后希望在于张勋的调解",并说"废除国会是合乎需要的"。② 张勋获段祺瑞暗中支持,愈益嚣张,致电黎元洪要求从速解散国会。否则拒绝调停。黎元洪被迫于6月13日解散国会。14日,张勋率部进京,清室遗老齐集于张勋周围,催促他复辟清室,并说"东邻(指日本——引者)有默助之意",③张勋还有些不放心,发动政变前,特别就复辟清室一事,征求日本驻华公使意见,日本公使含糊地说如要从事复辟行动,首先应有把握得到军方主要领袖们的支持,④也即如无军方主要领袖们支持,就不应采取复辟行动。张勋利令智昏,确信能获军方主要人物支持,"明显地将日本公使的劝告当成一种鼓励"。⑤ 7月1日,张勋率领文武官员进入清宫,拥戴废帝溥仪复辟,改民国六年(1917年)为宣统九年,溥仪封张勋为议政大臣、直隶总督兼北洋大臣,冯国璋为两江总督、陆荣廷为两广总督。黎元洪逃入日本使馆。

7月1日下午,芮恩施致电国务卿蓝辛:"通常在幕后进行的复辟帝制运动,已突然公开化。徐世昌、张勋、康有为领导的帝制派乘政府瓦解之际,通过

① 温世霖:《段氏卖国记》(近代史资料笔记丛刊),中华书局2007年版,第239页。
② Papers Relating to the foreign Relations of the united States, 1917, Washington: Government printing office, 1926, P.60.
③ 上海市文物保管委员会编:《康有为遗稿,戊戌变法前后》,上海人民出版社1986年版,第538页。
④ Papers Relating to the foreign Relations of the united States, 1917, Washington: Government printing office, 1926, P.91.
⑤ Papers Relating to the foreign Relations of the united States, 1917, Washington: Government printing office, 1926, P.91.

陆军总参谋长和北京步军统领,于今天凌晨 2 时发动政变,要求总统辞职,向宣统皇帝让位。总统声明他准备辞职,但由副总统继位。迹象表明,复辟将会实现,它将受到北方军人拥护,南方将会反抗并脱离中央政府"。① 当日傍晚,芮恩施再次致电蓝辛:"宣统皇帝的第一道谕旨已经发布,他就任立宪制君主,委派张勋为内阁总理大臣,梁敦彦为外务部尚书……黎总统仍在北京,他传出话来,希望美国不要承认复辟"。②

张勋复辟遭到全国各阶层人民一致声讨和反对。段祺瑞见张勋已落入他同日本精心设计的圈套,立即高举反复辟大旗,在天津附近的马厂誓师,自任"讨逆军总司令",宣布讨伐张勋。躲在天津的日本首相寺内正毅私人代表西原龟三,通过日本三菱洋行向段祺瑞提供 100 万日元紧急贷款,作为讨伐张勋的军费。③ 7 月 2 日,美国驻上海总领事萨芒斯电告国务卿蓝辛说"此地的中国海军当局已命令烟台与上海的海军船舰开赴秦皇岛,必要时准备让黎元洪总统撤离,如果北方复辟帝制,此地倾向于在南方建立共和国"。④ 次日,萨芒斯又电告国务卿:"副总统冯国璋以及所有当地陆海军均赞成反对复辟帝制"。⑤ 7 月 3 日,芮恩施致电蓝辛说:"政变与试图复辟帝制看来是张勋将军一手造成的产物。宣统皇帝谕旨与通电引述黎元洪总统、冯国璋、陆荣廷、张勋、王士珍、江朝宗、陈光远等将军上奏折表示合作,纯属捏造……张勋将军的个人行动并未获得重要领袖人物如段祺瑞将军、梁启超先生以及梁士诒先生赞同"。⑥ 美国断定张勋复辟帝制必然失败,希望尽快结束这场动乱,当段祺

① *Papers Relating to the foreign Relations of the united States*, 1917, Washington: Government printing office, 1926, P.79.

② *Papers Relating to the foreign Relations of the united States*, 1917, Washington: Government printing office, 1926, P.79.

③ Noriko Kawamura: *Turbulence in the pacific*, *Japanese-U. S. Relations during world war 1.*, Westport, Connecticut: Praeger Publishers, 2000, P.73.

④ *Papers Relating to the foreign Relations of the united States*, 1917, Washington: Government printing office, 1926, P.80.

⑤ *Papers Relating to the foreign Relations of the united States*, 1917, Washington: Government printing office, 1926, P.80.

⑥ *Papers Relating to the foreign Relations of the united States*, 1917, Washington: Government printing office, 1926, P.81.

瑞率军讨伐张勋时,芮恩施随即派代表与段联系,段向芮恩施的私人代表保证他已完全控制战局,能在十日内结束讨伐张勋的战斗。① 美国和日本均支持段祺瑞讨伐张勋,张勋孤立无援,失败已难避免,但仍想挽回败局,为阻止段祺瑞的"讨逆军"向北京挺进,张勋下令破坏津京铁路。北京外交使团曾就此事进行讨论,芮恩施力主保持津京铁路畅通,他说"我们既然未曾反对张勋经由铁路将他的军队运至北京与铁路沿线,现在,我们也不能反对仍获我们承认的政府军为讨伐张勋所采取的必要行动。"②7 月 5 日,北京外交使团根据芮恩施的建议,要求交战双方保持铁路畅通,7 月 7 日,津京列车首次恢复行驶。张勋的"辫子军"在"讨逆军"猛烈进攻下,伤亡惨重,向北京城溃退。为挽救其彻底失败命运,张勋派人游说法国驻华公使,以避免作战给当地人民带来灾难为借口,要求徐世昌从天津至北京进行调停,芮恩施坚决反对这一倡议,他指出张勋的军队已一败涂地,外交使团如采纳这一建议,意味着承认张勋本人仍有提出调停条件的资格,加以段祺瑞也公开表示反对调停,张勋的阴谋未能得逞。段祺瑞在指挥"讨逆军"进攻北京期间,一直同芮恩施保持紧密联系。7 月 11 日傍晚,他通知芮恩施"讨逆军"将会对占据天坛和紫禁城附近的张勋辫子军发动猛攻。同时,为制止张勋败军在北京城内负隅顽抗,段祺瑞派人往见日本驻华公使林权助,要求借给 8 万元,作为遣散"辫子军"费用,林权助指示正金银行董事小田切满足段这一请求。③ 张勋见大势已去,逃入荷兰使馆避难,封建余孽各自逃难,溥仪再次宣告退位,这场复辟丑剧仅上演了十二天即告结束。7 月 13 日,段祺瑞进入北京,再度出任国务总理。黎元洪引咎辞职,副总统冯国璋任代理总统。日本催促段祺瑞政府速行对德宣战。中国在日本领导和操纵下参战已成定局,威尔逊政府不得不承认既成事实,国务院指示芮恩施,如果中国对德宣战,美国应表示满意。1917 年 3 月初,段祺瑞曾向协约国提出中国对德绝交和参战的条件,要点是庚子赔款中应偿付协约国的

---

① *Papers Relating to the foreign Relations of the united States*, 1917, Washington: Government printing office, 1926, P.93.

② *Papers Relating to the foreign Relations of the united States*, 1917, Washington: Government printing office, 1926, P.93.

③ 《林权助笔下的张勋复辟》,见《近代史资料》总 35 号,中华书局 1965 年版,第 116—117 页。

部分,十年内暂缓偿付,十年后仍照原有金额按年递付,不另加利息。同意中国将进口关税从按值征收百分之五,提高为按值征收百分之七点五,一俟中国政府裁撤厘金后,即将关税加至按值征收百分之十二点五。《辛丑条约》及附属文书中,"有妨害中国防范德人之处",如天津周围二十里内不准中国军队驻扎等类,"希望解除"。① 日本政府对于上述条件并不赞同,英、法、俄等国亦未表示同意,交涉数月,迄无结果。张勋复辟失败,段祺瑞重掌政权,日本答允向段祺瑞政府提供巨额贷款,以实现段祺瑞壮大皖系实力,武力统一中国的野心,段祺瑞则以向日本出卖中国利权相报答,不再坚持他在 1917 年 3 月提出的参战条件。1917 年 8 月 14 日,段祺瑞政府向德、奥宣战。

国会被解散,黎元洪下台,亲日派段祺瑞再次执政,意味着围绕府院冲突的美、日两国斗争,日本获胜。

---

① 　章宗祥:《东京之三年》,见《近代史资料》总 38 号,中华书局 1979 年版,第 32—33 页。

第五章　美、日在华争夺霸权

第一节　日本派特使前往美国

欧战爆发后,日本利用欧洲列强彼此厮杀、无力东顾之际,加紧在华扩张侵略势力,力图在中国取得霸主地位,屡遭美国牵制和反对。美国加利福尼亚等州通过的排斥日本移民法案,使日、美关系不断恶化。1917年4月,美国对德宣战,美、日两国站在同一战线,成为反对以德国为首的同盟国的重要力量,客观上,有利于日、美接近。日本意图通过外交途径,使美国承认日本在华特殊地位,以减轻其进一步向华扩张的阻力,改善旅美日侨处境,从美国获得钢铁原材料,促进日本工业发展。美国为了集中全力投入欧洲战场,赢得反德战争胜利,也希望能在远东缓和同日本的矛盾,避免两国产生严重冲突。1917年5月12日,美国国务卿蓝辛主动约见日本驻美大使佐藤,向他表示为了商讨有关向协约国提供物资,协调日、美两国在太平洋上防务等问题,希望佐藤能禀请日本政府派遣使团赴美访问,佐藤将美方这一愿望电告日本政府,获日本政府积极响应,6月,日本政府决定以感谢并祝贺美国站在协约国一边对德作战为由,派遣资深外交官石井菊次郎为特使,率使团访美,使团成员有竹下海军中将、外务省秘书永井等人。

行前,日本政府向石井下达训令,规定日本使团主要任务是:1. 同美国协商与战局有关的向协约国提供物资以及太平洋防务问题。2. 要求将现由日本占领的原德国在太平洋赤道以北诸岛屿,让与日本,作为对德媾和条件之一,石井应向美方说明,"英、法、俄三国已对日本这一要求私下表示同意"。训令指出,"马上要求美方对日本这一要求表示赞同,可能并不明智,石井应在适当时机向美国说明,战后,如德国仍保有其在太平洋上诸岛屿,对协约国后患无穷"。① 3. 促使美国承认日本在华政治与经济领域有特殊利益。"训令"说"美国在中国的利益,主要在经济方面",中国无论发生何种情况,均不会涉及美国安危。就中日关系而论,"日本不仅在华的经济领域,投资总额远远超过美国,而且政治上亦有与欧美列强绝对无法比拟的特殊而紧密的关系,中日两国安危与共,休戚相关",②故日本国民对美国在华政治与经济领域的活动极为敏感,无论何国,倘若无视日本在华的特殊地位,试图在华扶植政治势力,以损害日本利益,日本当然会采取自卫措施。日本支持中国独立与领土完整的立场未变。如果美国认为有必要,日本愿重申这一政策。美国在华的经济活动,未侵害日本在华的特殊利益,日本无意进行任何阻碍。各国人民在华享有公平竞争自由与机会均等。根据中国目前现状,日、美两国政府应鼓励两国资本家携手合作,并为这种合作铺平道路,这对日、美两国均有好处,并有利于开发中国天然资源。南满与东部内蒙是日本帝国有着特殊利益的地区。日本对外国人同中国官宪直接在日本势力范围内订立有关经营铁路和矿山等协定,不能熟视无睹。4. 有关旅美日侨遭受不公正待遇问题。日本政府在训令中指出,美国在华的政治与经济活动以及旅美日侨受到不公正待遇,是使日本国民深受刺激的两大问题。日本政府无意放弃目前奉行的有关限制向美移民的政策,要求"保证侨居美国的日本人享有最惠国公民待遇"。美国许多州以及联邦政府虽已尽力抑制州议会通过排日法案,但因"一方面,根据美国宪法,美国联邦政府在权限上不能对各州的行动进行有效干涉,另一方面,美国各州在国际上并非独立国,故帝国政府不能对其所采取的不正当行动进行直接交涉。现在加利福尼亚州已制定不利于日本人的《土地法》,有迹象表明其他各州亦将效法,如这一趋势任其发展,必将损害日美关系,并给美国中央政府增添困难"。为防止将来出现严重局面,日、美两国政府应相互给予对方侨民在有关不动产权利的取得、行使及继承方面享有最惠国公民待遇。日本将保留要求废除加利福尼亚州《土地法》的权利。③ 从以上训令看,日本要求美国承认日

①　日本外务省调查部编:《日米外交史》,见《日本外交史料集》(2),第 141 页。
②　日本外务省调查部编:《日米外交史》,见《日本外交史料集》(2),第 142 页。
③　日本外务省调查部编:《日米外交史》,见《日本外交史料集》(2),第 142—143 页。

本在远东和中国的霸主地位,不得歧视或排斥居美日侨。

8月22日,石井一行抵达华盛顿,次日,晋谒威尔逊总统,呈递国书。威尔逊同石井进行了简短谈话,威尔逊说美国除主张在中国实行门户开放与机会均等政策外,别无所求。列强在华均建立了势力范围,"构成了对机会均等原则的真正威胁",①明确表示美国不赞成在华建立势力范围。石井对威尔逊此次谈话极为重视,回至寓所后,当即将威尔逊在接见他时主张撤除列强在华势力范围的言论,电告日本政府,并建议日本政府应赞同威尔逊的主张,理由是如列强废除势力范围,实行门户开放、机会均等,日本在地理上邻近中国,其商品运销中国市场,多则一周,少则一两天,就能到达,而欧美各国商品,因路途遥远,需一个半月至两个月才能进入中国市场,日本在运费、利率与保险方面,均可获得莫大好处,在各国对华贸易中,定能凭借优势地位,战胜欧美竞争者。长江流域各省是中国财富之区,在中国对外贸易中占有重要地位,现在是别国势力范围,这些地区实行门户关闭,机会不均等,使日本工商业蒙受巨大打击。此次,威尔逊首先提出撤除势力范围问题,如日本表示同意,美方在随后的谈判中必然会对日本其他要求作出相应让步。石井认为列强在华划分势力范围是一种"时代错误现象",②撤除势力范围,有利于日本在华扩张势力、称霸中国。外务大臣本野一郎将石井有关日本应赞同撤除势力范围的建议,送交日本元老派控制的"外交调查会"审议,结果,石井的建议被否决。

第二节　蓝辛与石井谈判经过

1917年9月6日,蓝辛同石井在华盛顿开始谈判,这次谈判从9月6日起,11月2日结束,大致可划分为两个阶段:第一阶段,1917年9月6日至9月26日;第二阶段,1917年10月8日至11月2日。

第一阶段,9月6日至9月26日。9月6日下午,石井与蓝辛在国务院举

①　石井菊次郎:《外交餘錄》,见《日本外交史人物丛书》第6卷,第136—137页。
②　石井菊次郎:《外交餘錄》,见《日本外交史人物丛书》第6卷,第137—139页。

行首次会谈,历时一时半。双方前半时会谈,涉及的主题是日本在战争中所能提供的援助,以及日本与协约国如何才能充分合作。

蓝辛说:"最大的问题是运输",在这个问题上,日本还能做更多事情。

石井回答说:"日本正在提供大量援助,向协约国出租大量船舶,用于地中海贸易",接着,石井谈到美国禁止钢铁出口问题。

欧战爆发,德国实行潜艇战,对敌方港口进行封锁,为数众多的美国商船被击沉,美国政府计划大量造船,以应急需,对钢铁需求量随之增加,1917 年 7 月,美国政府决定禁止钢铁器材出口,使日本工业,特别是造船业陷入严重困境,因为日本国内的钢铁生产远不能满足工业发展需要。战前,日本造船业所需钢铁,大部分从美、英、德等国进口,欧战开始后,从英、德输入钢铁已不可能,只有依靠美国供给,美国禁止钢铁出口,立即在日本引起巨大反响,外务大臣本野向美国政府提出抗议。1917 年 8 月 13 日,日本大阪、神户 35 家造船厂与贸易公司举行集会,派代表团去东京,向美国驻日大使馆递交备忘录,宣称美国禁止钢铁出口,将会导致日本造船等工厂关门,成千上万工人失业。故石井在谈判中对美国禁止钢铁出口表示不满。当时,国务院的一些高级官员与美国实业界人士均主张美国应以钢铁禁运为筹码,迫使对方作出更多让步。蓝辛却不以为然,他认为当今世界局势,同日本竞争,并不符合美国利益,美国应同日本合作,用钢材换取日本船舶。蓝辛向石井解释说,美国的钢材正大量用于生产军火与造船,"当然,我们不得不首先照顾自己的利益,再者,运输也成问题,以至于我们不得不让设在太平洋沿岸的造船厂依赖废钢铁或从东部运来钢材,由于车辆短缺,运输十分困难",①在向石井述苦后,蓝辛提出美国可以向日本提供一定数量钢材,条件是日本向美国输送一些已建成的船只。蓝辛说美国迫切需要得到船只,其重要性如同日本急欲获得钢材一样,日、美两国可以就钢材换取船只作出安排。

石井回答说,不能确定是否能作出这一安排,他认为此事很值得考虑,建议稍后再详谈。石井同蓝辛开始商讨有关用日本船只向俄国运送铁路器材和

---

① *The papers of Woodrow Wilson*, Vol. 44, Princeton：Princeton university Press, 1983, PP. 249-250.

军火问题。

在后半时谈判期间，当蓝辛问石井除加强合作、赢得战争这个问题外，是否还有别的问题愿意讨论时，石井根据日本政府训令，就战后日本应继续占据德国在太平洋领地问题向蓝辛作了初步试探，石井说：1915年，当他任驻法大使时，"从法国返回日本，在伦敦停留，拜会格雷爵士（英国外交大臣——引者）。那时，日本已占据胶州与德国在南太平洋诸岛"，他告诉格雷，日本政府准备将胶州归还中国，"但如果不保留南太平洋海域某些岛屿，作为战争纪念品，日本政府不能站住脚，就日本政府而言，参战是一种牺牲。他们并非根据条约条文被迫这样做的，而是根据条约精神行事"。他说："格雷爵士实际上已同意战后调整领土，赤道以北德国岛屿应归日本，但赤道以南的岛屿应归英国"。① 蓝辛听后回答说，"高兴地获知这一消息"，感谢石井坦诚相告，眼下不能对这一协定作评论。② 拒绝表明美国对这一问题的态度。

随后，双方转而讨论中国问题。

蓝辛提议所有对德作战的国家，应集体或同时发表声明，重申对华门户开放政策，这对中国和世界均很有利，因为"它符合我们全都同意的商业原则"。据蓝辛说，他提出这一建议后，石井似乎感到有些惊异，始则说鉴于日本一直信守门户开放原则的事实，重申这一原则"是否绝对必要？"③继则说："由于日本所处地理位置，日本在中国有着特殊利益"，日本政府希望中国向世界各国自由开放，如发布不提日本特殊利益的空泛的门户开放政策宣言，他可能会受到批评。

蓝辛马上回答说："我们承认这一事实，即日本由于地理位置，在中国有特殊利益"，④在重申门户开放政策的宣言中，"加进这一内容是否明智"？⑤

石井说，他的政府当然赞同门户开放政策，但还不能确定"重申这一政策是否真正有利"。

① *The papers of Woodrow Wilson*, Vol.44, Princeton: Princeton university Press, 1983, P.251.

② *The papers of Woodrow Wilson*, Vol.44, Princeton: Princeton university Press, 1983, P.251.

③ *The papers of Woodrow Wilson*, Vol.44, Princeton: Princeton university Press, 1983, P.251.

④ *The papers of Woodrow Wilson*, Vol.44, Princeton: Princeton university Press, 1983, P.252.

⑤ *The papers of Woodrow Wilson*, Vol.44, Princeton: Princeton university Press, 1983, P.252.

蓝辛见石井对"门户开放"政策似无反对之意,于是大肆宣扬奉行门户开放政策,取消在华势力范围对日本的好处,蓝辛说"门户开放政策对日本特别有利,如果我们回到势力范围的局面,各大国均分别在中国某个地区拥有至高无上的利益,日本因地理位置而享有的利益将被损害。由于实行门户开放政策,日本拥有廉价而有效率的劳动力,加以将日本货物运往中国市场途程短,日本在工业方面得到的好处将远比其他国家大"。蓝辛指出,重建势力范围是完全违背美国的政策和原则的。他希望石井对这一问题能给予仔细考虑,以便在下次会议上进一步讨论。在谈判中,石井还透露德国曾通过各种渠道,三次劝诱日本退出协约国,仍保持中立,被日本坚决拒绝。① 言外之意是日本在协约国与同盟国之间占有举足轻重地位,可待价而沽,暗示对方应满足日本的要求。

从上述谈判情况看,蓝辛已同意承认日本"在中国有着特殊利益",而日本却并未作出任何承诺。1915 年日本对华提出"二十一条"期间,美国曾以领土相邻为借口承认日本同中国的山东、南满与东部内蒙有特殊关系,从未承认日本在整个中国有特殊利益,就在蓝辛—石井会谈的前两个月,国务卿蓝辛仍坚持向日本声明美国不能承认日本在华有特殊利益,现在,蓝辛却把美国承认日本在中国局部地区有特殊利益,扩大至全中国,这无疑是美国对日本扩大对华侵略的支持和鼓励。

石井将 9 月 6 日谈判情况向日本政府作了报告,请求日本政府给予进一步指示。

9 月 22 日,在华盛顿蓝辛寓所,石井同蓝辛再次举行会谈,中心议题是美方提出的日美两国发表声明,重申对华门户开放原则。

石井说如果采纳美方提出的日、美两国重申对华门户开放政策的建议,那么"日本政府很难向日本国民说明何以要在此时作出这一声明"。

蓝辛告诉石井"当今世界,日本和美国是唯一能提供金钱开发中国巨大资源的国家"。如果"我们允许逐渐恢复势力范围政策",协约国会认为"我们正在利用他们的困境谋求私利",蓝辛继续说"我认为是日本和美国显示高尚

① *The papers of Woodrow Wilson*, Vol.44, Princeton:Princeton university Press, 1983, P.252.

精神的时候了,应该向他们说我们不会利用你们的灾难牟取利益,虽则我们能够这样做。我们在中国不谋求特权。当战争结束,你们通过商业与贸易,开始重新构筑你们的财富时,你们会发现中国市场与这片土地存在的机遇,对你我一样自由开放,此即重申门户开放政策的意义所在"。蓝辛指出"当协约国展望前途一片黑暗时",我们重申这一政策,"宣布我们的意图慷慨无私",定会"得到他们的感谢和信任"。①

石井对蓝辛这一番议论表示赞赏,他说如果在"声明"中"不提日本在华的特殊利益,日本国民可能会责备政府,国会中的反对派会乘机攻击外务省作了一次不必要的,使日本一无所获的声明"。② 蓝辛立即就"特殊利益"一词的含义向石井提出质询,他说"如果特殊利益是指卓越利益,我看不出继续讨论这一问题的道路是畅通的,倘若是指基于地理位置的特殊利益,我并非不愿对这一问题进行考虑"。③ 石井在其《外交余录》一书中说,美方所以反对将"日本在华有卓越利益"词句写进"声明"之中,是因为第二次英日同盟条约第三条载明:"日本在朝鲜的政治、军事、经济上有卓越利益",其后,朝鲜终于被日本吞并,美方深知此类文字的危险性故坚决反对采用类似词句。④ 石井见美方同意在"声明"中承认日本在华有特殊利益,基本目的已经达到,遂不再提"卓越利益"一词,但仍想在"特殊利益"一词上做文章,给"特殊利益"一词涂上浓浓的政治色彩,石井声明"日本政府对美国承认日本在华有特殊利益,而非卓越利益,将会感到满意"。他说"为避免误解,我应就特殊利益的含义,作一说明。如中国发生内乱或灾难,对西方国家不会产生直接影响,就日本而言,却是一个生死存亡的问题。中国发生内乱会直接影响日本,除非中国在国防与社会治安方面有良好管理,否则日本对自身防卫不能感到安心。因此,日本有责任在中国行政改革方面,提供忠告,并在保持其独立所必需的范围内,派遣教官帮助她"。⑤ 蓝辛

---

① *The papers of Woodrow Wilson*, Vol. 44, Princeton：Princeton university Press, 1983, PP. 253-254.

② *The papers of Woodrow Wilson*, Vol.44, Princeton：Princeton university Press, 1983, P.254.

③ *The papers of Woodrow Wilson*, Vol.44, Princeton：Princeton university Press, 1983, P.254.

④ 石井菊次郎：《外交餘錄》,见《日本外交史人物丛书》第 6 卷,第 146 页。

⑤ Noriko Kawamura：*Turbulence in the pacific*, *Japanese-U.S.Relations during world war* 1, Westport, connecticut：Praeger publishers, 2000, P.94.

争论说："中国需要外国教官，英国、法国、美国以及日本均应参加派遣，由日本垄断对中国派遣教官违反机会均等原则"，石井答称："如中国政府明显地缺乏行政管理能力，且濒临崩溃边缘，邻国向她提出忠告并给予援助是自然的事。当中国处于生死关头时，机会均等原则不适用于国防和政治问题"。①

会上，蓝辛还针对日方指责美国在中南美实行"门罗主义"，在中国却鼓吹"门户开放"，美国在墨西哥亦有"卓越利益"等论点，进行反驳和辩解。蓝辛说"门罗主义并非主张美国在同其他美洲共和国的关系中享有卓越的或至高无上的利益。门罗主义旨在防止外国列强干涉这个半球任何一个国家的主权，总目标是维护每个共和国自我发展能力，就援助这些国家发展而言，美国同这些国家处于平等地位，并不谋求特权。至于中国，也应采用同样原则，任何外国也不应在该国谋求特权以及某种至高无上的利益"。②

为了不让石井将他的这番议论，理解为美国完全否认日本在华有特殊利益，蓝辛随即补充说："我理解日本存在着人口压力和工业扩张的需要，而且我相信，日本占领朝鲜并正在开发满洲，主要是由于这一不可避免的需要"。③

石井听闻蓝辛这番议论，赶忙表白日本对中国并无侵略野心，声称日本政府"希望在满洲实行门户开放政策，日本在满洲并不谋求垄断地位，即使中国愿将这片领土割让给日本，日本也不会接受"。④

蓝辛当即表示他"高兴地听到这一坦诚声明"，⑤并希望在实行门户开放政策问题上，石井的观点能同他一致。蓝辛说他的观点是外国在华的商业和贸易应完全不受损害。石井答称他的见解同蓝辛一样，于是蓝辛谈到有关实行门户开放政策的具体问题，他说"当一个国家的公民在华建设一条铁路或开凿运河时，不应给在华从事商业或工业的该国公民运费优惠权或其他特权，而是各国公民均应获得同等待遇"。⑥ 这段话显然是针对日本的，石井唯恐进

① Noriko Kawamura：*Turbulence in the pacific*，*Japanese-U.S.Relations during world war* 1，Westport，connecticut：Praeger publishers，2000，P.94.
② *The papers of Woodrow Wilson*，Vol.44，Princeton：Princeton university Press，1983，P.254.
③ *The papers of Woodrow Wilson*，Vol.44，Princeton：Princeton university Press，1983，P.255.
④ *The papers of Woodrow Wilson*，Vol.44，Princeton：Princeton university Press，1983，P.255.
⑤ *The papers of Woodrow Wilson*，Vol.44，Princeton：Princeton university Press，1983，P.255.
⑥ *The papers of Woodrow Wilson*，Vol.44，Princeton：Princeton university Press，1983，P.255.

一步讨论如何实行门户开放政策,可能会掉入对方设置的陷阱,拒绝讨论有关实行门户开放政策的具体办法。

最后,双方同意由蓝辛草拟一份美、日协定稿。9月25日,蓝辛向威尔逊上呈协定稿,获后者认可。次日,威尔逊再次接见石井,当天下午蓝辛向石井提交美方草拟的美日协定初稿,之后,双方又对这份初稿进行了讨论和修改,经过修改的这份协定稿,内容如下:

阁下:

最近,我们就贵我两国政府关于对中华民国相互利益问题进行了会谈,双方达成协定,现谨将本人对该协定的了解,通知如次:

近来有人一再提出指责,指控日、美两国利用当前世界局势在中国获取政治影响或对其进行控制。美国及日本政府一向承认中国为一主权和独立国家,故对这种攻击性的毫无道理的指控感到愤慨。

为平息这些有害报道,我们仍然相信再次公布两国政府对中国的共同愿望是有益的。

美国及日本政府承认领土邻近构成国与国之间的特殊关系,因而美国政府承认日本在中国,特别是在中国与日本属地接壤的部分有特殊利益,但中国的领土主权继续存留,不受损害,且美国政府对日本帝国政府的一再保证具有充分信心,即他们虽因地理位置得有这一特殊利益,但他们无意歧视其他国家的贸易,或无视此前其他国家在对华条约中所享有的商业权利。美国及日本政府否认他们有以任何方式损害中国独立或领土完整的任何意图,并且他们进而声明他们永远遵守所谓门户开放或在华商业与工业机会均等的原则,他们将不利用目前形势谋求在中国获得损害其他友好国家公民与臣民权利的特权或优惠权。而且他们相互声明,他们反对任何其他国家政府获取任何影响中国独立或领土完整的特权或优惠权,或取得否认他国人民在华充分享有商业与工业的机会均等权。

他们进而同意将此声明提请其他有关国家注意,并邀请这些国家的政府对这些声明予以赞同。

敬希阁下对我们达成的协定表示理解,予以确认。①

石井对蓝辛在上述声明中终于同意写上"日本在中国有特殊利益"一句,深为满意,认为这是威尔逊政府对日本作出的重大让步。他相信其出使任务已圆满完成,随即将这份改定稿电告东京,离华盛顿去纽约,准备从纽约直接回国,他在致本野外务大臣电文中请求日本政府接受这份文稿,并说美方态度坚定,不可能再对文稿进行改动。

日本政府收到"声明"稿后,对美方所作让步仍未感到满足,电令石井立即从纽约返回华盛顿,继续同蓝辛谈判。10月8日,石井向蓝辛递交日本政府对"声明"所作的更改稿,日、美双方第二阶段谈判从此开始。这次谈判从10月8日起,11月2日结束,中心内容是讨论日本政府提出的有关对"声明"文稿进行改动的建议。

日本建议更改5处(其中删去4处,增添一处):

1. 原稿中"近来有人一再提出指责,指控美、日两国利用当前世界局势在中国获取政治影响或对其进行控制,美国及日本政府一向承认中国为一主权和独立国家,故对这种攻击性的毫无道理的指控感到愤慨",日本军国主义者做贼心虚,感到此段文字对他们在华扩张势力不利,建议删去。石井告诉蓝辛这段话是多余的,并且"日本国民对他们的意图遭到怀疑很敏感"。② 蓝辛同意删去此段。

2. 原稿中"他们将不利用目前形势谋求在中国获取损害其他友好国家公民或臣民权利的特权或优惠权"。日本利用西方列强陷入欧战泥潭,无力东顾,占据胶州湾,向中国提出"二十一条",损害西方列强在华权益,美国写进此段话,旨在约束日本,对日本今后侵略中国不利,故日本政府要求删去此段。最初,蓝辛坚持保留这段话,他说美、日两国直接声明不利用目前形势牟利,定会受到协约国欢迎。因为"这些国家财政困窘,几乎濒临破产边缘。日本和美国是唯一能利用其财力开发中国的国家。我们对这些国家说,你们曾为我

---

① *The papers of Woodrow Wilson*, Vol.44, Princeton: Princeton university Press, 1983, P.264.

② *The papers of Woodrow Wilson*, Vol.44, Princeton: Princeton university Press, 1983, P.368.

们而战,我们将不利用你们处境牟利,而且将维护你们的神圣权利",如果删去这段话,将使美、日两国失去向协约国表明自己宽宏大量的极好机会。① 石井答称他同意蓝辛的意见,愿就这一问题请示日本政府。日本政府仍坚持删去。最后双方达成妥协,同意不将这段话写进"声明",另立一专条,以秘密草约形式,由双方签字,但不予公布。

3. 原稿中"但中国的领土主权继续存留,不受损害"一句,日方建议删去。蓝辛表示反对,他指出威尔逊总统对"主权"一词,颇为重视,希望能保留这个词。从整个文件看只有此处有"主权"一词,如果日本政府定要将此句删去,那么,美方建议应在文件中两次提到的"中国独立或领土完整"一句中,均加上"主权"一词,也即改写成"中国独立或领土完整和主权"。② 石井说他的理解是"独立"和"主权"指的是同一件事,他提醒蓝辛说"中国的独立和领土完整"一句来自 1908 年的《罗脱—高平协定》,不应随意更改。蓝辛答称他知道《罗脱—高平协定》有此表述,"但此次的新协定涉及范围较广,不应受从前用语限制"。③ 蓝辛要日方作出选择,或者是保留"中国的领土主权继续存留,不受损害",或者在文件两处地方均加上"主权"一词,二者必居其一。一向蔑视并侵犯中国主权的日本侵略者,对"主权"一词十分敏感,被迫同意保留原句,不予删改。

4. 原稿中"他们进而同意将此声明提请其他有关国家注意,并邀请这些国家的政府对这些声明予以赞同"一段,日本政府建议删去,蓝辛表示同意。

5. 原稿中有"……因而美国政府承认日本在中国……有特殊利益"一句,日本政府建议在"特殊利益"之后,加上"和势力"一词,也即改写成"因而美国政府承认日本在中国……有特殊利益和势力"。又原稿中有"且美国政府对日本帝国政府的一再保证有充分信心,即他们虽因地理位置得有特殊利益,但他们无意歧视……",日本政府建议在"特殊利益"之后亦应加上"和势力"一词,并将"他们"改为"日本"也即应改写成"且美国政府对日本帝国政府的一

---

① *The papers of Woodrow Wilson*, Vol. 44, Princeton: Princeton university Press, 1983, PP. 356-357.

② *The papers of Woodrow Wilson*, Vol.44, Princeton: Princeton university Press, 1983, P.377.

③ *The papers of Woodrow Wilson*, Vol.44, Princeton: Princeton university Press, 1983, P.377.

再保证有充分信心,即日本虽因地理位置得有特殊利益和势力,但日本无意歧视……"

在"特殊利益"之后,再加上"和势力"字样是日本要求修改"声明"稿的主要原因。充分反映出日本军国主义者意图控制中国的野心。蓝辛认为日本要求增加"和势力"一词,乃原则问题,坚决表示不能接受,蓝辛指出"势力"一词意味着"政治势力",如添加这一词将会在中国与美国国内引起严重疑虑。①他同意将"他们"改为"日本"。因美方反对,"和势力"一词未写进"声明"。

在第二阶段的谈判中,蓝辛除主张在"声明"中保留"主权"一词外,还建议原稿中"他们相互声明,他们反对任何其他国家政府获取任何影响中国独立或领土完整的特权或优惠权"一段中的"任何其他国家政府",改为"任何国家政府",去掉"其他"一词,蓝辛指出如果用"反对任何其他国家政府",则对美国与日本均无约束力,反之,将"其他"一词去掉,则包括美国与日本在内,采用这样表述,使文件的意义更为完整,②日方表示同意。

1917 年 11 月 2 日,蓝辛与石井分别代表美国和日本交换他们重新改订过的文件,全文如下:

　　阁下:

　　最近,我们就贵我两国政府关于对中华民国相互利益问题进行了会谈,双方达成协定,现谨将本人对该协定的了解通知如次:

　　为平息不时流传的歪曲报道起见,我们相信,再次公布两国政府对中国的共同愿望和意图是有益的。

　　美国及日本政府承认领土邻近构成国与国之间的特殊关系,因而美国政府承认日本在中国,特别是在与日本属地接壤的部分,有特殊利益。但中国的领土主权继续存留,不受损害,且美国政府对于帝国政府的一再保证具有充分信心,即日本虽因地理位置得有特殊利益,但日本无意歧视其他国家的贸易,或无视此前其他国家在对华条

---

① *The papers of Woodrow Wilson*, Vol.44, Princeton: Princeton university Press, 1983, P.368.
② *The papers of Woodrow Wilson*, Vol.44, Princeton: Princeton university Press, 1983, P.357.

约中享有的商业权利。

美国及日本政府否认他们有以任何方式损害中国独立或领土完整的任何意图。他们进而声明他们永远遵守所谓"门户开放",或在华商业与工业机会均等的原则,他们并相互宣告他们反对任何国家政府取得任何影响中国独立或领土完整的任何特权或优惠权,或取得否认任何国家臣民或公民充分享有在华商业与工业机会均等的任何特权或优惠权。

如蒙阁下对我们达成的这一协定,加以证实,本人至为欣悦"。①

在石井与蓝辛谈判期间,日本代表团成员——日本海军部代表也同美国海军部就美、日两国海军协同对德作战问题进行磋商。据日本海军部发表的声明说:"双方已就在太平洋对德国及其盟国协同作战问题达成完满协定。②

第三节　蓝辛—石井协定是美国对日妥协让步产物

在蓝辛—石井协定中,美国承认日本在中国全境有特殊利益,日本则同意遵守美国提出的门户开放机会均等以及维护中国领土主权完整的原则,从形式上看,似乎美、日双方均作了让步。实际上,美国既然承认日本在全中国有特殊利益,就必然会为日本破坏门户开放与机会均等原则,谋求其在华的统治地位开辟道路。律师出身的蓝辛对"特殊利益"一词的重要性以及将会产生的后果是完全清楚的,他在谈到"声明"中写上美国承认"日本在中国有特殊利益"这句话时,曾意味深长地对石井说:"我相信这份文件对远东政局具有

---

① 参看复旦大学历史系中国近代史教研组编:《中国近代对外关系史资料选辑(1840—1949)》上卷,第二分册,第385—387页。

② Hikomatsu Kamikawa, ed.: *Japan-American diplomatic Relations in the Meiji-taisho Era*, Tokyo:Pan-pacific press,1958,P.347.

重大意义,因为它承认了日本对华的门罗主义。"①日本政府首相寺内正毅曾一再宣扬亚洲应由亚洲人控制,②也即由日本控制,竭力主张在华推行"门罗主义",蓝辛的这一表白,正是寺内正毅之流所渴望达到的目的。

　　美国此时对日本作出如此重大让步,并非偶然。

　　自1917年4月美国对德宣战后,威尔逊政府即准备将其财力与物力,重点投入对协约国胜负起关键作用的欧洲战场,不希望日本在美国有着重大利益的远东和中国制造麻烦,更害怕日本转向同盟国一边,出现美国必须双线作战的局面。美国情报部门业已探悉德国正通过其驻中立国外交代表同日本秘密接触。美国当政者认为不能因中国问题促使日本反对美国,以致严重影响欧洲战局,美国的盟友英国也焦急地关注着石井与蓝辛的谈判,希望日、美双方能达成妥协。故蓝辛在谈判一开始就率先亮出美国愿承认日本在华有特殊利益的底牌,不惜以牺牲中国民族利益为代价,换取日本遵守门户开放与机会均等原则,照顾美国在华利益。蓝辛在回答美国参议员质询时辩解说,美国承认日本在华有特殊利益,是指经济利益,并不涉及政治,并非指政治利益。事实证明列强在华的经济利益往往同政治利益牵扯在一起,很难截然分开。蓝辛与石井谈判期间,日本利用美国对日妥协政策,加紧在山东扩张侵略势力,遵照日本天皇1917年9月29日批准的175号敕令,10月1日,日本侵略者在青岛设立民政署作为日本占领军总部的一个部门,并在坊子、张店和济南设立民政分署审理华人民刑案件,征收赋税,肆无忌惮地侵犯中国主权,严重损害中国政治利益。1917年10月5日,美国驻青岛领事佩克(Peck)曾将日本在胶州租借地内设立日本民政署的情况向国务卿蓝辛作了汇报,③可是,蓝辛在同石井谈判时无一字一语提及此事。

　　日本政府指示其驻华公使在向中国政府通报《蓝辛—石井协定》,解释日本在华有"特殊利益"时,应着重说明日本所处近邻中国的地理位置,有别于

---

　　①　Hikomatsu Kamikawa, ed.: *Japan-American diplomatic Relations in the Meiji-taisho Era*, Tokyo: Pan-pacific press, 1958, P.346.

　　②　F.R.Dickinson: *war and National Reinvention, Japan in the Great war*, 1914-1919, PP.55-56.

　　③　*Papers Relating to the foreign Relations of the united States*, 1918, Washington: Government printing office, 1930, PP.214-215.

本土远离中国的西方列强,日本"这种独特地理位置,自然构成日本在政治、经济与社会方面同中国的特殊关系",①强调"特殊利益"一词含有政治利益之意。

蓝辛—石井协定遭到中国社会舆论猛烈抨击,不少对美国怀有好感的中国知识分子,均产生中国已被美国出卖的感觉,纷纷到美国驻华使馆提出质问。段祺瑞政府也感到事态严重,因为与中国领土相邻的大国并非仅仅是日本,俄国领土与中国接壤,英属印度与法属安南亦与中国相邻,如果领土相邻会构成日本在中国有特殊利益,那么英、法、俄等国也会援例向中国索取特权,从而贻中国以无穷之祸。11 月 9 日,中国政府发表声明说:"中国政府对于各友邦皆取公平平等之主义,故于各友邦基于条约所得之利益无不一律尊重。即因领土接壤发生国家间特殊关系,亦专以中国条约所已规定者为限,并再声明,嗣后中国政府仍保持向来之主义,中国政府不因他国文书互认,有所拘束"。②

11 月 12 日,中国驻美公使顾维钧会见蓝辛,向他递交上述中国政府声明,并要求蓝辛解释日美换文中关于"美国政府承认日本在中国,特别是在与日本属地接壤的部分有特殊利益"这段话的含义,蓝辛辩解说,这段话只是声明一个无可否认而且普遍适用的公理,"我相信领土接壤这段话,对日本、俄国、法国与英国同样适用,中国亦可适用"。③ 蓝辛这一解释强词夺理,目的在于为威尔逊政府推行纵容日本侵华政策辩护。

蓝辛—石井协定的订立,标志着第一次世界大战期间,美、日两国在争夺中国与远东霸权的斗争中,日本又一次获胜。

---

① Noriko Kawamura: *Turbulence in the pacific*, *Japanese-U. S. Relations during world war 1*, Westport, connecticut: Praeger publishers, 2000, P.102.

② 王芸生:《六十年来中国与日本》第 7 卷,三联书店 1981 年版,第 107 页。

③ *Papers Relating to the foreign Relations of the united States*, 1917, P.273.

第四节　美国拉拢皖系军阀

美国是最先倡议中国与德断交的国家,当段祺瑞政府同意与德断交,要求美国提供援助,支持中国对德宣战时,威尔逊政府却表示拒绝,以致将掌握北洋政府实权的皖系推入日本怀抱。1917 年 4 月,美国对德宣战后,才确定鼓励与支持中国对德宣战的方针,此时,日本在与美国争夺领导中国参战的斗争中,已占据上风。美国并不甘心将中国与远东霸权拱手让与日本。1917 年 8 月,段祺瑞政府对德国与奥国宣战,美国试图在谁领导中国参战问题上继续同日本较量。美国驻华公使芮恩施积极奉行美国政府这一方针,这位一度对段祺瑞怀有恶感的芮恩施为争取段靠拢美国,开始吹捧段祺瑞内阁"囊括了政治、军事、财政组织中的强有力人物",他估计由于段祺瑞政府对德宣战,"段同冯国璋,进步党同国民党的政治对抗,可能因为战争行动而缓和",①中国有望出现团结一致对德作战局面,吁请美国政府向中国提供急需的财政援助,他说美国已向协约国提供了几十亿美元贷款,向中国提供几亿美元应该是没有问题的,只要给北洋政府财政援助,就能"帮助中国远离日本在财政方面的引诱",②由美国领导中国参战。

1917 年 9 月,段祺瑞曾通过其亲信陆军部次长徐树铮同芮恩施密谈,徐树铮表示中国愿派军参战,从现在起,拟派 10 个至 50 个师的兵力去欧洲,每师 1.2 万人,条件是美国提供武器装备与运输费用,如果美国政府同意提供经费,段祺瑞总理将迅速装备至少 10 个师,用船运往欧洲,其余部队随后运往。为支援赴欧洲参战的中国军队,中国拟建立钢铁厂。兵工厂与造船厂在一年内生产出所需的军火和船舶。徐树铮估计要完成这一计划,美国需提供 2 亿墨西哥银元的财政援助,并说段祺瑞总理希望美国政府对上述计划仔细考虑作出决定。③　芮

---

①　*The papers of Woodrow Wilson*, Vol.43, Princeton:Princeton university Press, 1983, P.363.

②　[美]芮恩施:《一个美国外交官使华记》,李抱宏等译,商务印书馆 1982 年版,第 228 页。

③　*Papers Relating to the foreign Relations of the united States*, 1917, Supplement 2, the world war, vol.1, Washington:Government printing office, 1932, P.692.

恩施对段祺瑞与徐树铮提出的计划颇为重视,考虑到威尔逊与蓝辛等人曾对中国军队与兵工厂可能被日本控制一事疑虑甚深,特致函北洋政府外交总长,询问欧战期间,中国军队与兵工厂是否全部或部分由外国控制,北洋政府答称:"中国政府将完全控制其军队、装备、军械库与兵工厂。在此次战争中有关对共同事业给予军事援助的安排将由中国政府亲自执行"。① 11 月 4 日,芮恩施向国务院报告说,段祺瑞通过徐树铮向他提交了一份关于中国政府决定先派 4 万军队去欧洲参战的书面保证。段祺瑞希望美国政府能尽快提供财政援助,以便执行这一决定。芮恩施还说法国驻华公使馆对中国派军去欧洲作战的计划颇感兴趣,表示法国在远东的船只可以运送中国军队。②

美国陆军部完全赞同中国政府派军去欧洲,拟将赴欧中国参战军组成工兵部队与陆军军需部队,统由一位中国将军领导,接受珀欣(Pershing)将军指挥。据估计中国参战军一年费用包括武器装备、运输、粮饷在内,约 3000 万美元,美国政府准备向中国政府提供总数约 5000 万美元信用贷款,其中 3000 万或更多的钱可直接用于上述计划。蓝辛告诉芮恩施,威尔逊总统、国务院、陆军部与财政部全都同意向中国参战军提供财政援助。

恰于此时,以代总统冯国璋为首的直系同段祺瑞领导的皖系,在解决南方问题上政见分歧,矛盾十分尖锐。1917 年 11 月 22 日,段祺瑞因武力统一中国的政策,遭北洋军阀内部反对,被迫辞去总理一职。芮恩施希望段祺瑞或徐树铮能出任参战督办,12 月 12 日,他电告国务院说"自由派领袖们对徐树铮将军本人极为信任",并且"由徐将军管理中国远征军,会给中国参战带来尊严和效率"。③ 段祺瑞虽不再担任总理职务,仍拥有很大实力,日本政府仍然支持他,1917 年 12 月 3 日,徐树铮在致各省督军电文中说:"我北军权势消长,与日本寺内内阁利害相通。芝揆去职,彼邦时相问讯……昨燕孙(梁士诒——引者)自日来电,言寺内已训令渠系内有力诸要人,并达林公使(日本

---

① *Papers Relating to the foreign Relations of the united States*, 1917, Supplement 2, the world war, vol.1, Washington: Government printing office, 1932, PP.695-696.

② *Papers Relating to the foreign Relations of the united States*, 1917, Supplement 2, the world war, vol.1, Washington: Government printing office, 1932, P.698.

③ *The papers of Woodrow Wilson*, Vol.45, Princeton: Princeton university Press, 1984, P.308.

驻华公使林权助)谓段虽暂时去职,北系实力并无堕落,此后对支方针,仍认定东海、合肥为政局之中心,遇事力尽友谊援助"。① 1917 年 12 月 18 日,冯国璋不得不任命段祺瑞的心腹段芝贵为陆军总长,段祺瑞为拥有重大权力的参战事务处督办,段派人物纷纷出任该机构头目:靳云鹏任参谋处长、张志潭为机要处长、罗开榜为军备处长、陈箓为外事处长。尽管段祺瑞及其追随者具有强烈亲日倾向,芮恩施仍未放弃争取段站到美国一边,在美国指导下参战。早在 11 月下旬,芮恩施已从私人渠道获悉段祺瑞愿出任参战督办,及时将这一消息电告国务院,他在电文中称赞段祺瑞的"廉正与忠实是众所公认的,委任他为参战督办,从事援助协约国作战的工作,将会得到广泛赞同"。② 段祺瑞出任参战督办后,芮恩施对段寄予厚望,他在致国务院的报告中说:"中国政府已成立段祺瑞将军为首的督办参战事务处,该处考虑有关战争的各种问题并制定积极的军事参与计划"。③ 他敦促美国政府向中国提供必要援助,尽快实施由美国指导中国参战的方针。

第五节　威尔逊政府领导中国参战的图谋最终失败

正当美国策划派遣中国远征军赴欧参战之际,俄国政局发生剧变。列宁领导的布尔什维克党于 1917 年 11 月(俄历 10 月)夺取政权,次年春同德国订立《布列斯特—立托夫斯克条约》,退出帝国主义战争。协约国东线战场土崩瓦解。制止德军经由西伯利亚侵入中国与远东,维护美国与协约国在该地区利益,加强这一地区的防卫力量,遂成为协约国当务之急。局势急剧变化,迫使美国停止执行有关派遣中国远征军赴欧作战计划。欧战期间,中国政府应法、英等国要求,相继派出十多万劳工去欧洲工作,支援协约国对德作战。

---

① 中国科学院近代史研究所近代史资料组编:《徐树铮电稿》,中华书局 1963 年版,第 2 页。

② *Papers Relating to the foreign Relations of the united States*,1917,P.111.

③ *Papers Relating to the foreign Relations of the united States*,1918,Washington:Government printing office,1930,P.91.

　　为防止日本以帮助中国参战为名,控制中国,1918 年 2 月 11 日和 12 日,芮恩施相继致电蓝辛和威尔逊,电文指出中国国内局势恶化,南北分裂加剧,日本人正在鼓励中国的分裂势力,①他建议同德、奥作战的国家建立一个联合委员会,向中国提供切实有效援助,帮助中国开发其造船与粮食生产等领域的资源。2 月 21 日,他应威尔逊要求,向蓝辛递交了一份有关如何援助中国对德、奥作战的计划,主要内容是建立一个国际委员会,负责调查并提出具体措施,以便更好地利用中国人力与物力资源。该组织应由中国出面筹建,中国政府可邀请每一友邦选派一个委员会,这些委员会同中国政府任命的委员会联合,组成一个国际组织,该组织应有熟悉远东政治、军事和某些工业部门的专家参加。芮恩施说“西伯利亚局势迫切需要中国准备参战”,②他还说“中国是应美国邀请参战的,并采取了美国对其他与德、奥作战国家的态度,因此,值得我们关注”。③ 威尔逊对芮恩施有关建立一个由美国领导的国际组织指导中国参战的计划,颇为重视,指示国务院就实施芮恩施上述计划,制订具体方案。

　　2 月 21 日,国务院远东司负责人威廉斯基于芮恩施的设想,起草了一份有关同德、奥作战的国家建立国际委员会援助中国的具体方案。

　　该方案指出:“中国应美国邀请参战……她拥有庞大人力与物业资源,希望为她所拥护的事业获得成功,作出一些重大贡献。日本人却经常致力于煽动内乱,对其进行牵制,并想方设法削弱她的力量,以便阻止她在和会中获得应有席位以及处理其领土的发言权”。

　　“同德、奥作战的国家需要中国援助”。获得中国援助的最好办法是“组成一个国际委员会,访问中国,调查中国状况并提出应采取的措施,这会使各国利用中国资源的努力得以协调,并会制止日本实行各种自私自利的计划。中国应邀请某些国家各派一个委员会,这些委员会应同中国委派的委员会联

---

　　① *The papers of Woodrow Wilson*, Vol. 46, Princeton: Princeton university Press, 1984, PP. 331−332.亦见 Papers Relating to the foreign Relations of the united states.1918,Washington:Government printing office,1930,PP.83−84.

　　② *The papers of Woodrow Wilson*, Vol. 46, Princeton: Princeton university Press, 1984, PP. 499−500.

　　③ *The papers of Woodrow Wilson*,Vol.46,Princeton:Princeton university Press,1984,P.499.

合,共同组成一个国际组织。每个国家委派的委员会成员中应有政治、工业与军事专家。兹建议每个委员会至少应有一位熟悉远东政治问题的人物,一位军事家,一位矿业专家,一位农业专家,一位对工商事务具有丰富经验的人",并陈述委派上述人员的理由,他说:"中日关系、日俄关系、中国与欧洲列强的关系十分微妙",不容许有任何差错,"致起纠纷",因而委派某个熟悉远东政治问题的人,是一件重要事情。

派遣中国军队去欧洲作战,前景渺茫,但西伯利亚局势非常紧张,以致中国可能有必要保卫自己的国土,或参加对西伯利亚的联合远征,"因此,中国军队应给予适当装备和训练"。中国有巨大矿产资源可供与德、奥作战的国家利用,"所以需要一位矿业专家"。

有人对从中国本土得到粮食供应欧洲的可能性表示怀疑,毋庸置疑的是,在满洲和蒙古还有大片可以耕种的处女地。"一位农业专家可提供与此有关的服务"。

制造业、运输以及一般商业管理定会出现问题,这就需要某个具有丰富工商业经验的人"对这些问题提供意见"。

威廉斯建议由中国发出邀请,组成一个国际委员会,他估计日本很难拒绝接受邀请,他们不得不进行合作。"由于有许多不同国籍的专家提供意见,中国完全沦为日本统治的机会将会减少,并且日本的利益也会得到充分维护"。他说如果需要在西伯利亚采取军事行动,在外国军官率领下的中国军队定能作出良好贡献,就中国方面而言,这一活动"会减少派系纠纷,使国家团结,世界上赢得声誉,在将来的和会中占有一席之地",他强调指出"即使美国成了唯一接受邀请的国家,我们也不应退缩"。[1]

从威廉斯上述计划看,他想建立一个由美国领导的国际委员会,对中国的军事、政治与工农业进行全面监管,以避免出现中国由日本一国单独控制的局面。

正当美国政府积极筹划建立国际委员会指导中国参战时,中国国内政局

---

① *The papers of Woodrow Wilson*, Vol. 46, Princeton：Princeton university Press, 1984, PP. 499-501.

发生变化,1918 年 3 月 23 日,段祺瑞在日本支持下,第三次出任总理。3 月 25 日,日本以防御德国东侵为借口,同段祺瑞政府就"共同防敌"事务换文,同年 5 月,中、日双方签订《中日陆军共同防敌军事协定》以及《中日海军共同防敌军事协定》,日本寺内内阁通过这些协定以及"西原借款",对中国的政治、军事、财政与经济进行全面控制,举凡如何处置德国在华侨民及其产业等问题,北洋政府均事先征询日本意见,美国拉拢皖系,领导中国参战的图谋最终失败。

第六章 美国与中国南北议和

第一节 1918年11月孙中山致威尔逊电函

1917年7月,孙中山统率部分海军舰队南下护法,在广州建立护法军政府,次年5月,因受南方军阀排挤,离开广州,寓居上海。11月,德国战败投降,第一次世界大战战火熄灭。北洋军阀政府呼吁实现国内和平获南方政府响应。孙中山听闻威尔逊可能压迫南方政府向北洋军阀政府妥协,遂于1918年11月18日,从上海致电威尔逊,这是自1914年以来,孙中山致威尔逊的第4封电函,全文如下:①

　　阁下:

　　祝贺您在此次世界大战中获得对黩武主义者的完全胜利。有史以来您为文明与民主作出了最伟大的贡献。去年,当您劝告中国同你们一道参战时,我曾强烈反对,因为我知道我国的黩武主义者定会利用这一机会扼杀中国民主政治,我的预言不幸竟成为事实。去年夏天当参战问题提交国会讨论时,逆首张勋奉当时的国务院总理段祺瑞的密令,发动政变,武力解散国会,实行清帝复辟,他们意图一举消灭民主政治。但复辟行动未获各国欢迎,并遭中

---

① 　这封电函原为英文。当时上海出版的《民国日报》曾将英文电文译成中文(中译文约1千余字),在该报发表,此中译文后来被收入中华书局出版的《孙中山全集》第4卷中,可是,中译文译者对英文原电作了多处删改,并加进了自己的观点,从而歪曲了孙中山的思想。参看拙文:《读孙中山"致美国总统威尔逊电"的中译文》,《近代史研究》1993年第4期。

国人民激烈反对。段祺瑞见复辟运动注定失败,故立即转换阵线,同已率部进军北京讨伐保皇派的基督将军冯玉祥联合。段祺瑞自封为讨逆运动领袖,从而以民国救星自居。我获悉清朝复辟,民国被推翻,即于1917年7月5日,和一部分中国海军离沪去广州,以便讨伐保皇派。比及抵达广州,我拟从事的全部工作表面上已由段祺瑞完成。我遂对他的爱国行动表示祝贺,并劝他立即恢复国会。他无视我的忠告,令我感到失望,使我感到惊奇的是,我进一步发现破坏外国机构拥护清朝的张勋复辟运动实彼嗾成。于是我采取措施自行承担在广州召开国会的责任。最初,我也受到南方黩武主义者强烈反对,但了解到社会舆论支持我,他们始任我所为。广州人民欢迎我的建议,广东省议会当即邀请各省国会议员前来广州,并得到他们的热烈响应。南方黩武主义者发现护法运动获得人民如此强烈的支持,乃不敢公开同北方达成协议,可是他们也阴谋推翻南方民主政体。经过一年艰苦努力,我终于成功地使国会达到法定人数,国会两院均由多数议员组成。在此期间北方一再派军南下,压迫南方,南方黩武主义者纯为自卫计,被迫同我的追随者一起为他们的护法事业而战,尽管他们并非在我的指导下进行工作。北方黩武主义者压迫南方是战争爆发的真正原因,但这并非通常想象的北方与南方之间的战争,因为现今在广州的国会议员来自北方者居半数。实际上,这是一场黩武主义与纯粹民主政治之间的战争。北方黩武主义者完全知道我们的事业是正义的,我们不会被他们所征服,遂建立一伪国会以对抗民选国会,获取他们统治区内社会舆论支持,蒙骗外国列强。自日本内阁改组,停止向北方提供金钱与武器,北方黩武主义者失去支持,现在向南方提议真伪两国会同时解散,重新分配民国所创官职作为调停条件。南方黩武主义者欢迎这一意见,因为这使他们能共同分占国家财产,压制民权。据来自北京的官方消息说美国要求中国停止内战,如果南方不同意这些条件,黩武主义者将向南方施加美国压力。当世界卷入战争时,我们被指控为反战,现今和平来临,我们可能很快被黩武主义者指责为反对和平。我们曾以寡敌众,反抗日本的金钱和武器,犹获生存,若美国的道义和物质力量,如同日本一样,被北京黩武主义者滥用来反对被压迫的人民,中国实行民主政治的希望必将断绝。因此,为中国之正义、民主与和平计,我被迫向阁下呼吁并使您了解我们的和平条件,我们所坚持的唯一条件,即我国国会必须享有完全地行使其正当职权的自由。如果我们这一简单、合理而温和的条件被拒绝,我们将继续战斗,虽北京黩武主义者对我们施加任何压力,皆所不顾。因为我国国会乃我们的革命先烈流血所得,是民国的基础。我们不能坐视黩武主义者如此残忍地将其摧毁。再者,此次国会被授权为民国创制永久宪法,在完成这一特殊任务并颁布新宪法前不能解散。当袁世凯为登上皇帝宝座铺平道路时,突然废弃国会,于是人民起而反抗,将其击败。现今我们正在为同一国会进行第二次战斗。此国会曾由阁下所代表的美国首先承认。

现在盼望阁下拯救中国民主,一如您拯救欧洲民主一样,为被压迫的中国人民致一语于北京黩武主义者:您所承认的国会必须受到尊重。①

孙中山在上述电函中不仅揭露和批判北洋军阀罪行,而且对南方军阀也给予了严厉谴责,并认定他1917年坚持中国不参战的主张是正确的。孙中山认为威尔逊希望中国南北双方实现和解,"有热爱中国之心",②动机未尝不善,采用压迫南方向北方妥协的办法则是错误的,这说明孙中山对威尔逊敌视中国民主派的立场已有所觉察和警惕,故十分明确地向威尔逊提出南北和解的政治纲领,即"国会有完全地行使其正当职权的自由",他说"此事若能办到,则护法之根本目的已经达到,将来如裁兵、废督军、惩办祸首、选举总统、制

---

① *The papers of Woodrow Wilson*, Vol. 53, Princeton: Princeton university Press, 1986, PP. 138-140.

② 《孙中山全集》第4卷,中华书局1985年版,第520页。

定宪法等事,皆可由国会自由处置"。① 他相信威尔逊会主持公道,"必能为我恢复国会",甚至主张请威尔逊充当南北和谈的仲裁人。② 这些天真幻想表明,孙中山对威尔逊政府的对华政策实质,仍缺乏清醒了解,他并未意识到以他为首的中国民主革命势力已成为美国对华扩张的障碍。威尔逊政府一贯奉行支持北洋军阀政府的政策,1918 年 8 月,美国政府向中国驻美公使顾维钧重申:美国"只知与中华民国政府通好,决不另认少数行省擅立之政府",③企图依靠北洋军阀政府,维护中国半殖民地统治秩序,以利于美国在"门户开放"、"机会均等"旗帜掩护下,在华获取更大权益。自威尔逊上台后,孙中山为首的中国民主革命派为使"半独立"的中国转变为富强、民主和独立的新中国,相继举行了"二次革命"、参加反袁世凯称帝的护国战争,反对中国加入协约国参战,坚决护法,孙中山这一系列的革命活动与主张,同威尔逊政府支持与维护袁世凯和北洋军阀政府的政策,必然发生矛盾和冲突。在美国官方看来孙中山是一个惯于在中国内部制造麻烦、搅乱政局的人物,1917 年 3 月,芮恩施致电蓝辛说中国局势并不令人鼓舞,"出现普遍不满情绪……有重新发生革命的可能……唐绍仪与孙逸仙正在策划有着亲日、泛亚和排外倾向的南方革命,所幸他们没有势力"。④ 同年 6 月,芮恩施在致蓝辛电文中透露,段祺瑞曾告诉他"有确切证据证明孙逸仙与岑春煊将军两人已向日本驻上海总领事作出书面保证,如果他们两人中的任何一人掌权,他们将同日本缔结一项协定,同意日本人在 1915 年'二十一条'著名的第 5 号中所期望的相同条款"。⑤ 1917 年 8 月,当孙中山在南方重开国会,组织政府时,芮恩施在致蓝辛电文中评论说"被解散的国会并未通过其能力、非凡的成就或为公众服务方面给人民留下深刻印象","国家对被解散

---

① 《孙中山全集》第 4 卷,中华书局 1985 年版,第 526—527 页。

② 《孙中山全集》第 4 卷,中华书局 1985 年版,第 526—527 页。

③ 中国科学院近代史研究所近代史资料编辑组:《一九一九年南北议和资料》,中华书局 1962 年版,第 35 页。

④ *Papers Relating to the foreign Relations of the united States*, 1917, Washington: Government printing office, 1926, P.46.

⑤ *Papers Relating to the foreign Relations of the united States*, 1917, Washington: Government printing office, 1926, P.64.

的国会并无多大兴趣","孙中山与唐绍仪由于极端激进主义以及其他别的原因已信誉扫地",①因而他们的护法斗争很难成功。威尔逊政府因孙中山为首的民主革命派多年来总是站在美国对立面,抵制美国对华政策,早已对孙中山深为不满,获 11 月 18 日孙中山来电后,威尔逊致函国务卿蓝辛,明确表示他"不想同孙逸仙直接通信",②请蓝辛就如何处理孙中山这封电函提出意见,11 月 25 日,蓝辛致函威尔逊说,他已训令美国驻上海总领事萨芒斯:"非正式地通知孙逸仙,他的电函已经收到并将予以适当考虑",③接着,他就在致威尔逊的这封信中诬蔑孙中山丑闻缠身,指责孙"接受贿赂","准备向出价最高者效劳",他怀疑孙逸仙"在现今的中国是否还有任何实际影响"。④

　　孙中山晚年曾试图依靠南方军阀,讨伐北洋军阀,统一中国,南方军阀却同北洋军阀暗中勾结,排挤和打击他,迫使他辞去护法军政府大元帅职务。他在《辞大元帅职通电》中斥责南方军阀说:"顾吾国之大患,莫大于武人之争雄,南与北如一丘之貉。虽号称护法之省,亦莫肯俯首于法律及民意之下"。⑤5 月 21 日在《留别粤中父老昆弟书》中,孙中山进一步揭露南方军阀罪行,他指出,军阀统治下的广东"民政之不修,财力之支绌,风俗之淫靡,赌博之纵恣,掳人于郭内而不能禁,杀人于通衢而不能救,行旅相戒,动罹祸患,举全国所未有之恶德乱政无不备之,此真吾粤之深耻奇辱",⑥对南方军阀深恶痛绝。在国际上,孙中山曾乞求日本援助,日本却把他当成向袁世凯与北洋军阀政府恐吓讹诈,获取利权的筹码,并积极扶植段祺瑞政府,阴谋使中国成为日本的保护国。他曾谋求英国支持,英国却自辛亥革命以来始终站在袁世凯与北洋军阀政府一边,反对并破坏他的革命事业。孙中山崇拜美国政治体制,认为"美国对我,情同手足",⑦确信威尔逊政府会真心实意地援助以他为首的中国民主革命

　　① *Papers Relating to the foreign Relations of the united States*, 1917, Washington: Government printing office, 1926, P.100.

　　② *The papers of Woodrow Wilson*, Vol.53, Princeton: Princeton university Press, 1986, P.138.

　　③ *The papers of Woodrow Wilson*, Vol.53, Princeton: Princeton university Press, 1986, P.197.

　　④ *The papers of Woodrow Wilson*, Vol.53, Princeton: Princeton university Press, 1986, P.197.

　　⑤ 《孙中山全集》第 4 卷,中华书局 1985 年版,第 471 页。

　　⑥ 《孙中山全集》第 4 卷,中华书局 1985 年版,第 479 页。

　　⑦ 《孙中山全集》第 3 卷,中华书局 1984 年版,第 57 页。

派,可是威尔逊政府却始终对他的革命事业持反对态度,孙中山从他多次失败的痛苦经历中逐渐认识到南北军阀的反动本质,乞求外国列强援助无异与虎谋皮,促使他靠拢苏俄,决定推行联俄联共,依靠中国人民进行民主革命的方针。

第二节 威尔逊政府赞同南北议和

第一次世界大战期间,日本乘美国及其西方盟国忙于欧战之际,同当政的皖系军阀签订了一系列条约和合同,取得重大政治与经济权益,确立了日本在华优势地位。1918 年 11 月,第一次世界大战结束,日本继续向以段祺瑞为首的皖系军阀政府提供金钱和军火武器,支持段祺瑞向南方开战,实行武力统一中国政策。

南北军阀争战不息,经济萧条,政治腐败,盗贼横行,民不聊生。各阶层人民对国家状况极度不满,强烈要求南北双方,停战议和,实现国家统一。直系军阀为防止皖系军阀力量不断壮大,于己不利,赞成南北和解。1918 年 10 月,徐世昌出任北洋军阀政府总统,迫于民心所向,也主张南北议和,他在"就职宣言"中说:"今我国民心目中之所注意,佥曰南北统一。求统一之方法,固宜尊重和平,和平所不能达,则不得不诉诸武力。乃溯其已往之迹,两者皆有困难。当日国人果能一心一德,以赴时机,亦何至扰攘频年,重伤国脉?世昌以救民救国为前提,窃愿以诚心谋统一之进行,以毅力达和平之主旨"。[①] 威尔逊对中国南北议和表示赞同和支持。

1918 年末至 1919 年春,威尔逊政府在中国的影响和威望不断上升,原因是第一次世界大战结束,美国和协约国获胜,中国在美国倡议和鼓动下参战,亦为战胜国之一。威尔逊于 1918 年抛出"十四条原则",声称维护弱小民族权益,鼓吹民族自决,反对秘密外交,强权政治等等,在中国知识分子中赢得普遍好感,例如陈独秀在《每周评论》上发表文章,称颂威尔逊是"现在世界上第一个好人",他说:美国大总统屡次的演说:"都是光明正大,可算得现在世界上第一个好人。

---

① 《北洋军阀(1912—1928)》第 3 卷,武汉出版社 1990 年版,第 517 页。

他说的话很多,其中顶紧要的是两个主义:第一,不许各国拿强权来侵害他国的平等自由。第二,不许各国政府拿强权来侵害百姓的平等自由,这两个主义,不正是讲公理不讲强权吗? 我所以说他是世界上第一个好人"。① 欧战期间,日本强占青岛,向中国递交"二十一条",勾结皖系军阀攫取了大量侵略特权,引起中国人民极大反感。中国各阶层人民寄望于威尔逊,盼望威尔逊能在巴黎和会上维护中国正当权益。南北政府均表示愿让美国居间调停双方争端。美国利用欧洲战火熄灭,威尔逊在华威信增长的有利时机,联合英、法等国,反对日本支持段祺瑞打内战,控制中国,扩大美国在华势力,敦促南北和解。

日本原敬内阁鉴于欧战结束,国际形势发生重大变化,中国人民对实现南北和解与国家统一的愿望十分强烈,不得不稍稍调整对华政策,表面上附和英、美等国关于南北双方停战议和的建议,暗中仍支持主战派段祺瑞,破坏南北和谈。

第三节　南北议和幕后的美、日斗争

1919 年 2 月 20 日,南北议和会在上海揭幕。南方军政府首席谈判代表是唐绍议,北洋政府首席代表则为徐世昌的心腹朱启铃。

会议召开前,美国建议南北议和会应首先讨论裁军问题,"决定裁兵大纲,签字互换。电请元首特派代表并选派南北军、财要人,延请英、美、法、日军事家合组裁兵委员会,即日在京会议南北一律裁兵各种办法"。② 美国这一建议主要是针对日本扶植的段祺瑞的"参战军"。同时,为防止段祺瑞继续依靠日本财政援助,发动内战,美国建议由美、英、法、日四国共同发表声明,不对参加和谈的任何一方提供财政支持和军火武器援助。日本预料美国会提出此类建议,早已想好对策,1918 年 12 月 3 日发表声明说:"由于明显的原因,日本政府不能阻拦其国民在华从事金融与经济事业,只要这些事业是两个友好邻

---

① 《独秀文存》,安徽人民出版社 1987 年版,第 388 页。
② 中国科学院近代史研究所近代史资料编辑组:《一九一九年南北议和资料》,中华书局 1962 年版,第 137 页。

邦之间特殊关系的天然而合法的产物。根据日本作为缔约一方所签订的各种声明与协定条款,日本政府也丝毫不准备从其一贯对华提供所需财政援助的活动中退出"。① 基于这一声明,日本驻华公使小幡对美国上述建议向美国驻华公使芮恩施口头答复如下:日本政府愿接受美国建议,但须保留下列条件:1. 日本必须保留向中国提供实业贷款。2. 根据 1918 年 9 月,日本朝鲜银行、兴业银行与台湾银行同中国政府订立的秘密军事合同(笔者按:指 1918 年 9 月 28 日订立的《参战借款合同》),应向中国提供 2 千万日元,用于编练国防军与参战,"这是日本银行家与参战处之间订立的一项合同,日本政府无权干预其实行"。② 3. 至于不向南北任何一方提供军火武器问题,小幡认为此类建议明显地是针对日本的。当前,日本是唯一能向中国提供军火武器的国家。北京政府陆军部曾同日本泰平公司订立购买军火武器合同,如日本政府进行干预,该公司必将蒙受损失,故日本不能同意这一建议,"日本政府除允许履行现有合同外别无选择"。③ 日本顽固坚持援助皖系军阀立场,为南北议和会议召开蒙上了一层不祥的阴影。

1919 年 2 月,美国政府获悉日本已执行向北洋政府贷款 2 千万日元合同,第 1 期 300 万元已经支付,立即电令美国驻日本临时代办马慕瑞,就此事向日本外务省进行交涉,代理国务卿波尔克在电令中说,日本向中国提供的这笔贷款足够增建三个师与三个旅的费用,有利于北方军事当局征服南方,从而使目前的南北和谈流产,美国政府对此表示不安,因为这违背了包括日本在内的列强劝告中国南北双方停战议和的初衷。电令要求马慕瑞劝告日本政府制止其代理人或日本国民向中国、中国政府任何部门或政党提供贷款,进行煽动与援助活动。④ 日本向皖系军阀贷款亦引起南方代表高度关注,唐绍议等人

---

① *Papers Relating to the foreign Relations of the united States*, 1919, vol.1, Washington: Government printing office, 1934, P.290.

② *Papers Relating to the foreign Relations of the united States*, 1919, vol.1, Washington: Government printing office, 1934, P.291.

③ *Papers Relating to the foreign Relations of the united States*, 1919, vol.1, Washington: Government printing office, 1934, PP.291-292.

④ *Papers Relating to the foreign Relations of the united States*, 1919, vol.1, Washington: Government printing office, 1934, P.298.

电告广州军政府："段氏于南北停战后，编练国防军，某国接济饷械，源源不绝。去冬，五国劝告南北，从速讲和，某国亦在其列。乃一面劝和，一面济敌，殊与劝告之旨相反"，他们要求南方政府向五国提出质问。① 唐绍议并在南北议和会上，驳斥北洋政府国务总理钱能训关于日本提供 2 千万日元贷款，目的是用于参战，"不作他用"，与南北和谈并无妨碍的谬论。唐绍仪指出现今欧战已经结束，参战军无战可参，"参战处本无存在之必要"，日本现在向北洋政府提供的这笔贷款完全是为了"攻陕、湘、闽之用"。② 南方政府领袖唐继尧也发出通电揭露说："参战军队，原为欧战发生，今欧战既终，何所用其参战？ 如谓休战条约，德国未尽履行，此不过欧洲和会之小有争持，岂足为欧战未终之证。若俄过激党之扰乱，以东省军队防制之而有余，驱遣敌侨，尤无需乎兵力。乃自六年十一月督办参战军务处成立以来，未闻出一兵以赴欧洲之急，今于欧战告终之后，反岌岌以编练新军，此何为者？ 参战借款，先取之三百万元，已不识用途所在，今更欲续取一千七百万元以重吾民之负担，此又何为者？"③日本对中国国内抗议声浪，听而不闻。2 月末，美国驻日使馆临时代办马慕瑞再次奉命向外务省就此事进行交涉，外务次官币原喜重郎声称 2 千万日元贷款合同是去年夏天，日本兴业银行、朝鲜银行、台湾银行与北京政府订立。当时，北京政府应协约国请求，拟派军去西伯利亚，军费缺乏，请求日本给予贷款，日本政府曾训令其驻华使馆向协约国驻北京使馆提出，由协约国共同提供这笔贷款，未有结果，日本只得单独同中国政府签订贷款合同，迄今已向中国支付 400 万元云云。马慕瑞当即揭露说日本与北京政府谈判 2 千万日元贷款时，他仍在美国驻华使馆任职，日本驻华使馆并未向协约国驻华使馆提出有关共同向华贷款的建议，币原见谎言被揭穿，只得顾左右而言他。马慕瑞指出日本向北洋军阀提供的这笔贷款可能破坏南北和谈，币原答称中国将日本借款用于遣散军队或继续组建

① 《近代史资料》总 51 号，中国社会科学出版社 1983 年版，第 161 页。
② 中国科学院近代史研究所近代史资料编辑组编：《一九一九年南北议和资料》，中华书局 1962 年版，第 162—163 页。
③ 中国科学院近代史研究所近代史资料编辑组编：《一九一九年南北议和资料》，中华书局 1962 年版，第 334 页。

军队乃是中国内政,日本不便干涉。① 在日本鼓励与支持下,以段祺瑞为首的皖系军阀调兵遣将,借口剿办土匪,不断侵扰南方政府占据地区。陕西督军陈树藩公然置北京政府发布的停战令于不顾,向南军发起猖狂进攻,抢夺地盘。2 月 21 日,南北双方举行第一次会议,会上,南方首席代表唐绍仪要求北京政府撤销陕西督军陈树藩职务,停止招募国防军。陈树藩是段祺瑞的心腹,国防军是皖系实现其武力统一中国的资本,受段祺瑞控制的北洋军阀政府没有也不可能在这两个关键问题上,向南方政府作出让步。北京首席谈判代表朱启钤答称"在两军对峙之时,当求息争之法,若先更调军事长官,转恐另起波折"。至于段祺瑞组织的国防军,北洋政府的意见是"欧战虽停,和议尚未签字,各国军队亦未完全撤回,参战军纯系对外性质,此时自未便解除"。② 美国驻华公使芮恩施支持南方代表关于解散参战军与撤销陈树藩职务的建议,他在致国务院电文中提出:"参战处现已更名为国防处,参战处最初招募的三个师现由靳云鹏将军以陆军总长与国防处代表的双重身份指挥,国防处的首脑则为段祺瑞将军。另外四个旅(据说现已增至八个旅),由徐树铮将军(小徐)指挥,他领导的组织名曰西北边防处。他也是段祺瑞将军的合作者和追随者",芮恩施说组建上述军队的军费来自 2 千万日元参战借款,其目的是"为了推行段祺瑞将军对南方的军事高压政策,以便为段祺瑞将军和徐树铮自己获取最高权力"。③ 芮恩施联合英、法驻华使节,要求中国政府解散国防军与西北边防军,并免除陕西督军陈树藩职务,以清除南北和谈障碍。

鉴于中国各阶层人士一致反对日本提供金钱和武器,支持皖系军阀进行内战,美、英等国不断向日本施加压力,日本原敬内阁不得不玩弄花招,欺骗舆论。3 月 1 日,日本驻华使馆派官员至中国外交部递交下列照会:"日本政府认为在目前形势下,根据军火合同条款向中国交付武器,可能阻碍目前正在召

---

① *Papers Relating to the foreign Relations of the united States*, 1919, vol.1, Washington: Government printing office, 1934, PP.301-302.

② 中国科学院近代史研究所近代史资料编辑组编:《一九一九年南北议和资料》,中华书局 1962 年版,第 150、158 页。

③ *Papers Relating to the foreign Relations of the united States*, 1919, vol.1, Washington: Government printing office, 1934, PP.318-319.

开的南北议和会获得进展,兹决定在和会结束前暂停交付武器。至于国防军贷款,当贷款合同签字时已悉数交付中国政府代理人,该款已存入一家日本银行,因而日本政府并无法定权力阻止支付这笔款项,但为尽快尽可能地达到南北和解目的,希望中国政府现在不要提取这笔贷款"。① 这种拙劣把戏,明眼人一看便知,芮恩施指出:"日本的军火武器已经交付,掌握在北洋军阀手中,特别是与参战处有联系的军阀手中,如果内战再起,足以给他们带来巨大好处⋯⋯原敬内阁声称它不能更改参战借款合同,但让其驻华公使表示,在目前情况下,中国政府最好不要支取这一笔款项,一般理解是日本并不认真反对军阀们动用这笔钱"。② 为了进一步揭穿日本阴谋,3 月 11 日,在美、英、法、日、意五国驻华公使会议上,美国与英国公使再次提出解散国防军问题,日本公使声称"这是非法干涉中国内部事务",并说日本向参战处提供的 2 千万日元贷款纯属日本银行的"商业事务"。③ 英国驻华公使朱尔典奉英国政府训令,要求北洋政府解除陕西督军陈树藩职务,芮恩施支持这一建议,日本公使却以不干涉中国内部事务为借口,坚决反对,继续鼓动皖系军阀扩大内战规模。南方政府揭露说"北方虽日言和,依然借军费,接收军火。计十二月初旬,由日本交款三百万,月底交七十万,正月五十万。正月二十一日由秦皇岛上岸军火一万四千箱,过山炮,战炮各二门,机关枪二架,子弹一千箱"。④ 据统计,从 1918 年 12 月至 1919 年 3 月,日本向皖系军阀交付了大约价值 1500 万日元的军火武器。⑤

以段祺瑞为首的皖系军阀,依靠日本提供的武器、金钱与外交支持实现其统一中国的野心,希望南北和谈破裂,不断在福建与陕西制造纠纷,进攻南军,

---

① *Papers Relating to the foreign Relations of the united States*, 1919, vol.1, Washington: Government printing office, 1934, P.317.

② *Papers Relating to the foreign Relations of the united States*, 1919, vol.1, Washington: Government printing office, 1934, P.320.

③ *Papers Relating to the foreign Relations of the united States*, 1919, vol.1, Washington: Government printing office, 1934, P.321.

④ 中国科学院近代史研究所近代史资料编辑组编:《一九一九年南北议和资料》,中华书局 1962 年版,第 179 页。

⑤ *Papers Relating to the foreign Relations of the united States*, 1919, vol.1, Washington: Government printing office, 1934, P.331.

抢夺地盘。据 1919 年 2 月末美国公使馆武官办公室的统计,北方军队共536000 人,其中属段祺瑞的部队约 212000 人,冯国璋的直系 20000 人,有反段倾向的部队约 114000 人,持中立态度的部队有 190000 人。[①] 段祺瑞的军事力量占据优势,而且皖系还控制着安福国会,皖系力量壮大为日本在华进一步扩张势力,创造了极有利条件,不符合美国利益。当时,美国总统威尔逊正全力以赴地谋求在巴黎和会上通过国联盟约,建立一个受美国领导或控制的国际联盟,急需日本支持与合作,所以美国对日本唆使皖系破坏南北议和,只限于劝说或给予一定程度的揭露和抵制,没有也不敢采取强硬措施,给予有力打击和坚决制止,这是中国南北议和难以取得实质性进展的重要原因之一。

1919 年 2 月 28 日,上海南北议和会一度中断,直至 4 月 7 日,方始复会。5 月初,中国外交在巴黎和会上惨遭失败,消息传来,举国愤慨,"五四运动"爆发,迅速蔓延全国。人民群众对日本和亲日派恨之入骨,掀起抵制日货运动,要求政府拒签凡尔赛和约,惩办卖国贼。出席上海南北议和会的南方代表团,乘机向北方代表提出 8 条主张:

1. 对欧洲和会所拟山东问题条件表示不承认。

2. 中、日一切密约宣布无效,并严惩当日订立密约关系之人。

3. 立即裁撤"参战军"、"国防军"、"边防军"。

4. 恶劣昭著不治民情之督军、省长,即予撤换。

5. 由和会宣布黎总统六年六月十三日解散国会命令为违法命令,恢复国会。

6. 设政务会议。由和会推出全国负重望者组织之,议和条件之履行由其监督,统一内阁之组织由其同意,此因国会尚未开会之前,正式内阁无由发生,设此临时机关,至正式内阁成立时撤销。

7. 其他议定及付审查或另行提议各案,分别整理决定。

以上 7 条,北方如同意一一履行,南方为承认统一,表示订立第 8 条,由和平会议承认徐世昌为临时大总统,至国会选举正式总统为止。[②] 上述 8 条中

---

① *Papers Relating to the foreign Relations of the united States*,1919,vol.1,Washington:Government printing office,1934,P.331.

② 《近代史资料》总 51 号,中国社会科学出版社 1983 年版,第 147—148 页。

关键是第 5 条与第 3 条,要求恢复旧国会与裁撤"参战军"、"国防军"和"边防军"。如旧国会恢复,则皖系操纵的安福国会不复存在,徐世昌任大总统由安福国会推选,安福国会因不合法而被取消,则徐世昌任大总统的合法性亦成为疑问,并且中、日所订密约一律宣布无效,将严重损害日本利益。裁撤"参战军"、"国防军"和"边防军"剥夺了皖系军阀用以扩大势力的资本,使段祺瑞武力统一中国的图谋难以实现。受日本卵翼的皖系军阀、安福国会对南方所提 8 条极力反对,徐树铮致电北方首席谈判代表朱启钤,主张宁肯南北和谈破裂,绝不能向南方屈服,电文说:"夫以交通、北洋、安福三派实力,戴东海之德望,据二十四省区之大地……稍从根本整理,何患不气吞欧亚,若五省之就范,直瞬息间事耳,何至低首下心,专向流氓胯下讨生活哉!"①总统徐世昌亦因南方所提条件危及其总统地位表示不能接受。1919年 5 月 15 日,北方首席谈判代表朱启钤声称南方所提条件难以采纳,特别是第 5 条,北方万难同意。和谈破裂。唐绍仪致电南方军政府宣告辞职,朱启钤亦向北洋政府提出辞职要求,1919 年的南北和谈会议遂以失败而告终。

第四节　美国与 1920 年的直皖战争

第一次世界大战期间,段祺瑞投靠日本,以参战为名,编练参战军,扩大皖系势力。欧战结束,段祺瑞及其御用工具安福系控制北洋政府,排斥异己,坚持向南方用兵,顽固推行其武力统一中国的政策。皖系势力壮大,引起直系忧虑和不安。威尔逊政府拉拢直系,对抗皖系,美国对直系头目之一的吴佩孚尤为欣赏,推崇备至。

吴佩孚,山东蓬莱人。清朝末年加入北洋军,历任队官,管带,民国建立后,任第 3 师炮兵第 3 团团长,1915 年奉派入四川同护国军作战,屡立战功,

---

① 中国科学院近代史研究所近代史资料编辑组:《一九一九年南北议和资料》,中华书局 1962 年版,第 270 页。

升任旅长,1917 年曾参加讨伐张勋复辟的战争,1918 年晋升陆军第 3 师师长,去湖南同南方政府军作战。吴佩孚足智多谋,骁勇善战,1919 年冯国璋病逝后,吴与直隶督军曹锟,成为直系领袖。吴佩孚对段祺瑞与安福系把持中央政权,利用直系势力消灭南方政府,消耗直系实力,企图一箭双雕,在中国建立皖系独裁政府的阴谋深感愤懑,主张南北和解。1918 年,吴佩孚率军占领湖南衡阳后,即停止军事行动,通电主和,引起美国关注。1918 年 11月,芮恩施在致国务院有关中国情况的第三季度报告中说:"曹锟将军的副手吴佩孚将军统率北军侵犯湖南,开始发出通电,倡议同南方停战议和,8月后半期,他实际上已命令其部队停战撤退,避免同敌对的南方军队接触……这一勇敢的爱国行动,使他受到公正舆论赞扬"。① 1920 年初,吴佩孚派人同南方军阀达成秘密协定,无视北京政府不准其擅自撤防的命令,一再要求撤防北返。1920 年 5 月,吴佩孚率军离开湖南前线,到达汉口,公开宣布他将挥戈北上,清除奸慝,促进和平,他讲的"奸慝"即指段祺瑞、徐树铮与安福系。7月,曹锟与吴佩孚发表声明,坚决要求解散安福系,惩办徐树铮,直皖战争一触即发。日本政府继续支持皖系,唆使段祺瑞讨伐曹、吴。安福系控制的交通部以北京至绥远铁路作抵押,向日本借款 500 万日元,作为皖系军费。② 日本警告盘踞东北的奉系军阀张作霖保持中立,不得支持直系,否则日本将在东北地区制造麻烦。③ 美国对中国局势极为关注,美国驻华使馆在致国务院的季度报告中说,吴佩孚率军撤防北上,原因是吴率直系军队攻占岳州和长沙后,满以为会获得湖南督军职位,孰料控制中央政府的皖系却将湖南督军一职,授予毫无战功的皖系将领张敬尧,控制中央政府的皖系不向吴佩孚统率的第 3 师发放军饷。张敬尧不准吴动用湖南省税收,故吴佩孚同情湖南人提出的"湘人治湘"口号,支持湖南人发起的倒张运动。报告认为吴佩孚要求解散安福系,惩办徐树铮是出于爱国情感,获商

① *Papers Relating to the foreign Relations of the united States*, 1918, Washington: Government printing office, 1930, P.124.

② *Papers Relating to the foreign Relations of the united States*, 1920, vol.1, Washington: Government printing office, 1935, P.438.

③ *Papers Relating to the foreign Relations of the united States*, 1920, vol.1, Washington: Government printing office, 1935, P.439.

界与教育界同情。① 美国使馆上述报告充分反映了美国对直系讨伐皖系持欢迎与赞同态度,日本驻华公使小幡在致内田外务大臣的报告中也说"美国对直派直接间接隐然予以支持,欲利用直系打破日本在华势力"。② 北京政府总统政治顾问美国人福开森(J.C.Ferguson)亲自出马,前往沈阳,会晤奉系军阀张作霖,劝说他联合曹、吴倒皖,张作霖在事后发表的声明中说,他同福开森的会谈,终于使他"看清了安福系向日本人出卖国家的叛徒行径",决心"承担起从亲日派控制下拯救中国的庄严使命"。③ 在美国推动下,中国政局发生巨大变化,出现了直、奉联合讨皖局面。

7月8日,外国驻华公使团领袖柏卜(Boppe)照会代理外交总长陈箓,要求中国政府严格履行保护外国人生命和财产的义务,不准武装部队进入北京或利用飞机轰炸北京城。④ 美国政府唯恐此举会束缚直系手脚,成为直系战胜皖系的障碍,立即电告美国驻华公使克兰(Crane),指责柏卜致中国外交部的照会毫无道理,国务卿柯尔比(Colby)在致克兰电文中说当前中国的动乱只是一种内战,"同3年前段祺瑞进攻驻守北京城内张勋的部队相似,并非针对外国人",他指出"曾经允许段祺瑞在北京城内作战的外国驻华公使现在却反对同段祺瑞作战的一方享有行动自由,实在令人难以理解",柏卜的照会"仿佛是一种有利于一方的干涉行动",可能引发仇视外国人的倾向,"亦破坏了所有主要国家在其对华关系中业已宣布的政策",⑤重申美国支持直系讨伐皖系的立场。

7月14日,直皖战争爆发,直军在奉军支持下,打败皖系军队,沿津京铁路向北京推进,驻守杨村段的日军公开出面干涉,阻止直军前进,美国国务卿

① *Papers Relating to the foreign Relations of the united States*,1920,vol.1,Washington:Government printing office,1935,PP.461-462,464。

② 《北洋军阀》(1912—1928),第3卷,武汉出版社1990年版,第1143页。

③ *Papers Relating to the foreign Relations of the united States*,1920,vol.1,Washington:Government printing office,1935,P.444.

④ *Papers Relating to the foreign Relations of the united States*,1920,vol.1,Washington:Government printing office,1935,P.457.

⑤ *Papers Relating to the foreign Relations of the united States*,1920,vol.1,Washington:Government printing office,1935,P.443.

柯尔比当即指示克兰说日方此举违背中立原则,并特别举出辛亥革命爆发后,驻华外交使团对外国军队占据北京至山海关铁路所作出的决定:"清帝国与革命党双方的军队均可自由利用该铁路线以及毗连的码头和仓库进行运输,装卸货物,不得干涉"。① 他要克兰遵守这一决定,反对日军阻止直系军队沿津京铁路向北京挺进。

直皖战争,皖系战败。7 月 19 日,段祺瑞辞职,日本驻华使馆对段祺瑞的心腹安福系重要人物徐树铮、曾毓隽、段芝贵等人给予保护,拒绝北洋政府关于引渡上述人员的请求。美国公使馆则尽力满足直系军阀的愿望,公使克兰通知使馆区的美国公民,不得同意皖系人物、安福分子进入使馆区避难。

直皖战争后,吴佩孚的威望与势力迅速上升,1920 年 9 月被北洋政府任命为直、鲁、豫副巡阅使,掌握直系大部分军队,更加坚定了美国扶植吴佩孚的决心。美国驻华使馆在其季度报告中,极力美化吴佩孚,称赞他为官多年,"仍然是一个穷人,这在中国是罕见的,他是一位严格执行纪律的人,寡言少语,谦虚谨慎……据信他的作为是受真正爱国动机所驱使,民间舆论视其为中国的英雄"。② 美国人在华出版的《密勒氏评论报》也大肆吹捧吴佩孚,称其为"中国一国之英雄与保障人权之伟人"。③ 美国政府对吴佩孚有关召开国民大会,制定宪法,组织新国会。实现南北统一,废除中日军事条约,裁减军队等政治主张,倍加赞赏。1920 年 8 月,前美国驻华公使芮恩施陪同美国国会议员及其家属来华旅游期间,特地向北京政府送交了一份备忘录,推荐吴佩孚上述政治主张。④ 同年 12 月,美国驻华使馆海军武官哈钦斯(Charles T.Hutchins)曾会晤吴佩孚,他在有关这次会晤的备忘录中说,吴佩孚很受中国学生崇敬和赞扬,"中国商人和学生以及侨居中国熟悉情

① *Papers Relating to the foreign Relations of the united States*,1920,vol.1,Washington:Government printing office,1935,P.452.

② *Papers Relating to the foreign Relations of the united States*,1920,vol.1,Washington:Government printing office,1935,P.470.

③ 《北洋军阀(1912—1928)》第 3 卷,武汉出版社 1990 年版,第 694 页。

④ *Papers Relating to the foreign Relations of the united States*,1920,vol.1,Washington:Government printing office,1935,P.469.

况的外国人全都支持吴佩孚的政策"。① 美、日等国纷纷在华物色与培植代理人,操纵中国政治,导致军阀混战,经济发展停滞,人民生活痛苦,国力愈益贫弱。

---

① W.I.Cohen:*America and the May Fourth movement*:*The Response to Chinese Nationalism*, 1917-1921,《Pacific Historical Review》Volume XXXV.Number 1.February 1966.P.95.

第七章　威尔逊在巴黎和会上
出卖中国权益

第一节　巴黎和会召开

1918 年 11 月,第一次世界大战结束。次年 1 月,巴黎和会召开,协约国将出席和会国家划分为三类:第一类是英、美、法、意、日 5 大国,每国 5 个席位。第二类是在战争中曾提供有效援助的国家,每国 3 个席位。第三类是协约国阵营中其他成员国,每国 2 个席位。中国被划入第三类国家,原则上只有 2 名全权代表席位。出席和会的中国代表团由 5 人组成:团长(首席代表)是北洋政府外交总长陆征祥,代表团全权委员有:王正廷、顾维钧、施肇基与魏宸祖。尽管和会只给中国两个正式席位,因每次与会代表可以调换,并不限于固定 2 人,故仍可维持 5 位代表。[①] 根据中国政府指示,中国代表团主要任务是争取停付庚子赔款,取消列强在华势力范围,所有外国军队与警察撤出中国,收回租界与租借地,废除"二十一条"以及其他不平等条约,将德国在山东的一切权利交还中国,关税自主,撤销在华外国邮电局,废除领事裁判权等等。为争取美国支持,遵照中国政府指示,1918 年 11 月 27 日,中国驻美公使顾维钧将中国拟向和会提出的上述要求,通知了国务院第三助理国务卿布瑞克金里奇·郎(Breckinridge Long)。[②]

日本代表团首席代表是日本政坛元老西园寺公望,全权代表有:牧野伸

---

① 《顾维钧回忆录》第 1 分册,中华书局 1983 年版,第 167、173、184 页。

② *Papers Relating to the foreign Relations of the united States*,The paris peace Conference,1919,vol.2,Washington:Government printing office,1942,PP.509-511.

显、珍田舍巳、松井庆四郎、伊集院彦吉。日本政府规定日本代表团主要目的是将德国在山东的一切权利和胶州租借地交付日本。合并德国在太平洋赤道以北各岛屿。反对国联盟约中载入种族歧视等内容,以利于日本向海外移民。前两项是代表团必须完成的首要任务,最后一项是为了向英、美施加压力,在谈判时作为达到前两项目的的筹码。

美国代表团由威尔逊总统亲自率领,主要成员有国务卿蓝辛、威尔逊的心腹豪斯上校等人。虽则 1918 年 11 月的国会选举,共和党在参众两院拥有多数席位,[①]但美国代表团中只有怀特(H.White)是共和党人。威尔逊的最大愿望是通过签订和约,建立由美国领导的国际联盟,这是美国代表团必须完成的首要任务,远东问题均属次要,因为在威尔逊看来,只要国联建立这些问题定会迎刃而解。

美国驻华公使芮恩施以及美国代表团多数成员力主调整战时远东政策,停止对日本妥协退让,支持中国遏制日本称霸中国和远东的野心。1919 年 1 月 6 日,巴黎和会开幕前夕,芮恩施致函威尔逊,提醒他注意欧战期间日本在华扩张势力的事实,电函说,日本利用美国和协约国致力于欧战,无暇东顾之际,采用订立秘密军事协定手段,"巩固了它在满洲与东蒙的特殊地位,在山东与福建奠定了同样基础,通过控制交通银行与政府印钞局,委派高级财政顾问……控制中国财政事务。日本已获得满洲、山东、直隶与江苏大量铁路让与权,通过吉林森林借款、电信借款以及其他借款获得许多省的矿权和特殊垄断权。凭借秘密军事协定,日本不仅企图监督中国军事政策,而且还附带控制铁矿藏这样的国家资源",他在电函中强调指出,日本无限制扩张野心,会"破坏全世界和平",或引起在华争夺势力范围与特权的军事斗争,"只有拒绝接受近 4 年来,日本采用秘密操作手段所获得的结果,特别是拒绝接受日本所确立的政治影响以及在山东的特权地位",才能使中国避免沦为日本的附属国。他认为德国在山东的权利,随着中国对德宣战,所有中德条约的废止而终结。因此,日本继承德国"在山东的条约权利是不可能的"。他相信遏制日本称霸

----

① 1918 年 11 月,美国国会选举的结果是在参议院共和党 49 席,民主党 47 席;在众议院共和党 237 席,民主党 191 席,详见 H.W.V.Temperley:*A History of the peace Conference of paris*,Vol.6,London,1924,P.404.

中国野心既有必要,也有可能,因为中国人"对您的言论热情关注,对您的政策和目的感到信赖"。① 芮恩施关于制止日本军国主义在华疯狂扩张的建议,并非旨在根本改变中国半殖民地政治地位,而是为了维护与增进美国在华利益,所以当北洋政府通知他,中国代表团拟向和会提出取消外国在华享有的治外法权以及关税自主等问题时,芮恩施态度十分冷淡,他认为中国政府上述要求:"并不实际"。② 国务卿蓝辛等人赞同芮恩施的意见,他们认为大战期间,日本通过段祺瑞政权,获得大量政治与经济特权,美国全力投入欧战,同日本在中国进行对抗,力不从心,现在大战已经结束,美国完全有可能阻止日本称霸中国,维护和扩大美国在华权益。中国南方与北方政府,特别是广大知识分子群体,均被威尔逊宣布的"十四条原则"所迷惑,殷切盼望威尔逊能在巴黎和会上主持公道,帮助中国。

1918 年 11 月 26 日,中国驻美公使顾维钧曾往白宫拜会威尔逊,请求威尔逊在即将召开的巴黎和会上,支持中国收回被列强非法夺取的权利,顾维钧说:"中国对和会寄予很大希望。她在过去经历的危机中,一向仰仗美国的友谊和善意,现在,正值世界重建时期,特别是在处理重大问题的巴黎和会上,中国确信中国人民的思想观念同美国人民完全一致,更会得到美国的同情和支持,中国希望在和会上就有关她的领土完整、维护其主权以及财政和经济独立提出某些建议,我所说的这些建议,并非为了获得任何物质利益,或只为中国自己谋求私利,而仅仅是为了得到中国人民认为过去从中国非法拿走,现在理应归还她的某些东西。中国人民全都企盼总统及其所代表的伟大国家,帮助实现他们的正当要求和愿望"。威尔逊回答说:他"一向同情中国并对远东问题感兴趣",将来"远东对和平的威胁很可能大于世界其他地区",他赞同顾维钧所说中美两国人民观念相同,并表示他将在和会上"尽最大努力支持中国",但威尔逊又说在中国事务中有件事很难办,即中国人同其他强国订有许多秘密协定,他认为"这些协定对中国与世界有害,如果这些协定必须公布,它们全都不会订立"。威尔逊说他将在和会上建议,"不仅秘密外交,而且各

① *The papers of Woodrow Wilson*,Vol.54,Princeton:Princeton university Press,1986,PP.77-82.

② *Papers Relating to the foreign Relations of the united States*,The paris peace Conference,1919,vol.2,Washington:Government printing office,1942,P.493.

国国民之间订立秘密商业、工业与金融协定均应禁止"。威尔逊接着说他正在为国际联盟制定一项计划,"为各国领土完整与政治独立提供保证,任何涉及领土主权的改变,假如人民自己愿意看见这一改变,只有经国联同意方能生效,这将防止任何特殊国家谋求一己之私利"。他说"公理而不是武力应成为国际关系的基础,武力只能用来反对罪犯"。顾维钧听完威尔逊这番言论后,当即表示赞同威尔逊所述的原则,并向威尔逊保证"中国政府和人民衷心赞同建立国际联盟,因为这一机构较之别的组织更有可能防止国际侵略"。威尔逊对顾维钧作出的保证表示满意。他问顾维钧是否出席巴黎和会,顾回答说:"中国政府已任命陆征祥为代表团团长,他在伦敦与巴黎的同僚为团员,政府亦要求他作为代表。"威尔逊说获悉顾将出席和会,"且发现我们之间观点一致",感到特别高兴,希望"同中国代表团在和会上合作"。当顾维钧起身告辞时,威尔逊要他暂留片刻,声称还有别的事情对他说。威尔逊告诉顾,乘和会日期尚未确定之际,准备就和约基础问题,同英、法、意总理举行一次预备会,目的是呼吁上述国家的政府以"十四条原则",作为议和基础,顾维钧说"中国人民衷心赞同总统已经宣布的和平原则",并希望"十四条原则"能运用于远东。威尔逊答称"运用于远东可能困难较多,但只因存在困难就不在远东运用这些原则并非正当理由"。①

从上述顾维钧与威尔逊的谈话看,巴黎和会召开前夕,威尔逊是同情中国的,并信誓旦旦地宣称在巴黎和会上将"尽最大努力支持中国",从这一角度观察,威尔逊与芮恩施、蓝辛等人的观点有相似之处,不同的是威尔逊对解决中日争端有畏难情绪,"远东问题"的实质是日本对华侵略,他在同顾维钧谈话中始终回避这一问题,并说十四条原则"运用于远东可能困难较多",他将其设想的国际联盟神圣化,认为这个机构一旦建立,就能防止侵略,维护弱小国家领土主权完整,国联盟约应是和约最重要组成部分。威尔逊至欧洲后,到处宣传成立国际联盟的重要性与紧迫性,1918 年 12 月,他在伦敦重申"建立国际联盟,在我看来,乃是解决全部问题的必要途径,我认为它是解决所有问

---

① *The papers of Woodrow Wilson*, Vol. 53, Princeton:Princeton university Press, 1986, PP. 632-634.

题的钥匙"。① 在威尔逊敦促下,巴黎和会特地建立国际联盟委员会起草国联盟约,威尔逊亲自担任该委员会主席,全身心地投入起草国联盟约的工作。

1919 年 1 月 24 日,巴黎和会"十人会"或"五国会议",②讨论如何处理德国的殖民地问题,1 月 27 日晨继续讨论这一问题。胶州是德国的租借地,并非殖民地,本不属讨论范围,可是,在 27 日晨会议上,日本全权代表牧野伸显却坚持要求将胶州以及原德属太平洋赤道以北诸岛一并讨论,并声称上述领土仅涉及日本与德国的关系,同中国无关,会议不应邀请中国代表参加。威尔逊与蓝辛反对牧野这一无理要求。"十人会"决定下午会议邀请中国代表出席。中午,美国代表团成员威廉斯将这一消息告知中国代表团,代表团临时匆忙决定由王正廷与顾维钧代表中国出席下午会议,当日下午 2 时半,王、顾两代表拜访蓝辛,说明中国代表将提出胶州问题,希望能得到美国支持。

1919 年 1 月 27 日下午 3 时,"十人会"在法国外交部会议厅举行,会议由法国总理克莱蒙梭(Clemenceau)主持。会上日本全权代表牧野发言,宣读日本政府声明:"(a)德国的胶州租借地,连同铁路以及德国在山东省享有的其他权利无条件地转交日本。(b)德国在太平洋赤道以北所占领的全部岛屿,连同各种权利和财产,无条件地转交日本"。牧野着重叙述了日本要求将胶州租借地以及德国在山东的权利转交日本的理由,牧野说:"欧战爆发,德国在胶州的陆军与海军基地对国际贸易与航运,构成严重威胁,破坏了远东和平。根据 1911 年条约,日本政府在同英国政府协商后,通知德国政府交出胶州租借地以便归还中国。德国政府未在特定期限内作出答复,日本除施用武力攻占德国基地外,别无其他办法。日军联合英军一支小分队成功地占领了租借地以及用于军事目的之胶济铁路。此后,日本一直拥有德国曾享受的权利,随着德国的要塞被占领,它的军事也是远东发动政治攻势的基地被彻底摧

---

① Naoko Shimazu: *Japan*, *Race and Equality*, *The Racial Equality Proposal of* 1919, London, 1998, P.151.

② "五国会议"是巴黎和会的最高权力机构,由美、英、法、意四国元首(威尔逊、劳合·乔治、克莱蒙梭和奥兰多)和上述四国的外交部长四名,外加日本代表两名组成,故亦称"十人会"。3 月中旬,"十人会"被美、英、法、意四国首脑会议所取代。巴黎和会从始至终由威尔逊、劳合·乔治与克莱蒙梭三巨头操纵。

毁,该地区的贸易航线、商业与交通得以恢复"。

"现在,日本参战并在其对德宣战声明中所明确提出的首要目的业已胜利达到。日本对可能导致德国在远东东山再起,破坏日本作出不小牺牲方始获得全部成果的任何事件,不能坐视不理,故不得不提出(a)项要求"。① 从牧野上述言论看,日本要求将胶州租借地以及德国在山东的权利转交日本,理由主要有两点,第一,胶州租借地乃是日本用武力所夺取,日本为此作出了不小牺牲。第二,防止德国势力卷土重来,破坏日本所获得的成果。牧野的发言清楚表明,日本旨在继承德国在山东的权利,无意将胶州租借地归还中国。有的西方学者认为日本拒绝将胶州租借地与德国在山东的权利直接归还中国,乃是出于维护日本"面子"的需要,"就日本而言,保全面子也是重要的"。② 此种论点恐怕难以成立。日本为了强占胶州,继承德国在山东的权利,处心积虑,挖空心思,作了多年努力。早在1914年攻占青岛后,日本侵略者即大造舆论说,日本在1914年8月致德国最后通牒中所承诺的将胶州归还中国,指的是德国将该地和平移交日本,德国拒绝接受最后通牒,迫使日本不得不进行武力夺取,由于情况发生变化,将胶州租借地交还中国问题亦随之发生变化,日本国民不可能同意将日本付出了大量财力、物力与人员生命所占领的土地归还中国。1914年12月,日本外务大臣加藤高明在回答国会议员质询时,公开否认日本曾向西方作出将胶州交还中国的承诺。1915年日本向中国递交"二十一条",强迫中国同意由日本继承德国在山东的权利。1917年日本同英、法两国签订密约,后者同意在将来召开的和会上,支持日本对中国山东提出的要求。同年,石井率代表团访美,促使美国同意日本不仅在满洲、东内蒙与山东而且在全中国有特殊利益。1918年9月,日本又诱使段祺瑞政府签订济顺、高徐两铁路借款合同,肯定1915年5月日本强迫中国签订的山东条约仍然有效,为战后日本继续赖在山东再加上一层保证。日本代表团信心十足,他们认为经过多年来外交上的周密准备,日本有关占有胶州租借地以及继承德国在

① *Papers Relating to the foreign Relations of the united States*, The Paris Peace Conference, 1919, vol.3, Washington: Government printing office, 1943, PP.738-739.

② Bruce A.Elleman: *Wilson and china*, A Revised history of the Shandong Question, New York, 2002, P.100.

山东的权利已稳操胜券。

牧野发言结束,中国代表遂提出山东问题涉及中国基本利益,应由中国陈述理由后,再行讨论。会后,顾维钧等往见威尔逊征询意见,谋求支持。威尔逊告诉顾维钧应明确地向最高委员会陈述中国的愿望,并表示愿争取英国政府支持中国。当顾维钧请求威尔逊在最高委员会作有利于中国的发言时,威尔逊重申他同情中国,会尽力帮助。①

第二节 中日两国代表有关山东问题的争论

1月28日晨,十人会继续举行会议讨论山东问题,顾维钧就德国在山东胶州租借地,胶济铁路及其他权利,应直接归还中国的理由作了全面论述。他指出胶州租借地是中国领土,该地是在德国武力威逼下被迫租与德国的。他说:"以形势言,胶州为中国北部门户,为自海到京最捷径路之关键,且胶州铁路与津浦铁路相接,可以直达首都。即仅为国防问题,中国全权断不能听任何他国于此重要地点有所争持。以文化言,山东为孔孟降生之地,即中国人民视为神圣之地。中国进化,该省力量居多,故该省为中国全国人民目光之所集。以经济言,该省地狭而民庶……人口多至三十六兆,人烟稠密,竞存不易,设有他国侵入其间,不过鱼肉土著而已,亦不能为殖民地也。故以今日会议所承认之民族及领土之完全各原则言之,则该地之归还中国,实为应得之权利"。②他表示中方愿公布中日两国签订的密约。顾维钧的发言有理有据,赢得了威尔逊赞赏,以及除日本代表外的与会代表普遍欢迎。牧野对顾维钧发言甚感意外,他声称关于胶州以及德国在山东权利问题,中日两国签订的条约与换文已商定有办法,双方同意日本在交还中国前,必须从德国方面取得自由处分权,也即德国在山东的租借地与权利必须首先无条件地让与日本。

顾维钧再次发言说,他早已知道1914年日本曾向全世界声明,日本攻占

① Arthur Walworth: *Wilson and his peacemakers, American diplomacy at the paris peace conference*, 1919, New York, 1986, P.364.

② 近代史资料专刊《秘笈录存》,中国社会科学出版社 1984 年版,第 73—74 页。

胶州是为了将该地归还中国,现在听到牧野男爵重申日本不会保有中国这一领土,深感高兴,"但是,如果让中国在直接归还与间接归还两者之间作出选择,中国宁肯要前者,因为同样地方,一步到达,较之分为两步更为便捷。中国同日本订立的各种协定只具有临时性质,应提交和会修改。中国成为交战国前曾同意接受日本向德国提出的各种条件。然而,中国参战已完全改变了她的地位。……中国与德国处于交战状态的事实,已宣告德国在中国领土内得到的租借地权利业已结束。再者,《胶澳租界条约》中有一条款规定,德国不得将其权利转让与第三国"。① 顾维钧发言完毕,会议宣告休会。

日本代表团对顾维钧在和会上的发言深为恼怒,他们派人往美国代表团寓所提出警告说,日本舆论对山东问题异常激烈,如德国在山东的权利直接交还中国,美国应承担责任。② 日本代表团的蛮横态度,进一步引起美国代表团关注和警惕。1 月 30 日,蓝辛致电代理国务卿波尔克说,日本代表团在巴黎和会上提出了关于将德国的胶州租借地、铁路以及其他在山东省的权利,无条件让与日本的要求。中国代表团认为这些权利应归还中国,1915 年的中日条约应提交和会修改。中国提案已获得"非常好的印象"。蓝辛指出除非北京政府采取了"某种错误行动",中国有良好机会恢复她在山东的权利。他说"中国代表担忧日本在北京策划某种阴谋诡计,给此地的中国代表团施加压力。我建议你向北京重复前述意见,并训令美国驻华公使馆向美国代表团与国务院提供充分信息"。③ 波尔克获蓝辛上述电函后,立即致电芮恩施,逐字逐句地向后者复述蓝辛 1 月 30 日电函内容,建议芮恩施向中国外交部表示希望中国不会屈服于日本的压力,并让中国代表团在巴黎和会上放手工作。④

果不出蓝辛等人所料,2 月 2 日,日本驻华公使小幡酉吉奉命会见中国政府代理外交总长陈箓,指责中国出席和会代表未同日方协商,即欲公布中、日有关山东的秘密文件,违反外交惯例,日本政府深感不快。小幡威吓中国政府

① *Papers Relating to the foreign Relations of the united States*,*The Paris Peace Conference*,1919,vol.3,Washington:Government printing office,1943,P.757.

② Arthur Walworth:*Wilson and his peacemakers*,*American diplomacy at the paris peace conference*,1919,New York,1986,P.75.

③ *The papers of Woodrow Wilson*,Vol.54,Princeton:Princeton university Press,1986,P.476.

④ *The papers of Woodrow Wilson*,Vol.54,Princeton:Princeton university Press,1986,P.476.

说"日本有 50 万吨海军舰艇以及 100 万人的陆军部队,正值空闲,无事可做",①还说去年 9 月,中日签订"参战借款合同",日本政府允诺向中国政府贷款 2 千万日元,作为参战经费,日方业已支付 300 万元,如果中国政府训令在巴黎的中国代表,凡所主张,非经日本同意,不能提出和平会议,中日缔结之密约不能发表,"则昨年九月参战债款二千万元未付中之一千七百万元可以照付,否则将该借款取销契约,并索还已付之三百万元"。② 美国驻华使馆助理武官罗滨斯(Captain Robbins)的报告也证实,日本驻华使馆官员的确曾对中国政府进行上述威胁利诱,罗滨斯在报告中说"日本官员曾非正式地向中国官员提出,中国政府应否认他们的代表在巴黎的活动,在向和会提出中国提案时应服从日本的指令",否则"日本将进行军事干涉并永远占据胶州和整个山东,也立即取销日本对中国政府的所有财政支持",③罗滨斯说 1918 年 12 月,法国总理克莱蒙梭曾告诉中国驻法公使胡惟德,他想帮助中国,但因法国曾同日本订有密约,他不能这么做。罗滨斯认为"总统徐世昌和代理外交总长陈箓均不愿向日本的要求让步,可是害怕中国会被盟国所出卖"。④ 威尔逊对日本外交使节在北京的阴谋活动颇为关注,2 月 7 日,他致函蓝辛说:"我已认识到此事的严重性",要求蓝辛电告芮恩施:"奉劝中国政府坚持原有立场,并向美国驻日大使莫利斯(Morris)去电,命令他就此事同日本外务大臣进行一次友好谈话,向对方透露我们已知道北京发生的事情,此事表明日本政府不信任和会的公平与公正,对此我们感到苦恼。同时亦可劝告顾维钧继续奉行他认为是正确的方针"。⑤ 从现象上看似乎威尔逊已痛改前非,扬弃第一次世界大战期间奉行的损害中国利益对日妥协让步政策,遵守他将在和会上尽力支持中国的诺言,实际情况并非如此,当他建立国际联盟的方案,在美国国内遭受强烈反对,和会中遇见巨大阻力时,威尔逊故态复萌,继续对日妥协,在山东问

---

① *Papers Relating to the foreign Relations of the united States*,1919,vol.1,Washington:Government printing office,1934,P.333.

② 《近代史资料》总 51 号,中国社会科学出版社 1983 年版,第 123—124 页。

③ *The papers of Woodrow Wilson*,Vol.54,Princeton:Princeton university Press,1986,P.474.

④ *The papers of Woodrow Wilson*,Vol.54,Princeton:Princeton university Press,1986,P.474.

⑤ *The papers of Woodrow Wilson*,Vol.54,Princeton:Princeton university Press,1986,P.548.

题上牺牲中国利益,向日本让步,背弃他有关在和会上尽力支持中国的诺言。

第三节　国联盟约在美国国内遭遇强烈批评

1919 年 2 月 14 日,威尔逊向巴黎和会提交由他主持起草的国联盟约后,离巴黎回国,处理国内事务并谋求国会参众两院支持他有关建立国际联盟的计划。2 月 25 日,威尔逊抵达华盛顿,26 日,他在白宫宴请国会议员,共和党参议员纷纷对国联盟约提出责难,他们说国联盟约没有承认门罗主义的表述,没有明确规定国际联盟不得干涉国内事务,没有规定一个国家有退出国联的权利,美国国会决定战争与和平的权利没有得到充分维护等等。2 月 28 日,参议员洛奇声称国联盟约是对神圣孤立主义、门罗主义以及美国控制移民权利的威胁,他指出国联盟约第 10 款有关反对侵略,保证国际联盟各成员国独立与领土完整,"是作出了一个极其危险的承诺"。[1] 他说根据现在提出的这种国联盟约,美国国内问题,诸如移民问题也不能由美国人独自解决,如果多数国家反对我们,美国任何时候都要放弃其在外交事务中采取独立行动的权利。[2] 尽管威尔逊对国联盟约作了诸多解释,仍未能制止反对派对国际联盟的批评,参议员布兰德奇(F.Brandegee)说威尔逊的解释"并未改变我对国际联盟的看法,我仍如以前一样反对它"。[3] 3 月 3 日,洛奇征集了有 37 名共和党参议员签名的"陈情书",声称拟向和会提交的此种国联盟约,"美国不应接受"。[4] 他们认为和会面临的紧迫任务是谈判对德和约条款,有关成立国际联盟的问题以后再仔细考虑。恰于此时,威尔逊又风闻在他回国期间,留在巴黎

---

① Thomas J.Knock: *To end all wars*, *Woodrow Wilson and the Quest for a New World Order*, Princeton: Princeton University Press, 1992, P.240.

② Thomas J.Knock: *To end all wars*, *Woodrow Wilson and the Quest for a New World Order*, Princeton: Princeton University Press, 1992, PP.240-241.

③ Thomas J.Knock: *To end all wars*, *Woodrow Wilson and the Quest for a New World Order*, Princeton: Princeton University Press, 1992, P.233.

④ *The ordeal of Woodrow Wilson by Herbert Hoover with a New introduction by Mark Hatfield*, Washington, D.C.: The Woodrow Wilson center Press, 1992, P.187.

的蓝辛等人为加速缔结对德和约进程,企图使国联盟约同对德和约分离开来。面临强烈反对建立国际联盟的声浪,威尔逊并未屈服,3月4日,他在离开美国返回巴黎前,特别在纽约大都会歌剧院,对数千听众发表演说,猛烈抨击共和党国会议员反对建立国际联盟的图谋,他说:"出席巴黎和会的每一个人都知道,如果没有一个像国际联盟这样的伟大组织不断支持和努力,和约将不可能实施。当我初次去巴黎时,曾对组建国联持怀疑态度的人们也承认,如果我们能组建国联,它会成为非常宝贵的工具,通过这一机构能保证条约各部分内容得以实施。当我们带回条约时,这边的先生们将会发现国联盟约不仅在条约之中,而且条约与盟约有千丝万缕的联系,你们不可能在不破坏条约整体基本结构的情况下,将国联盟约从条约中分割开来。如果没有国际联盟,和平结构将不会有生命力,没有人会带回一具僵尸"。①重申盟约与和约密不可分,盟约必须成为和约的一部分,国际联盟必须建立。3月14日,威尔逊回巴黎后,收到他的秘书图玛尔提从华盛顿发来的信件,声称尽管国内出现反对国联盟约的声浪,美国社会舆论仍日益赞同建立国际联盟,认为这是实现公正和平的基础,这使威尔逊更加相信他关于建立国联的理想,反映了美国人民意愿,决心不惜一切代价实现他的主张。

第四节　中、日代表团谋求威尔逊支持

顾维钧在1月28日十人会上的发言,受到中国国内各阶层人民普遍赞扬和支持,中国代表团信心更为坚定,2月15日,他们向和会递交《中国要求将胶澳租借地、胶济铁路暨其他山东省之德国权利归还中国》书面文件,该文件附有中德与中日订立的有关山东的条约、密约、合同、换文、照会以及最后通牒等9件,地图2幅,详述山东租借地的历史、现状以及要求将胶州租借地与德国在山东的权利归还中国的理由。日本代表团因获英、法两国支持,一再表示在山东问题上决不让步。和会只好将山东问题暂时搁置。中国代表团认为,

---

① Arthur Walworth:*Woodrow Wilson*,New York,1978,Third Edition,P.277.

英、法两国与日本订有在和会上支持日本侵略要求的密约,而且法国总理克莱蒙梭已私下明确告诉中国驻法公使胡惟德,法国不能帮助中国,求助于英、法已不可能,遂决定集中全力谋求威尔逊援助。北洋政府获悉威尔逊正致力于构建国际联盟,特地在 1919 年 2 月 17 日致电南方政府,建议南北双方一致支持威尔逊有关建立国联的主张,①以换取威尔逊履行在和会上会尽力帮助中国的诺言。

3 月 24 日,顾维钧偕同梁启超和张君劢前往威尔逊在巴黎的寓所,拜会威尔逊。顾、梁等人考虑到威尔逊正竭尽全力谋求建立国际联盟,故谈话首先涉及国联,在宾主稍事寒暄后,梁启超发言说:"中国人民正盼望威尔逊总统为国际交往奠定新基础",威尔逊问顾维钧,梁氏此言是否指国际联盟,顾维钧作了肯定回答。威尔逊说他注意到"中国正参与国联的建立",顾维钧回答说"中国所起的作用较小,虽则她切盼国联建立",威尔逊声称为了建立国联,他对国联盟约的构造极为关注,承认对延迟草拟和约他应负一定责任,因为他坚持国联盟约并入和约。威尔逊指出一旦国联成立,它就会对国际侵略起遏制作用。他问顾维钧是否有同样想法。顾回答说中国肯定盼望国联对一国侵略别国的意图起遏制影响。紧接着,顾维钧就将谈话引向他们访问威尔逊的主要目的,他问威尔逊在和约草案起草完毕前是否有望解决胶州问题,并探询美国对胶州问题是否有其他解决办法,顾维钧说:"一度设想德国只需放弃对她提出的所有领土与权利,随后由协约国制定分配方案,在协约国中进行分配",威尔逊立即否定说"这不是他的设想","上述安排是指有关德国在非洲的殖民地与南太平洋诸岛实行委托管理,不包括亚洲大陆领土。胶州租借地不能认为是一个殖民地,只是中国批准给德国的一处租界,名义上中国对该地仍拥有主权。有些问题必须同德国解决并载入和约。胶州问题即属于此类问题之一"。威尔逊继续说他知道"日本曾许诺将胶州领土归还中国,但为了同中国单独交涉,他们意欲此地首先交与日本",他问顾维钧"从日本提出的程序看,它是否想保留铁路,将胶州地方归还中国"?

---

① 《近代史资料》总 51 号,中国社会科学出版社 1983 年版,第 160 页。

顾维钧回答说:"这一定是日本寻求将此地交归己有的原因之一。日本可能也要在胶州租借地归还中国时提出附加条件。这些条件之一已载入由于日本对华提出'二十一条'而订立的《山东条约》中,即允许日本在租借地最好地段建立一处日本专有的居留地",威尔逊问道:"日本专有的居留地是否如像英国人在香港的居留地",顾维钧回答说"实际上,相当于英国人在香港的居留地,该地在日本警察与日本市政当局控制下,形成国中之国。如果日本占有铁路和租借地最好地段的专有居留地,这意味着将空名归还中国,实体留给日本,中国一无所获"。威尔逊说他能理解这一点,"中国只会收回租借地内几乎无用的地段"。顾维钧说"就铁路与租借地两者而论,归还铁路尤为重要,因为这条交通线横贯山东全省,通过与之相连的铁路线和支线控制着通向北京的门户,如像扼住中国的咽喉,威胁着今后中国的独立。中国社会舆论在这个问题上完全一致。中国代表团已收到来自全国各地以及南北立法机构的电报,呼吁代表们坚持完全归还"。威尔逊说"他心里十分清楚这个问题所涉及的原则"。顾维钧问"最高委员会是否会再召开一次会议,听取中日双方的意见",威尔逊说"无此必要",他十分了解顾维钧"陈述的中国要求所基于的理由和原则"。①

从威尔逊同顾维钧这次谈话看,值得注意的有两点:第一,威尔逊已不再提在山东问题上美国将支持中国,第二,不愿再次召开会议听取中国申诉。这说明自威尔逊于 3 月 14 日回至巴黎后,逐渐从支持中国的立场转向对日妥协。中国代表团感到英、法与日本订有密约,保证在和会上支持日本对山东的要求,担忧威尔逊会像欧战期间一样,牺牲中国利益,对日本让步,则中国收回德国在山东权利的前景将会愈益黯淡,于是,加紧进行游说活动,4 月 2 日,顾维钧会晤威尔逊的心腹豪斯上校谋求援助。② 4 月 8 日,顾维钧将他草拟的一份关于山东问题的备忘录,通过蓝辛转呈威尔逊,备忘录指出"关于中国要求将胶州租借地,胶济铁路和其他德国在山东省的有关权利直接交还中国问题,

① *The papers of Woodrow Wilson*, Vol. 53, Princeton: Princeton university Press, 1986, PP. 635—637.

② Arthur Walworth: *Wilson and his peacemakers, American diplomacy at the paris peace conference*, 1919, New York, 1986, P.367.

中国政府希望尽早解决",请求威尔逊将这一问题"提交四国政府首脑会议作出决定",备忘录说如四国首脑会议拒绝中国上述要求,不仅会破坏中国的"政治独立、领土完整和经济繁荣",而且亦会损害外国在华利益。顾维钧在备忘录中列举事实,说明青岛的重要性以及日本占领该地后所获得的巨大利益:"青岛为中国沿海最优良港口,它经由铁路系统同主要生产和销售中心相连接,在很大程度上控制着华北全部贸易。因此让这一口岸或胶济铁路掌握在任何外国手中,就会成为该国获得商业统治地位并破坏各国商业机会均等原则的最强有力武器。日本临时占据青岛还不到三年,在青岛贸易中已获得优势份额,例如,1913 年,日本在青岛进口贸易中所占份额还不到 35%,1917 年却超过 57%。出口贸易的情况也大体相似,1913 年日本在青岛出口贸易中所占的份额为 7.9%,1917 年却是 59%。近三年来,该口岸航运所发生的变化更为明显。1913 年各国船舶结关离港的总吨数为 1300442 吨,其中日本占 222693 吨;1917 年总吨数为 1600459 吨,日本占 1114159 吨"。备忘录指出,"将青岛租借地归还中国,同时,允许日本在那里拥有专属租界看来是不适当的",因为"日本指定为他们专有租界的地段包括青岛全部财税来源地区,它是青岛的商业区,从他们绘制的地图看,海关、港口、码头与胶济铁路终点站均在日本租界内,通过填海造陆,其面积还可扩大"。接着,备忘论述了德国在山东的权利何以不能由日本间接归还,而是应直接归还中国的原因,备忘录指出,"经由日本间接归还可能含有言外之意,中国政府亟望避免。间接归还一事,可以说成是对 1915 年春日本递交'二十一条',以最后通牒方式强迫中国接受条约和换文的认可。在这些条约中有一项关于山东省的条约,大意是责令中国,完全同意日本政府与德国政府可能订立的有关处理德国在山东权利的任何协定"。中国政府认为间接归还,将会损害中国处理其对外关系的权利,并意味着承认日本在华有特殊地位,对于日本这一要求,"中国不能也不会承认"。

备忘录说,将德国在山东的权利直接归还中国是中国人民一致的愿望,"他们企盼美国和其他大国对中国的要求给予友好支持",关于英、法等国曾同日本订有密约,"保证在和会上支持日本"获得德国在山东权利的问题,备忘录指出,当英、法等国作出这一保证时,"中国仍然是一个中立国",随着中国成为交战国,德国在山东的权利已被废止,因而"这些保证已完全不适用……即使撇开这一点,这些保证的有效性也为威尔逊总统十四条原则所否定",随后,"这十四条原则已被英、法、意、日四国所全部接受,作为现在缔结对德和约的基础"。中国政府"恳切希望美国政府进行调停,劝使四大国不要让所谓的保证阻止他们向中国伸出援助之手"。① 看来,顾维钧这份备忘录对威尔逊的思想有所触动,他曾仔细阅读,并在多处段落下面画线。4 月 15 日,威尔逊在四国首脑会议上,对中国要求直接归还德国在山东的权利,表示同情。英国坚持其支持日本的立场。英国外交大臣巴尔福(Balfour)提醒威尔逊说,英国有义务支持日本,在任何情况下,他都不会反对将德国在山东的权利让与日本,然后由日本交还中国。他认为这是涉及"民族自尊心的事"。② 法国持同样立场,威尔逊见阻力很大,只得退而求其次,4 月 16 日,由蓝辛出面在五国外长会议上建议,将德国在山东的租借地和其他各项权利先交和会暂收,"俟中国将青岛及山东省内要点,按照协约国另议之办法开作商埠后,即将前项各权利、利益,交还之"。③ 英、法两国代表保持沉默,日本代表牧野坚决反对,他声称"青岛问题,中、日业有成约,应由日本转交"。④ 根据威尔逊意见,4 月 17 日,美国代表团又在和约起草委员会建议德国在山东的权利,交由美、英、法、意、日五大国处理,仍遭日本反对。此时美国国内同情和支持中国的舆论占了上风,出席和会的美国代表团内,绝大多数成员均力主在山东问题上不向日本让步,威尔逊左右为难,心情十分矛盾。4 月 18 日,威尔逊在四国首脑会议上,撇开颇为棘手的山东问题,建议列强放弃他们在中国的势力范围。美国在华并无势力范围,该建议对美国在华权益既不会带来任何损害,又能表明他仍同情于中国。英首相劳合·乔治(Lloyd George)识破了威尔逊的意图,淡然回答说只要能保证实行对华门户开放政策,英国可考虑取消在华势力范围。⑤ 威尔逊上述建议除让处于

---

① *The papers of Woodrow Wilson*, Vol. 57, Princeton: Princeton university Press, 1987, PP. 298−301.

② Seth P. Tillman: *Anglo-American Relations at the paris peace conference of* 1919, Princeton: Princeton university press, 1961, P.335.

③ 近代史资料专刊《秘笈录存》,中国社会科学出版社 1984 年版,第 131 页。

④ 近代史资料专刊《秘笈录存》,中国社会科学出版社 1984 年版,第 131 页。

⑤ Seth P. Tillman: *Anglo-American Relations at the paris peace conference of* 1919, Princeton: Princeton university press, 1961, P.335.

困境的中国代表团感到一点安慰外,未产生任何作用和影响。英、法两国的态度使日本代表团很受鼓舞,他们一方面摆出决不妥协姿态,另一方面在威尔逊极为关心的国联盟约问题上大做文章,要求修改并增加种族平等内容,故意给威尔逊制造麻烦,迫使后者在山东问题上向日本让步。早在1919年2月,日本代表就曾建议在国联盟约前言中加上一段反对种族歧视内容,4月2日,日本全权代表牧野在新闻发布会上宣称如和会不同意日本建议,对国联盟约进行修改,加上种族平等内容,日本政府可能拒绝参加国联。① 威尔逊感到如同意日本建议,则意味着日本能合法地向美国移民,必遭美国国会反对,为国内共和党政敌攻击国际联盟提供借口。英国代表团也认为接受日本建议,将为其无限制地向英国自治领地加拿大、澳大利亚等国移民消除障碍,明确表示反对。威尔逊迫切需要英国在建立国联问题上给予支持,决定对日本的建议进行抵制。4月11日,日本代表团在国联委员会会议上,再次提出,必须在国联盟约前言中加上一段有关种族平等,以及公平地对待他国公民的内容,并作为一项提案要求会议付诸表决,表决结果在总票数17票中,11票赞成日本提案,6票反对。威尔逊根据修改盟约必须获国联委员会成员一致同意的原则,强行宣布日本提案失败。日本代表团并未就此罢休,扬言将继续提出这一问题,以此向威尔逊施加压力。

　　4月21日晨,代表团主要成员牧野和珍田拜访威尔逊,双方进行了一个多小时的谈话,在谈到山东问题时,威尔逊重申蓝辛的建议:"现在由德国放弃的土地,首先应交给作为一个整体的协约国",此后,基于充分讨论,由对德和约条款决定这些土地如何处置。日本代表争辩说解决山东问题同解决德国其他领地的问题有别,"因为中、日两国曾签订1915年条约,该条约已规定山东问题解决办法,此外,在中国参战后的1918年两国又曾正式换文,就实施这一条约的办法达成协定……山东问题只是执行条约安排的事情……此项条约已在日本公布,日本国民相信在谈判和约时,山东问题会根据条约条款解决。如果和会采用一种完全不同的方式解决这一问题,当然是对日本一种出乎意

---

① Arthur Walworth: *Wilson and his peacemakers, American diplomacy at the paris peace conference*, 1919, New York, 1986, P.310.

料的冲击并会引起日本国民怨恨"，①日本代表声称，以五强国名义收回租借地有损日本国民荣誉，他们肯定不能接受此类解决办法，威尔逊解释说："协约国的概念包括作为五强国之一的日本在内，所以让与权给予五强国，自然也包括将让与权给予日本的意思"，威尔逊说，基于同样道理，和会已认可日本对太平洋诸岛以及其他殖民地实行委托管理。日本代表反驳说，对某些缺乏近代文明的殖民地实行委托管理，目的是为了促进该地发展，像中国这样一个文化发达的国家，领土问题必须按不同原则处理，两者不能混为一谈。日本代表表示，在山东问题上，日本决不让步，希望威尔逊能理解并支持日本的要求，他们说假如和会"对业已存在而且有明确说明的条约尚且弃而不顾，决定用一种完全不同方法解决山东问题，很难判断日本全权代表最终是否可能放弃签订初步条约"，②言辞委婉，传出的信息却明白无误，也即如果和会不同意日本的要求，日本将拒签和约，这无疑使威尔逊感受到了巨大压力，迫使他作出有利于日本的抉择。谈话结束时，威尔逊声称他同日本代表的会谈是富有成果的，他已了解到许多重要事实的详细情况，他将同蓝辛会晤，进一步讨论这些问题。③ 蓝辛则始终反对日本在山东问题上的要求，他在 4 月 21 日致威尔逊的信中说："我强烈认为中国关于山东权利的正确主张应予同意，也即胶州租借地以及德国在山东的其他权利，应直接归还中国"。④ 4 月 22 日，蓝辛获珍田来函，言及胶州租借地归还中国问题。珍田表示日本政府希望该问题应按 1915 年 5 月 25 日中、日换文条款解决。蓝辛当即将珍田来函转呈威尔逊，他在致威尔逊信函中说，珍田所指 1915 年条约，"是在日本派军赴华并对中国送交最后通牒，限 48 小时内同意情况下签订的"。他强调指出，如按照 1915 年 5 月条约解决山东问题，无疑是"将果核留给日本，空壳归还中国"。⑤ 此际，威尔逊同情中国的立场已彻底动摇，为使旨在分赃的巴黎和会尽快摆脱困

① *The papers of Woodrow Wilson*，Vol.57，Princeton：Princeton university Press，1987，P.582.

② *The papers of Woodrow Wilson*，Vol.57，Princeton：Princeton university Press，1987，P.582.

③ *The papers of Woodrow Wilson*，Vol. 57，Princeton：Princeton university Press，1987，PP.584-585.

④ *The papers of Woodrow Wilson*，Vol.57，Princeton：Princeton university Press，1987，P.561.

⑤ *The papers of Woodrow Wilson*，Vol.57，Princeton：Princeton university Press，1987，P.597.

境,他伙同劳合·乔治与克莱蒙梭,强迫中国代表团同意日本的侵略要求。

4月22日晨,四国首脑会议在威尔逊的巴黎寓所举行,讨论山东问题,意大利总理奥兰多(Orlando)未参加会议,日本代表牧野和珍田应邀出席,中国代表团被拒于会议大门之外。会议刚开始,法国总理克莱蒙梭即对威尔逊说:"今天早上,我再次阅读了我国同日本订立的条约,这项条约使我们对日本承担了义务,英国也是如此。我要将这一情况预先通知您"。① 克莱蒙梭这里讲的条约是指1917年2月和3月,英国、法国与日本订立的两国将在和会上支持日本对山东要求的密约,克莱蒙梭提到这些密约,意在告诉威尔逊,他们将遵守条约,支持日本。

会议首先听取日本全权代表牧野发言,牧野在会议上宣读了一份声明,主旨在于说明日本提出的解决山东问题的方案公平合理,牧野说:"1914年8月15日,日本向德国送交了一份最后通牒,劝告德国将胶州租借地无条件地交付日本,以便归还中国。德国未按规定时限作出答复,迫使日本不得不动用陆、海军兵力,日本采取的各种步骤均曾同英国协商和合作。1914年11月7日,德国的要塞胶州连同山东铁路均被夺取,至今仍由日本占领。鉴于战争已经结束,1915年1月,日本向中国交涉,旨在事先达成一项协定,作为该租借地归还中国并处理德国在山东权利的基础,以便使德国在战后和会上无法找到拒绝承认日本要求的借口,使之不可能恢复其在华势力,再次对远东和平构成威胁。谈判结果,1915年5月25日,签订有关山东省的条约并附有一项换文。在该条约中,中国承认日本政府与德国政府可能订立的有关德国在山东省的一切权利、利益让与日本的所有事项;根据换文,日本向中国声明,在它获得胶州租借地自由处置权的情况下,愿按下列条件将该地归还中国:1. 将胶州全部开放为通商口岸。2. 在日本政府指定地区内建立一处日本租界。3. 如列强要求,可建立一处公共租界。4. 在归还该租借地前,日、中两国政府就有关处置德国国有建筑物和财产,以及其他条件和手续进行商定"。接着,牧野言及1918年9月,中国政府同日本银行家在东京订立有关修建济顺、高徐两铁路贷款协定,他说根据这一协定,中国政府获得2千万日元预付金,如果不预

---

① *The papers of Woodrow Wilson*,Vol.57,Princeton:Princeton university Press,1987,P.599.

先假定 1915 年 5 月条约的存在及其有效性,1918 年 9 月的协定是不可能订立的。针对顾维钧所说 1917 年 8 月中国对德宣战后《胶澳租界条约》已被废止,德国在山东权利不复存在,牧野诡辩说中国代表团这一主张是同"国际法法规不相容的。从租借条约性质看,德国在胶州租借地内行使主权,可以视为一种纯粹的割让……宣战不能废止一种割让条约……这是一种普遍被接受的原则"。① 牧野讲话完毕,向会议递交了一份日本书面要求,共两条,主要内容是日本要求将胶州领土以及领土内属于德国国家所有动产与不动产、胶济铁路与支线及其附属物,包括车站、各类车辆、矿山,属于德国国家所有的从青岛至上海以及从青岛至烟台的海底电缆等全部转交日本,并载入对德和约。日本代表珍田在会议上公开宣布日本代表团已获政府紧急训令,如果和会不接受日本上述要求,日本将拒签对德和约。日本的威胁果然奏效,终于迫使威尔逊在山东问题上完全倒向英、法、日一边。他在会议上说:"我不愿干涉条约。正如劳合·乔治先生前些时所说,进行这次战争部分是为了确立条约的神圣性"。② 威尔逊决心以"条约神圣"为由,强迫中国接受日本的无理要求。

第五节　4 月 22 日下午会议为解决
山东问题定下基调

1919 年 4 月 22 日下午,为解决山东问题,四国首脑会议继续在威尔逊的巴黎寓所举行,出席会议的有威尔逊、劳合·乔治与克莱蒙梭,意大利总理奥兰多仍未到会,日本代表亦未参加,中国代表陆征祥与顾维钧应邀出席。参加会议的还有"四国首脑会议"秘书英国人汉基中校(Lieutenant Colonel Hankey)与法国翻译芒图教授(Professor Mantoux),汉基与芒图对这次会议作了记录,从两人的会议记录看,前者详于后者,但前者的记录止于中国代表退

① *Papers Relating to the foreign Relations of the united States*,*The paris peace conference*,1919,vol.5,Washington:Government printing office,1944,PP.123-126.
② *Papers Relating to the foreign Relations of the united States*,*The paris peace conference*,1919,vol.5,Washington:Government printing office,1944,P.130.

席,芒图的记录,有中国代表离会后,威尔逊等人的议论。两种会议记录所记与会者发言先后次序和内容,基本一致。①

会上,威尔逊与劳合·乔治以条约神圣,必须遵守为由,不断引证中日双方订立的 1915 年与 1918 年有关山东的条约条文,他们此唱彼和,配合默契,强迫中国接受日本的无理要求。

会议开始,威尔逊即宣读 1915 年 5 月中日双方有关山东换文内容,照念 1918 年 9 月中、日修筑济顺、高徐铁路贷款协定主要条款与中日两国再次换文,念完后,他责问顾维钧说:顾先生在法国外交部召开的“十人会”上,要求将胶州与德国在山东的权利直接归还中国时,曾坚持说,因中国参战,中国与德国订立的协定已被废止。“但这并未废止中日两国政府在中国参战前达成的协定,特别是在你们宣战后签订的协定”。② 顾维钧回答说“1915 年条约以及随后换文是日本向中国提出‘二十一条’的结果,是同一事件最重要部分”,他相信在“十人会”上他已说清楚了这一点,顾维钧继续说“日本在对中国发出最后通牒后订立的条约和换文,不符合正常缔约手续和程序,应作为战时发生问题处理”。劳合·乔治故意问道“他(指顾维钧——引者)谈到的最后通牒指的是什么”? 威尔逊问劳合·乔治:“难道你从未听说过‘二十一条’?”劳合·乔治回答道:“没有听说过”。③ 于是,顾维钧只好将“二十一条”主要内容,以及日本向中国送交最后通牒,采用武力威胁手段,强迫中国签订《山东条约》与换文的经过叙述一番,并揭露近年日本扩大侵略山东的行径:“自日本占据胶州后,近四年来,日本深入拥有 3600 万人口的山东省腹地,引起山东一般群众极大不安,结果出现骚乱和麻烦,中国政府曾提出抗议,要求日本将其驻扎在胶济铁路沿线 250 英里的日军撤走,被日本拒绝。他们在山东内地设民政署,甚至通过向中国人民征收赋税并对其行使司法权,扩大日本对中国

---

① *Papers Relating to the foreign Relations of the united States*, *The paris peace conference*, 1919, vol.5, Washington: Government printing office, 1944, PP.138-148. P.Mantoux: Les délibérations du Conseil des Quatre(24mars-28Juin, 1919) tome 1, paris, 1955, PP.329-336.

② P.Mantoux: *Les délibérations du Conseil des Quatre*(24mars-28Juin, 1919) tome 1, P.330. *Papers Relating to the foreign Relations of the united States*, *The paris peace conference*, 1919, Vol.5, P.140.

③ *Papers Relating to the foreign Relations of the united States*, *The paris peace conference*, 1919, vol.5, P.141.

人民的控制,中国人民反对日本扩大控制的情感十分强烈,以致中国政府被迫采取促使日本撤军并取消民政署的紧急措施,直到这一问题最终能在和会上得以解决时,紧张局势才会解除"。① 英国在中国,特别是在长江流域各省有重大政治与经济利益,欧战期间活跃在英国政治舞台上的劳合·乔治,不可能对日本提出的对华"二十一条"毫无所知,可是,他却在会上厚颜无耻地声称"没有听说过",企图避开日本采用暴力手段,武力胁迫中国签订山东条约的事实,将话题直接引向中日双方签订的有关山东条约与换文,等到顾维钧有关日本是如何通过上述条约和换文,获得大量侵略特权的发言完毕后,劳合·乔治立即抛出酝酿已久的解决山东问题方案,他说:"看来,日本政府通过对华条约所获得的权利比德国多",劳合·乔治提出了两种方案:1.遵守日本同中国签订的条约。2.将德国在山东的权利转交日本,中国代表必须在两种方案中选择一种。他问顾维钧"中国宁愿要哪一种"? 他说:"英国只受日本继承德国权利的约束",意即要求中国接受日本提出的方案,将德国在山东的权利转交日本。威尔逊唯恐中国代表对劳合·乔治所提方案产生抵触情绪,急忙解释说:"劳合·乔治先生的观点是日本可能要求享有比德国还要多的权利。鉴于英国和法国政府不得不支持日本享有德国曾获得的权利,他们想知道是让日本行使德国拥有的权利,还是让它得到对华条约权利,何者对中国较为有利"。② 会议进行至此,稍事休息,以便给中国代表进行协商的时间。

复会后,顾维钧首先发言,郑重宣布中国代表对劳合·乔治提出的两种方案不能作出选择,两者均不能接受。顾维钧说:"中国人民现在正处于十字路口。中国政府的政策是同欧美合作,也同日本合作。如果不能获得公正对待,中国可能被驱赶入日本怀抱。中国有一个小党派相信亚洲乃亚洲人之亚洲,他们要求同日本建立最密切的关系。但中国政府的立场是相信西方公正,将前途寄托于西方,如果从西方不能得到公正对待,最终反应可能是十分强烈的"。顾维钧继续说日本同中国订立的有关山东问题协定,以及英、法同日本

---

① *Papers Relating to the foreign Relations of the united States*, *The paris peace conference*, 1919, vol.5, Washington: Government printing office, 1944, PP.141-142.

② *Papers Relating to the foreign Relations of the united States*, *The paris peace conference*, 1919, vol.5, Washington: Government printing office, 1944, P.142.

签订的密约,其有效性是有问题的,因为它们是战时所产生。随后中国也亲自参战。现在作为和平基础的新原则已为各国所采纳,中国同日本订立的协定显然是同这些新原则相冲突的。① 顾维钧这里谈到的"新原则",即威尔逊所倡导的"十四条原则",他想提醒威尔逊注意维护自己的形象与美国威信,信守他所提倡的原则以及帮助中国的诺言。可是,此时此刻,威尔逊已彻底站到了英、法与日本一边,他再次打出"条约神圣"旗帜,批驳顾维钧发言,威尔逊说维护条约神圣性是进行这场战争的动因之一,"必须表明条约并非全然是废纸。如果条约同构成和平的原则不一致,我们仍然不能取消过去承担的义务",他还诡辩说英、法两国同日本订立的秘密协定是为了拯救中国,"因为这些协定是为拯救世界而订立,中国是世界的一部分。事实上,可以说这些协定正是拯救中国的文件"。② 会议不顾中国代表强烈反对,坚持中国必须从劳合·乔治提出的解决山东问题两种方案中选择一种,决定由美、英、法三国各派一名专家组成专家组,由专家组研究两种方案中何种对中国较为有利,向会议提出书面报告。威尔逊敦促中国代表继续考虑劳合·乔治所提方案。4月22日下午会议已为解决山东问题定下了基调。

顺便说说,王芸生先生在其所编著的《六十年来中国与日本》第7卷,对此次会议情况所作的评述,王先生说:

"四月二十二日开大会,中国代表被邀出席,威尔逊表示无能为力,并质问中国何以于一九一八年又欣然同意与日本订约?"王先生引证出席此次会议的陆征祥当日致北洋政府密电,作为上述评论依据,密电云:"美总统称:一九一八年九月,当时协约军事甚张,停战在即,日本决不能再强迫中国,何以又欣然同意与之订约?(指山东问题换文)"③实则此段质问词,并非出自威尔逊之口。从汉基的会议记录看,威尔逊在会上发言13次,如果加上芒图所记中国代表退席后他的两次谈话,一共15次,其中只有三次涉及1918年9月中

---

① *Papers Relating to the foreign Relations of the united States*, *The paris peace conference*, 1919, vol.5, Washington: Government printing office, 1944, P.146.

② *Papers Relating to the foreign Relations of the united States*, *The paris peace conference*, 1919, vol.5, Washington: Government printing office, 1944, PP.146-147.

③ 王芸生编著:《六十年来中国与日本》第7卷,三联书店1981年版,第305—306页。

日两国换文,但均无上述那段责问中国的言词。

当然,陆征祥密电所引的这段话也非凭空虚构,汉基与芒图两人的会议记录表明,讲此段话者并非威尔逊,而是劳合·乔治。

劳合·乔治就 1918 年中日两国换文责问中国的这段言论,是在他抛出解决山东问题的两种方案,逼迫中国必须在两者中选择一种之后。为了让中国代表有彼此商量的时间,会议停顿了片刻,顾维钧在同陆征祥商量后,郑重宣布,劳合·乔治提出的两种方案均不能接受。威尔逊完全赞同劳合·乔治所提方案,鼓吹条约不能违反,他说进行这场战争,"就是为了表明条约不能违反",又说"我们应当首先遵守条约,虽则我为导致你们在 1915 年同日本签订条约时所面临的形势感到惋惜"。① 威尔逊刚讲完这段话,劳合·乔治立即以责问的口吻说:"当 1918 年 9 月签订第二次中日条约时,形势已经不同了,因为这时候,我方已胜券在握",②又说:中国"对 1918 年 9 月换文本可抵制到底",③也即中国政府在德国垂败,和会即将召开之际,再次同日本换文,并非如 1915 年那样出于被迫,而是自愿。劳合·乔治讲这段话是经过深思熟虑的,英国代表团主要成员外交大臣巴尔福也认为,1918 年 9 月中日两国订立有关山东的协定与换文,并非由于日本采用武力威胁手段,而是出于中国自愿,他说不管对 1915 年条约作出何种解释,"中日之间订立的 1918 年条约是两个主权国家的一种自愿交易,它给予了中国特别重要的利益"。④

顾维钧针对劳合·乔治上述质问,再次解释说:"1918 年换文是订立山东条约的结果,而山东条约则是由于日本对华提出二十一条的缘故。它是同一事件的一部分"。⑤ 威尔逊同意顾维钧上述解释,他说:"1918 年的换文是由

---

① *Papers Relating to the foreign Relations of the united States*, *The paris peace conference*, 1919, vol.5, P.143.P.Mantoux: *Les délibérations du conseil des Quatre*(24 mars−28 Juin, 1919) tome 1, P.333.

② P.Mantoux: *Les délibérations du conseil des Quatre*(24 mars−28 Juin, 1919) tome 1, P.333.

③ *Papers Relating to the foreign Relations of the united States*, *The paris peace conference*, 1919, vol.5, P.143.

④ *British documents on foreign affairs*: *Reports and papers from the foreign office Confidential Print*, Part 2, series 1, Volume 12, university publication of America, 1991, P.145.

⑤ *Papers Relating to the foreign Relations of the united States*, *The paris peace conference*, 1919, vol.5, Washington: Government printing office, 1944, P.143.

前一个协定所派生",①他宣读《山东条约》的第 1 条和第 2 条,②并说"中国当时只有接受,别无选择"。③ 1918 年中日两国换文,北洋政府一直秘而不宣,鲜为人知,但对威尔逊政府而言却并非什么秘密,因为早在 1918 年 10 月,日本驻美大使馆就将日本向中国提供贷款修建济南至顺德、高密至徐州两铁路一事,书面通知美国政府,并说修建上述两路是根据 1915 年《中日山东条约》第 1 条的规定。④ 威尔逊曾在 1915 年亲自指导美方同日本谈判有关"二十一条"的问题,他对 1918 年中日换文的前因后果是心中有数的,没有也不可能明知故问或借题发挥,责难中国代表。

当日会后,中国出席巴黎和会代表团举行第 72 次会议,出席会议的有陆征祥、王正廷、顾维钧、魏宸祖、胡惟德等。会上,陆征祥汇报了下午会议情况,特别提到英总理劳合·乔治就 1918 年 9 月中日换文一事对中国代表提出质问。⑤ 陆征祥在此次会议上的讲话全文已载入《我国讲和专使团会议记录》。⑥ 同一天,陆征祥致北洋政府密电,此即王芸生先生借以立论的唯一论据,该密电现已公开发表,其内容与中国出席巴黎和会使团第 72 次会议记录完全相同,现照录如下:

"英总理称:一九一八年九月,当时协约军事甚张,停战在即,日本决不能再强迫中国,何以又欣然同意与之订约"?⑦

当时在巴黎的中国社会名流张君劢为《晨报》撰写的有关和会专文也证

---

① *Papers Relating to the foreign Relations of the united States*, *The paris peace conference*, 1919, vol.5, Washington: Government printing office, 1944, P.143.

② *Papers Relating to the foreign Relations of the united States*, *The paris peace conference*, 1919, vol.5, Washington: Government printing office, 1944, PP.143—144.

③ *Papers Relating to the foreign Relations of the united States*, *The paris peace conference*, 1919, vol.5, Washington: Government printing office, 1944, P.143.

④ *Papers Relating to the foreign Relations of the united States*, 1918, Washington: Government printing office, 1930, P.205.

⑤ 《我国讲和专使团会议记录》"第七十二次会议记录",八年四月二十二日,见《晨报》1920 年 2 月 19 日,亦见《申报》1920 年 2 月 11 日。

⑥ 《我国讲和专使团会议记录》"第七十二次会议记录",八年四月二十二日,见《晨报》1920 年 2 月 19 日,亦见《申报》1920 年 2 月 11 日。

⑦ 《法京陆专使电》(八年四月二十二日),见近代史资料专刊《秘笈录存》,中国社会科学出版社 1984 年版,第 131—132 页,引文中的重点是笔者所加。

实,劳合·乔治曾针对 1918 年换文,非难中国,张君劢说:"吾闻 4 月 22 日……英相劳合·佐(乔)治告吾全权,若曰 1915 年之约为日本爱的美敦书(即'最后通牒'——引者)所迫,不得不然。然 1918 年之约又岂有所谓爱的美敦者,中国既已自署名矣,乃要求他人主张废约,天下宁有此等儿戏事"。① 1919 年 7 月 3 日,《晨报》曾刊登一篇该报记者寄自巴黎的通讯,再次说明英国首相劳合·乔治以 1918 年换文一事,向中国代表提出质询。② 看来,王芸生先生在引证史料上的失误已至为明显,无须再作论证。王先生引证的上述史料可能来自陆征祥回国后向北洋政府送交的报告,他在有关中国代表团参加巴黎和会的报告中,叙述 4 月 22 日下午会议情况时,采用了张冠李戴手法,将英总理就 1918 年 9 月中日换文一事责难中国的那段话,改为"美总统谓一九一八年九月,当时协约军事甚张,停战在即,日本决不能再强迫中国,何以又有换文"?③ 陆征祥将这段话从"英总理称",改为"美总统谓",并非一时疏忽,而是另有原因。

1918 年 9 月中日两国秘密换文公布后,招致中国社会舆论猛烈抨击,舆论界普遍认为此次换文无异承认日本强加于中国的《山东条约》,极不利于山东问题公正解决。梁启超指出"日本占据胶济铁路数年来,中国纯取抗议方针,不承认日本承继德国权利。去年九月,德军垂败,政府究何用意,与人订约自缚"?④ 4 月 23 日,《晨报》发表了该报记者寄自巴黎的文章,严厉谴责 1918 年 9 月换文,文章说:"去年九月,正德军垂败之际,和会之开,指日可待,我政府究何居心,乃忽以其时与日本缔结此约,不啻将日本承袭德人遗产之权利,由我加一重保证。夫民国四年五月七日之密约,出于最后通牒强迫之结果,本非我所能甘也。去年九月之约,我乃如蛾之自投火焉……呜呼! 他日若失败者,则虽脔割订约当局之人,恐不足以谢天下也"。⑤ 4 月 30 日,巴黎和会作出决定,由日本继承德国在山东的权利,并载入《凡尔赛和约》。消息传来,举

① 张君劢:《巴黎和会中吾国外交之经过及其致败原因》,《晨报》1919 年 7 月 10 日。
② 《山东问题失败之始末》,《晨报》1919 年 7 月 3 日。
③ 《陆专使等参与欧和会报告》,《晨报》1920 年 3 月 28 日。
④ 《梁任公与我国讲和问题》,《晨报》1919 年 4 月 6 日。
⑤ 《和会初幕与中国地位》,《晨报》1919 年 4 月 23 日。

国沸腾,直接导致"五四运动"爆发,亲日派曹汝霖、陆宗舆与章宗祥成为全国一致声讨的大卖国贼。陆征祥是1915年中、日《山东条约》签订者,自知罪孽深重,难逃舆论谴责,此次作为中国代表团团长在和会上又遭失败,更加惶恐不安,他在上呈北洋政府的报告中,突出1918年9月中日换文事件,并将责问这一换文的人从劳合·乔治更改为中国知识界公认一向同情中国的威尔逊,意在强调1918年9月换文事件的严重性,试图说明收回山东利权阻力极大,中国外交在巴黎和会遭遇失败难以避免,借以减轻自己应负的责任。此外,威尔逊背信弃义,支持日本,欺压中国,不仅在中国人民心目中信誉扫地,而且也招致美国政界与社会舆论反对,处境十分艰难,其第2届总统任期将满,且重病缠身,很可能会退出政治舞台,陆征祥估计他在报告中着重强调威尔逊支持日本,非难中国,既不会冒太大政治风险,又可宣泄中国广大知识分子对威尔逊怨恨情绪,符合社会舆论和民意。

从会议记录看,劳合·乔治在4月22日下午会议上扮演了主凶角色,他在会上大肆吹嘘日本对打败德国作出的贡献,胡说1917年他们同日本订立的密约有助于保护中国,他说这一密约是英国急需支持的时刻订立的,"这是一项庄严的条约",现在,我们不能对日本说:"非常感谢。当我们需要你们帮助时,你们提供帮助,但现在我们认为这项条约是坏条约,不应执行",不能"将条约当废纸",何况"战争获胜中国也受到保护,如果德国打赢这场战争,希望得到山东或北京,它就能得到这些地方",[①]并抛出了他们精心炮制的解决山东问题方案,以"条约神圣"为论据,强迫中国遵守同日本订立的条约,同意将胶州租借地以及德国在山东的权利转交日本。

4月22日下午会议表明,在山东问题上,威尔逊已完全站到了日、英、法三国一边,叫嚷条约不能毁弃,必须遵守,赞同劳合·乔治提出的解决山东问题方案,准备牺牲中国根本利益,对日本作出让步和妥协。巴黎和会召开前夕,威尔逊在同顾维钧谈话中曾宣称,他将在和会上"尽力支持中国",现在这位被认为是中国忠实朋友的威尔逊却成了助纣为虐欺压中国的帮凶,从现象

① *Papers Relating to the foreign Relations of the united States*, *The paris peace conference*, 1919, vol.5, Washington: Government printing office, 1944, P.147.

上看确实有些扑朔迷离,令人费解,其实如果我们联系第一次世界大战期间,威尔逊对日本侵略山东的政策,考察他出席和会所渴望达到的主要目的,则不难理解,具体地说,威尔逊与英、法两国领导人同流合污,决定在山东问题上对日本让步,是由以下因素促成的:1.山东一向是德国势力范围,美国在该省并无重大政治与经济利益,所以1914年美国拒绝袁政府关于制止日本侵略山东的请求,1915年,美国与日本就"二十一条"问题进行秘密谈判期间,威尔逊政府为了换取日本 同意维护美国在华利益,明确承认日本在山东的特殊地位,山东与南满、东蒙一样,同为日本势力范围,山东问题早已成为美国同日本进行幕后交易时讨价还价的筹码。由此观之,在4月22日下午会议上,威尔逊赞同德国在山东的权利由日本继承,只不过是故伎重演。2.云南、广东与广西是法国势力范围,英国一向视长江流域各省为自己的势力范围,日本控制山东并未损害英国与法国利益,并且,1917年2月英国与日本订立的密约是一项分赃条约,根据此约,英国保证在和会上帮助日本获得德国在山东以及太平洋赤道以北各领土,日本同意支持英国获得德国在太平洋赤道以南的岛屿,这项条约涉及英国利益,故劳合·乔治一再鼓吹必须遵守条约。法国总理克莱蒙梭早已扬言法国将信守1917年春法国与日本订立的密约,在和会上支持日本对德国在山东以及太平洋赤道以北领土的要求。4月中旬,美国曾提出胶州以及德国在山东权利暂由和会接管,后又改为交五大国处理,均遭英、法否决。威尔逊因反对意大利占有阜姆,同意大利总理奥兰多闹僵,奥兰多已不止一次地拒绝参加四国首脑会议表示抗议。威尔逊考虑到如果在山东问题上不能与英、法达成谅解,引起后者不满或反对,美国在和会上会陷于孤立,许多棘手问题将难以解决。3.威尔逊始终将建立美国领导的国际联盟作为必须完成的首要任务,从巴黎和会揭幕时起,威尔逊几乎将全部精力用于国联盟约的制定,他在巴黎和会期间一度返回国内,也主要是为了说服共和党议员赞同他建立国联的具体方案。他坚决抵制以洛奇为首的共和党议员对他主持起草的国联盟约的抨击,在离美返回巴黎前夕发誓要带回一项包括盟约在内的对德和约。日本政府看出了威尔逊这一致命弱点,指示其出席和会的代表,如日本有关山东问题的要求不能得到满足,则拒签和约,退出和会。4月21日晨,牧野和珍田已向威尔逊透露了上述指示内容,次日晨,日本代表又在会议上宣布日本政府这一紧急指示,引起威尔逊严重疑虑和不安,他感到意大利因要求占有阜姆遭拒绝,已有退出和会倾向。盟约是和约一部分,如日、意两大国拒签和约,在威尔逊看来成立国际联盟的计划很难实现,他在国内的反对派定会受到巨大鼓舞,①他的政治威信亦将遭受严重损害。威尔逊还担心即使国联能够成立,留在国联大门之外的日本,"会在远东为所欲为",②危害美国利益,由于上述原因,威尔逊决定牺牲中国,再次同日本妥协。

第六节　中国代表团无力挽回败局

威尔逊不惜损害中国国家利益,继续推行对日妥协退让政策,遭到美国代表团绝大多数成员反对。4 月 22 日傍晚,代表团成员中国问题专家威廉斯面见威尔逊,后者向威廉斯谈到了下午讨论山东问题情况,并说英国和法国受他们同日本订有协定的约束,"这是一场强制执行条约的战争,虽则某些条约是不合理的"。威廉斯反驳道:"用武力和威胁方式强迫签订的条约也应具有约束力"? 威尔逊知道他指的是 1915 年中、日《山东条约》,只好说"日本可能不会承认他们是以哪种方式达到签订条约的目的"。③ 他告诉威廉斯,下午会议决定成立美、英、法三国专家小组,研究劳合·乔治提出的两种解决山东问题方案,何种对中国损害较小,他要威廉斯参加专家小组,威廉斯遂提出另一种解决山东问题办法,他的意见是"废除德国同中国签订的条约,德国放弃所有权利,所有德国国家财产自动无偿地归还中国,但发表一项声明,德国在山东的财产已在战争中被英国和日本夺取,现由日本占有,日本在一年内将其移交中国"。④ 威尔逊对威廉斯的意见持否定态度。

中国代表团对 4 月 22 日下午四国会议决定感到焦急,当晚,顾维钧会见

---

① Robert Lansing:*The peace Negotiations*,*A personal Narrative*,Boston and New York:Houghton Mifflin Company,1921,P.245.

② Paul Mantoux:*Les délibérations du Conseil des Quatre*(24mars-28Juin 1919),Tomel,Paris,1955,P.336.

③ *The papers of Woodrow Wilson*,Vol.57,Princeton:Princeton university Press,1987,P.626.

④ *The papers of Woodrow Wilson*,Vol.57,Princeton:Princeton university Press,1987,P.626.

蓝辛,告以下午会议劳合·乔治提出解决山东问题的两种方案,表示中国代表团对此深感失望,再次吁请美国帮助中国。4月23日,顾维钧等人起草了一份备忘录,以陆征祥名义,于4月24日分别送交威尔逊、劳合·乔治与克莱蒙梭。备忘录重申中国不能接受4月22日会议上劳合·乔治提出的两种解决山东问题方案。针对威尔逊等人关于必须履行条约义务的论点,备忘录指出1915年的条约和换文是在中国并未启衅,日本却向她递交最后通牒后完成的,要中国遵守上述条约和换文"是对严重侵犯中国主权的鼓励"。1918年换文则是由1915年条约所派生。备忘录进一步指出:"中国代表团感到遗憾的是,法国与日本,以及英国与日本之间存在某种保证日本获得德国在山东权利的秘密协定。订立这些协定时并未同中国协商,当中国应邀参战时也未告诉她秘密协定内容。中国是站在协约国一边的忠实参战国,要中国为日本扩张政策而牺牲她的权利和将来的福利,这公平吗?"①接着中国代表团在备忘录中提出了四项解决山东问题办法,即:"1.德国将其在山东租借地,权利和特权交与5强国,以便交还中国。2.日本承诺在对德和约签字后一年内,将现为日本占有的上述德国在山东的租借地、权利和特权交还中国。3.中国同意对日本攻占青岛时所耗军费给予一笔特别补偿金,其金额由四国委员会决定。4.中国同意将胶州湾全部开作商埠。如有必要,可划出一个特殊区域,供订有条约国家的公民与臣民居住"。②从上述方案看,中国代表团为了走出困境,已作出了让步。日本代表团认为威尔逊的态度有很大变化,形势对他们十分有利,摆出不达目的决不罢休的架势,4月24日,日本代表团以团长西园寺名义致函和会,要求迅速解决山东问题。同一天,由美国人威廉斯、法国人古(Jean Gout)以及英国人麦克里(Ronald Macleay)组成的专家小组就4月22日会议上,劳合·乔治所提两种方案,何种对中国损害最小,向最高委员会递交报告,报告认为德国在山东的权利以及胶州租借地由日本继承,对中国较为有利,威廉斯在送交专家小组报告的同时,致函威尔逊,重申他本人反对,劳合·乔治提出的两种解决山东问题方案。威廉斯指出劳合·乔治提出的第一种方

---

① *The papers of Woodrow Wilson*, Vol.58, Princeton: Princeton university Press, 1988, P.68.

② *The papers of Woodrow Wilson*, Vol.58, Princeton: Princeton university Press, 1988, PP.69-70.

案是让日本享有德国在山东的权利,其主要理由是日本已从德国手中夺取胶州,他认为这一理由是站不住脚的。他说如果按照这一逻辑,我们可以向法国提出占有圣米耶勒(ST.Mihiel),"因为这个地方是我们从德国手中夺取的"。他说"日本在山东对中国和远东和平构成的危险远比德国占有山东时大。4年多来日本在那里纵容走私,助长邪恶之风,严重侵犯中国人权利的事实已证明了这一点"。日本如拥有青岛坚强的海军基地78年,并永远控制山东的铁路和矿藏,就易于攻击中国的心脏地带。威廉斯指出,劳合·乔治提出的基于1915年条约解决山东问题的第二种方案更为有害。他认为1915年的条约应宣布无效,"因为这些条约比《布列斯特—立托夫斯克条约》更令人厌恶。后者是战争的结果,而前者却是通过派军进入中国并采用最后通牒高压手段,从一个爱好和平并未启衅且无防卫能力的民族那里勒索而来"。① 在这封致威尔逊的信中,威廉斯提出了第三种解决山东问题方案,主要内容是:"中德之间所有条约概行作废。德国(在5个强国同意下)放弃条约所赋予的各种权利和特权。有关德国在山东省内的租借地和财产,因中国对德宣战前已为英国和日本通过军事行动所夺取,至今为日本所占有,兹同意日本在和约签订后一年内基于下列条件将其转交中国:1. 在青岛建立一处公共租界,租界内的中国公民享有外国公民同样的政治权利。2. 中国同意补偿日本因夺取胶州而支出的费用"。② 威廉斯认为如上述条件还不能使日本人感到满意,"可以向他们暗示矿藏(这是他们主要关心的问题),可交由一个中日合资公司开采经营,最重要的是不让日本占有铁路,这一解决办法看来会保全日本的面子,同时也有助于防止它向中国提出过分要求"。③ 威廉斯的方案同4月24日中国代表团提出的方案基本相同,说明顾维钧等人为争取美国代表团主要成员支持中国而作出的努力,已获一定成效。

　　蓝辛等人赞同威廉斯的建议。蓝辛认为日本代表扬言如和会不能满足他们的要求,将拒签和约,退出和会,纯属讹诈,他坚信日本政府绝对不会放弃和会中作为5大国之一的优越地位,他们也不会冒失去国联执行委员会中主要

① *The papers of Woodrow Wilson*,Vol.58,Princeton:Princeton university Press,1988,P.70.

② *The papers of Woodrow Wilson*,Vol.58,Princeton:Princeton university Press,1988,P.71.

③ *The papers of Woodrow Wilson*,Vol.58,Princeton:Princeton university Press,1988,P.71.

成员国地位的风险,①力促威尔逊坚定立场,捍卫他所倡导的"十四条原则",抵制日本在山东问题上的无理要求,以维护并增进美国在华威信。甚至远在华盛顿的威尔逊秘书图玛尔提也致函威尔逊,鼓励他切勿向日本讹诈屈服,应强调"秘密条约以及某些大国自私图谋的危险性"。② 迫于美国内部反对向日本让步的呼声日益强烈,威尔逊无奈,只得同意蓝辛再与日本代表就山东问题进行协商。

4月25日,日本代表团获悉意大利总理奥兰多因威尔逊反对意大利占有阜姆,已愤而离巴黎回国,更为张狂,扬言如和会不能满足日本有关山东的要求,他们亦将退出和会回国,劳合·乔治也向威尔逊施加压力,要他满足日本侵略野心。威尔逊始终担心他长期策划,为之付出巨大心血的国际联盟,会因日本和意大利抵制而成为空中楼阁,他曾惴惴不安地对美国代表团成员贝克(R.S.Baker)说日本代表"并非是虚张声势的骗子,除非我们给他们索要的东西,否则他们将会回家","如果意大利人滞留不归,日本人回家,国际联盟的情况将会怎样"?③ 劳合·乔治推荐具有亲日倾向的英国外交大臣巴尔福直接同日本全权代表就山东问题进一步商谈,威尔逊表示同意。

4月26日,蓝辛约见日本全权代表珍田,双方就山东问题进行商讨。威廉斯应蓝辛邀请,参加了这次会谈,在会谈中,蓝辛指出日本有关山东问题的要求是基于1915年条约,但这项条约是日本强迫中国订立的,其有效性值得怀疑。珍田当即回答说中国代表也多次谈到这一点,接着就大肆鼓吹强权即真理,他说中日甲午战争结束,日本同中国签订《马关条约》,"规定南满割让日本,于是,俄国、法国与德国劝告日本将南满归还中国,日本太弱,无力抵抗三强国,只好顺从。但日本并未诉苦叫屈,一个有4亿人口的国家到处诉苦说他们被逼签订了这项条约,实属可笑"。珍田又说日本的确曾许诺"一旦德国将胶州租借地无条件和无偿地交与日本,日本愿将该地归还中国。德国并未

① Robert Lansing:*The peace Negotiations*,*A personal Narrative*,Boston and New York:Houghton Mifflin Company,1921,PP.245-246.

② *The ordeal of Woodrow Wilson by Herbert Hoover with a New introduction by Mark Hatfield*,Woodrow Wilson center press,1992,P.208.

③ G..R.Conyne:*Woodrow Wilson*,*British Perspectives*,1912-1921,London,1992,P.175.

这样做,日本不得不进行战争以便占有它,因此日本没有义务将此地归还中国。日本是通过征服获得该地的,有权按照自己的愿望保留此地",珍田声称日本代表团已获日本政府训令,如果德国在山东的权利不让与日本,日本代表将不签订和约,日本代表团"在这个问题上别无选择"。① 蓝辛与珍田会谈未获任何结果。英国外交大臣巴尔福同日本代表团的商谈却有所进展,会谈结束后,巴尔福在一份备忘录中,将双方谈话内容归纳如下:

1. 日本出于维护"民族尊严"考虑,不愿更改同中国所订条约的文字。

2. 日本准备将租借地内的完全主权归还中国,只保留德国享有的经济权利。

3. 日本在济南驻军,用日军守护胶济铁路,只是和约缔结后过渡时期所采取的临时措施,日本拟将过渡时期尽可能缩短。② 巴尔福将上述要点向威尔逊、劳合·乔治与克莱蒙梭作了汇报。

日本代表团获悉和会将于 4 月 28 日下行举行全体会议,通过威尔逊极为关心的国联盟约。为促使威尔逊完全接受日本有关山东的要求,他们使出了最后一招。4 月 27 日,牧野伸显通知巴尔福,日本准备接受国联盟约,不再要求增加种族平等内容。4 月 28 日晨,巴尔福将这一消息通知了威尔逊,更加坚定了威尔逊牺牲中国权益,同日本妥协的决心。

4 月 28 日下午,和会举行全体会议,日本代表声明不再坚持修改盟约,国联盟约草案在全会上被一致通过。蓝辛意识到"一场交易已经敲定,日本同意签订国联盟约以交换认可他们的要求"。③ 他在当天草拟的一份备忘录中指责威尔逊"为避免日本拒绝进入国联,放弃民族自决原则,将千百万中国人从一个外国主子手中转交给另一个外国主子……将胶州给予日本是一种背离伟大原则的实物交易"。④ 美国代表团成员布尼斯将军(General Bliss)以及怀特也持有同样观点,4 月 29 日晨,在蓝辛与怀特支持和赞同下,布尼斯致函威

① *The papers of Woodrow Wilson*, Vol. 58, Princeton: Princeton university Press, 1988, PP. 165-168.

② *Papers Relating to the foreign Relations of the united States*, *The paris peace conference*, 1919, vol.5, Washington: Government printing office, 1944, PP.324-325.

③ *The papers of Woodrow Wilson*, Vol.58, Princeton: Princeton university Press, 1988, P.185.

④ *The papers of Woodrow Wilson*, Vol.58, Princeton: Princeton university Press, 1988, P.185.

尔逊,批评他不该损害中国,向日本屈服,布尼斯在这封信的末尾尖锐地指出:"一个警察找回你失去的钱包,将钱包内的东西留下,并声称退还空钱包时,他已履行了他的职责,如果该警察的行为是正确的,那么,日本的行为可以容忍。如果说,日本吞并一个盟国的领土是正确的,那么意大利要求保留其从敌人手中夺取的阜姆就没有什么不对。如果我们支持日本的要求,就是抛弃中国的民主制度,使之接受日本普鲁士化的军国主义统治"。① 同日,美国代表团成员贝克也向威尔逊递交备忘录,呼吁维护中国利益,反对向日本妥协,他说日本的方案等于将"蚝壳交给中国,使日本获得蚝肉"。② 威尔逊拒绝采纳蓝辛等人的意见,中国外交在巴黎和会上失败已成定局。

第七节　巴黎和会关于山东问题的决定

巴黎和会于 4 月 29 日至 30 日连续开会解决山东问题,日本代表应邀出席,中国代表被拒于会议大厅之外。

尽管威尔逊已打定主意在山东问题上支持日本,由于美国代表团内部反对向日本让步的声浪日益高涨,美国主流民意一致要求威尔逊维护中国利益,在山东问题上采取对阜姆问题同样的坚定立场,反对日本压迫中国,威尔逊不得不声称他不会抛弃中国,在 4 月 29 日至 30 日的会议上,继续戴上同情中国的面纱,上演出卖中国的丑剧。29 日会议,威尔逊在承认日本继承德国在山东权利的前提条件下,围绕一些枝节问题同日本代表进行争论,例如关于胶济铁路问题,珍田说日本要求建立一支巡警队以维护铁路治安,并未超出德国人实际行使的权利范围,因为胶济铁路是德国人的财产,作为德国人的财产,铁路及其员工享有治外法权,包括维持治安的权利,正像在中国的外国租界所享有的权利一样。威尔逊问珍田:"为何因铁路属于德国人的产业,铁路及其员

---

① 　Robert Lansing:*The peace Negotiations*,*A personal Narrative*,Boston and New York:Houghton Mifflin Company,1921,P.260.

② 　Naoko shimazu:*Japan*,*Race and Equality*,*The Racial Equality proposal of* 1919,London,1998,P.159.

工就应享有治外法权？假如，美国将国内一条铁路的产业让与德国，铁路及其员工就没有治外法权”，珍田答称“这是因为在中国的外国人均享有治外法权。德国雇佣中国人当警察确是事实，但他们委派了一位拥有巨大权力的官员，这位官员不仅是教官，而且也充当顾问。事实上，整个巡警队都掌握在他的手中，因而日本要求聘用日本人充当巡警队教官比德国行使的权利小”。[1]随后，珍田引述 1918 年 9 月中、日协定和换文，声称在胶济铁路建立一支巡警队伍，协定中已有规定，该协定是由中国政府自愿同日本订立。威尔逊反驳说中国人认为订立 1918 年 9 月协定并非出自中国政府自愿，珍田说：“必须将所谓‘二十一条’与去年 9 月协定作一区别”，订立 1918 年 9 月协定时，中国政府并未受到任何压力，“该协定是由中国政府倡议而订立，不存在压力问题”。威尔逊指出“1918 年 9 月协定是由 1915 年协定所派生，后者是前者的增补”，1915 年条约则源于日本对华提出“二十一条”，“二十一条”中包含要求中国政府聘用日本人为警察教官的条款，“由于该条款侵犯了中国的政治和行政独立，曾引起中国人民极大愤慨”，现在作出此类安排，在公众心目中会将“二十一条”造成的印象相联系。[2] 珍田回答说：“二十一条”中有关聘用日本官员的设想“涵盖整个地区”，这里讲的警察“只限于铁路本身”，两者是不同的。[3] 劳合·乔治建议铁路巡警由铁路公司管理，将雇用日本教官的权利交予铁路公司董事会。威尔逊表示同意劳合·乔治的意见，铁路巡警权可由董事会掌握，反对日本政府享有对铁路巡警队伍的监督权。

　　会议结束前，英国外交大臣巴尔福与威尔逊各提出一套方案：巴尔福提出的方案是：1. 日本将山东半岛完全主权交还中国，仅保留德国曾拥有的经济特权。2. 铁路巡警的任务只是维护铁路交通安全，不作他用。3. 需要帮助维持铁路治安的日本教官可由铁路公司选派。威尔逊提出的方案是：“日本将全部主权交还中国，只保留有关铁路和矿业的经济权利，仍可保留在青岛非独有

① *Papers Relating to the foreign Relations of the united States*, *The paris peace conference*, 1919, vol.5, Washington: Government printing office, 1944, P.328.

② *Papers Relating to the foreign Relations of the united States*, *The paris peace conference*, 1919, vol.5, Washington: Government printing office, 1944, PP.330, 332.

③ *Papers Relating to the foreign Relations of the united States*, *The paris peace conference*, 1919, vol.5, Washington: Government printing office, 1944, P.332.

居留地区建立一处租界的特权"。① 会议要求日本代表对上述两种方案仔细考虑,尽快作出答复。

从 4 月 29 日会议看,威尔逊举出维护中国主权旗帜,只是为了缓和美国代表团内部对他的不满情绪,欺骗美国与世界舆论,挽回他日益受损的声誉,实则仍继续充当日本帮凶角色。

日本代表团见威尔逊已亮出底牌,接受日本在山东问题上提出的要求,遂决定不再同威尔逊争论细节问题。4 月 30 日会议最终作出关于德国在山东的一切权利由日本继承的决定。日本代表在会上口头声明如下:

"日本的政策是将山东半岛完全主权归还中国,只保留中国赋予德国的经济特权,以及在青岛按惯例建立一处租界的权利。铁路业主所用特别警察只是为了保证铁路交通安全,不作他用。警察队伍由中国人组成,日本教官可由铁路董事会遴选,中国政府委任"。② 日本声称愿将山东半岛完全主权归还中国,何时归还,并未提出具体期限,而且仅仅是口头声明,并未写进《凡尔赛和约》,有关日本继承德国在山东的一切权利则详尽载入《凡尔赛和约》第156—158 条。显然,日本声明愿将山东主权归还中国纯属空话,正如美国国务院远东司官员荷恩贝克(Hornbeck)所说:"不管德国还是日本均未对山东省或对该省的任何部分拥有主权"。③

就在巴黎和会作出山东问题决定的当天,顾维钧又一次致函威尔逊,重申德国在山东所有权利,随着中国对德宣战已被废止,不复存在,因而 1917 年 2 月和 3 月,英国与法国政府关于在和会上支持日本取得德国在山东权利的承诺,已经失效,不存在英、法两国未对日本履行承诺问题。1915 年的条约和换文是日本发出最后通牒,以战争相威胁,强迫中国签订,中国代表团现在要求和会予以废止。④ 威尔逊对顾维钧的紧急呼吁,不予理睬。4 月 30 日晚上,他

---

① *Papers Relating to the foreign Relations of the united States*,*The paris peace conference*,1919,vol.5,Washington:Government printing office,1944,PP.334-335.

② *Papers Relating to the foreign Relations of the united States*,*The paris peace conference*,1919,vol.5,Washington:Government printing office,1944,P.363.

③ *The papers of Woodrow Wilson*,Vol.60,Princeton:Princeton university Press,1989,P.103.

④ *The papers of Woodrow Wilson*,Vol.58,Princeton:Princeton university Press,1989,P.247.

命美国代表团成员贝克通知中国代表团："美国总统因不能为中国做更多的事,深表歉意。为了拯救国际联盟,他不得不同意日本的要求"。① 中国代表团对和会关于山东问题的决定深感愤慨,5 月 4 日,向最高会议提出抗议,同时,致电北洋政府,提出三种应对方案:1. 照意大利办法,全体离会回国。2. 不在对德和约上签字。3. 在对德和约上签字,但声明有关和约中的山东条款,中国不能承认。中国代表团认为第一方案因中国与意大利情况不同,难以仿办。如采用第二方案,拒绝在和约上签字,则除胶州湾外,中、德之间还有一些问题无法解决,如撤废领事裁判权,取消《辛丑条约》赔款,关税自主以及赔偿中国损失等,并且和约一日不签字,则中、德两国永远处于战争地位,日后中、德两国直接订约,是否能解决上述问题,尚属疑问,权衡利弊,代表团认为当前只能采用第三种方案,即签字但声明和约中有关山东省的条款不能承认。5 月 6 日,陆征祥向和会声明,中国将有保留地签订《凡尔赛和约》。

5 月 26 日,陆征祥同法国外长毕勋(Pichon)商谈保留问题,毕勋说:"中国如开保留之例,意国于飞乌满(阜姆)问题亦欲保留。此外,各国不满意者甚多,倘使纷纷援例办理,岂非和约将不完全乎?"②陆征祥碰壁后,又于次日偕同顾维钧往见威尔逊谈保留问题,希望威尔逊能给予支持。顾维钧说:"现在中国人民,无论在国内或国外,全体主张不签和约。政府顾念民情一致之主张,又不愿破坏协约各国对敌之联合,万不得已,因定签字而保留之计"。③ 威尔逊回答说:"所谓保留者,是否即不承认约款之意,则是中国将不复为本约完全团体之一。联合会将不能过问,而日本在三国会议声明之言,亦可借词不再负履行之责"。④ 顾维钧解释说:"所欲保留者,不过保留德国交与日本一层,因条约上仅载德国将所有权利交与日本,而于中国方面一字不提,即日本在三国会议中声明情形,亦均未提只字,故保留之后,日本在三国会议声明之言,似不至因此牵动。且现拟保留之法,并非于五月六日陆总长在会宣言外再

① Robert Lansing:*The peace Negotiations*,*A personal Narrative*,Boston and New York:Houghton Mifflin Company,1921,P.261.
② 近代史资料专刊《秘笈录存》,中国社会科学出版社 1984 年版,第 212—213 页。
③ 近代史资料专刊《秘笈录存》,中国社会科学出版社 1984 年版,第 214 页。
④ 近代史资料专刊《秘笈录存》,中国社会科学出版社 1984 年版,第 214 页。

有所宣示,不过将业经保留一层再在约中声叙"。威尔逊声称"再有所宣示,万万不妥"。①

威尔逊伙同劳合·乔治和克莱蒙梭,坚决拒绝中国代表团关于有保留地签约请求,中国代表团被迫让步,声明中国保留的主张不在条约内注明,改为附于条约之后,法国外长毕勋回答说"保留声明,附于约后,仍为条约一部分,万难办到"。于是,中国代表团再次让步,改为保留主张,注于条约之外,又被拒绝,中国代表团万般无奈,再次改为仅用声明不用保留字样,仍遭反对。和会定于 6 月 28 日下午举行和约签字仪式,中国代表团作了最后努力,向最高会议送交函件,声明中国代表在和约上签字,并不妨碍将来适当时候,提请重议山东问题,和会再次拒绝中国代表团的要求,并将原函退回,至此,中国代表团已被威尔逊等人操纵的和会逼进绝境,此时"五四运动"已经爆发,尽管北洋政府曾于 6 月 23 日电令中国代表团,如保留办不到,只能签字,代表团仍决定拒签和约,并在报上发表下列宣言:

> 中国代表团既多方调和而不可得,复鉴于一切可保国家体面之迁就办法,无不见拒,则惟有遵循其对于国家,及对于国民之义务,与其因画押之故,而承受所视为不合正义公道之第一百五十六七八各条,则不如不往签押。中国代表不得已而为此举,似有损于联盟共事各国之团结,颇以为憾。然无奈除此以外,实无可以保障中国体面之途径。故此举责任,不在于我,而在于人之不合公道。②

自和会通过关于山东问题决议后,美国政府内部批评这一决议的声浪从未停息。国务院远东司官员荷恩贝克认为日本侵略者一向口是心非,奸猾狡诈,对他们口头作出愿将山东半岛完全主权交还中国的承诺,不可轻信。5 月 27 日,他向威尔逊与蓝辛送交了一份备忘录,建议美国代表团应使日本代表团在山东问题上的口头承诺转变成为具有约束力的官方书面声明。荷恩贝克

---

① 近代史资料专刊《秘笈录存》,中国社会科学出版社 1984 年版,第 214 页。

② 近代史资料专刊《秘笈录存》,中国社会科学出版社 1984 年版,第 224 页。

的备忘录指出和会关于山东的决定给予日本大量经济特权,且已载入和约。他说山东问题必须同朝鲜和满洲一道联系起来思考,"日本在 25 年期间,打败中国,战胜俄国,占据南满,吞并朝鲜,同美国对抗,将德国赶出山东,强迫中国签订一系列不平等协定,诱使英国、法国和俄国作出不道德的保证,并向和会敲诈勒索,它以签订和约为代价促使和会将德国在山东的特权让与它,从而使它处于控制华北(或者还有东西伯利亚)的有利地位"。① 荷恩贝克认为日本作出的保证未载入和约,并不可靠,应要求日本作出明确的正式书面保证,作为和约的一部分,日本允诺,两年内将全部胶州租借地,连同各种权利和特权归还中国,中国对于该地区内属于德国让与日本的财产支付赔偿金,使青岛港成为一处公共租界。② 6 月 3 日,蓝辛将荷恩贝克备忘录转呈威尔逊。6 月 11 日,他致函威尔逊说,5 月 29 日美国驻华公使芮恩施曾电告国务院,徐世昌总统亦要求美国总统迫使日本就归还胶州从胶济铁路沿线撤走日本军队问题发表一项正式声明,以缓和中国民众不满情绪。蓝辛指出荷恩贝克的建议受到美国代表团成员普遍赞同。6 月 12 日,威尔逊致函蓝辛,同意他会晤牧野伸显,向对方提出此事,但又害怕此举会激怒日本,惹出意外事端,影响对德和约签订,故在这封信的末尾,叮咛他"不能过于强求对方接受这一主张"。③ 6 月 16 日,蓝辛函告威尔逊,他准备执行威尔逊的指示,向日本全权代表牧野伸显提及此事,但担忧"仅仅作一次谈话,无助于改善局势",④建议日方必须就他们作出的将山东主权归还中国的口头保证,改为具有约束力的官方书面声明并提出归还的具体时间。此书面声明应作为和约的一部分。6 月 20 日,威尔逊复函蓝辛说:"恐怕我在前封信(指 6 月 12 日致蓝辛信——引者)中,还未将我的意思讲清楚,我意是希望你同牧野男爵着手处理你在 6 月 3 日信件中提出的制定并形成一项公正协定的问题,也即牧野男爵与珍田子爵在此地举行的小型会议上,同我们协商山东问题作出的口头保证及愿意承担的责任,

①　*The papers of Woodrow Wilson*,Vol.60,Princeton:Princeton university Press,1989,P.102.

②　*The papers of Woodrow Wilson*,Vol.60,Princeton:Princeton university Press,1989,P.104.

③　*The papers of Woodrow Wilson*,Vol. 60,Princeton:Princeton university Press,1989,PP.483-484.

④　*The papers of Woodrow Wilson*,Vol.60,Princeton:Princeton university Press,1989,P.602.

能形成一项公正协定。就我们而言,通过我们的国务卿就这一问题提出倡议是十分自然的。因为牧野男爵无疑会懂得这一问题深深涉及美国利益,他和我一样都清楚,除非作出最明确的保证,否则中国肯定会发生大动乱,这一动乱不仅在当前而且会长期破坏远东和平,并可引发极其严重的国际纠纷。

我请你极其认真地同他处理整个问题,鉴于你在过去曾以完全不激怒日本人的方式同他们讨论过类似问题,我确信你是懂得如何处理此事的"。①

从这封信看,威尔逊试图通过此举稍稍缓和一下国内外舆论对他出卖中国权益的批评,减轻其所受压力,但又不愿同日本人闹翻,所以,在 6 月 12 日与 20 日的两封信中,均反复强调不得激怒日本人,并逼迫中国代表团必须无保留地在和约上签字,以此向日本表示他支持日本继承德国在山东权利的决心不会动摇。

根据威尔逊指示,蓝辛授意荷恩贝格拟定一份草案,共 8 条,主要内容是日本不得获取山东省主权。从和约签订之日起,两年之内,将胶州租借地以及德国转让给它的各种权利和特权交还中国,从山东撤走全部军队。6 月 28 日,蓝辛将这份草案交与牧野伸显。日本代表团摸清了威尔逊急于要日本签订和约、参加国联的心态,拒绝接受蓝辛等人在上述草案中提出的要求,威尔逊只得将这一问题暂时搁置。

以上事实表明,威尔逊在山东问题上一直扮演着不光彩角色。有的西方学者说在巴黎和会上,威尔逊是中国"最强有力的支持者",所谓威尔逊"背叛中国",只不过是中国代表团杜撰出来的神话。② 这些论断缺乏事实根据。从 4 月 22 日至 6 月三国会议有关山东问题的记录看,威尔逊均充当日本主要帮凶。后来,威尔逊本人也承认英、法等国同意"让美国总统尽可能地制定一项解决这一问题(按:指山东问题——引者)的办法"。③ 威尔逊在 4 月 30 日会

---

① *The papers of Woodrow Wilson*,Vol.61,Princeton:Princeton university Press,1989,P.36.

② Bruce A.Elleman:*Wilson and China*,*A Revised History of the Shandong Question*,New York,2002,PP.90,94.

③ *The papers of Woodrow Wilson*,Vol.61,Princeton:Princeton university Press,1989,P.593.

议后,致其亲信图玛尔提的函件中说"中日问题已获圆满解决",①并称"日本作出的保证非常令人满意"。② 可见,巴黎和会关于山东问题的决定是在威尔逊全力支持下作出的。他在巴黎和会上牺牲中国权益,同日本做交易,并非偶然,这是第一次世界大战期间,威尔逊政府推行对日妥协退让政策的继续,这一可耻政策的制定与执行者就有国务卿蓝辛与国务院远东司负责人威廉斯等人在内。所不同的是蓝辛与威廉斯之流在巴黎和会召开前夕,已有一定程度醒悟,他们主张抵制日本对华侵略,维护并扩大美国在华权益。威尔逊则将建立美国领导下的国联,作为美国代表团在巴黎和会必须完成的头等重要任务,为达到这一目的,他不惜背弃其将在和会上尽力帮助中国的诺言,出卖中国权益,对日妥协,幻想用牺牲弱国利益的办法,换取日本对他称霸世界计划的支持,结果,"搬起石头砸自己的脚",日本羽翼丰满后,很快将其侵略矛头指向美国,从巴黎和会闭幕时起,仅仅过了二十余年,日本即偷袭美国的珍珠港,发动太平洋战争,美国开始自食其果。

第八节　威尔逊众叛亲离

威尔逊在巴黎和会上与英、法两国首脑勾结,帮助日本,欺压中国,激起中国各阶层人民愤怒谴责,"五四运动"浪潮席卷全国。5 月 18 日,李大钊在《每周评论》上撰文,公开责问威尔逊:"威尔逊君! 你不是反对秘密外交吗? 为什么他们解决山东问题……还是根据某年月日的某某军阀间的秘密协定? 须知这些东西都是将来扰乱世界和平的种子……你自己的主张计划,如今全是大炮空声,全是昙花幻梦了,我实为你惭愧,我实为你悲伤!"③巴黎和会召开前,曾对威尔逊抱有很大幻想,称他为"大好人"的陈独秀断言,威尔逊等人操纵的巴黎和会是一次"分赃会议",他愤慨地说"巴黎和会,各国都重在本国的

---

① *The papers of Woodrow Wilson*, Vol.58, Princeton: Princeton university Press, 1988, P.272.
② *The papers of Woodrow Wilson*, Vol.58, Princeton: Princeton university Press, 1988, P.273.
③ 《李大钊文集》下册,人民出版社 1984 年版,第 2 页。

权利,什么公理,什么永久和平,什么威尔逊总统十四条宣言,都成了一文不值的空话"。①

威尔逊出卖中国权益,对日妥协让步的行径,在美国政商两界遭致强烈反对。5 月 17 日,美国出席和会代表团成员布利特(W.C.Bullitt)致函威尔逊,抗议巴黎和会作出的有关山东等问题的决定,声明辞去他在国务院以及美国和谈委员会专员的职务。美国在华商业团体与教会纷纷致电威尔逊,反对将德国在山东的权利交与日本,美侨商会的电文说:"在华美国人以极其忧虑的心情注意到,巴黎和会决定将德国在山东的权益交与日本,不管日本将这些权益退还中国作出何种保证,除非这些保证,附有大家都明白的在适当时间内将会生效的保证书,否则所有关于保持门户开放或机会均等保证将会成为一纸空文,中国将受到日本所控制的军国主义危害,世界可能再次陷入巨大灾难"。② 美国驻华使馆商务参赞阿罗德(J.Arnold)在致美国商业部长电文中指出:"极其危险的事情是中国军阀依靠日本大力支持,眼下将同日本军人派结盟,其结果是从长江到黑龙江的中国领域将处于日本统治之下,从而严重损害美国商业信誉和利益,并且不可能有效地推行门户开放与机会均等政策"。③ 美国驻华公使芮恩施也倒戈相向,反对威尔逊。1919 年 6 月 7 日,芮恩施致函威尔逊,指责威尔逊政府在大战期间未给予中国应有支持,为日本在华扩张势力提供了机会,他说:欧战期间,我们支援中国的政策,未能取得成效,是因为我们的力量用在了别的地方。"我仍然认为,当中国同德国断交时,我们坐失大好时机。那时,我们只要对中国的情感稍加认同,凭借我方支持和努力,整个局面会完全改观。可是,当我们将千百万美元给予那些并不重要的欧洲国家时,一分钱都不愿帮助中国,由于得不到支持,驱使段祺瑞及其追随者投入亲日派怀抱,我们给予中国的并非支援,而是蓝辛—石井协定"。④ 他针对威尔逊关于如不满足日本在山东问题上的要求,日本将拒签和约,退出和会的论调批驳

① 《独秀文存》,安徽人民出版社 1987 年版,第 520 页。

② *The papers of Woodrow Wilson*,Vol.60,Princeton:Princeton university Press,1989,P.102.

③ *The papers of Woodrow Wilson*,Vol.60,Princeton:Princeton university Press,1989,P.102.

④ *The papers of Woodrow Wilson*,Vol. 61,Princeton:Princeton university Press,1989,PP. 632–633.

说日本只不过在玩弄讹诈与恫吓的把戏，"自德国战败后，就日本而言，动用武力是行不通的"，如果日本被排除在和会之外，她所遭受的损失会更大，"因为它在和会上可以获得一切东西，而且一无所失"。①芮恩施对巴黎和会关于山东问题的决定深感失望，担心这一严重伤害中国人民民族情感的决定，会使美国在华威信一落千丈，中国人民对美国失望情绪可能最终转变为反美情绪。他觉得自己不能再违心地奉行威尔逊政府对华的错误政策，在6月7日致威尔逊的这封信中，明确提出辞去美国驻华公使职务。

1919年6月末《凡尔赛和约》签订后，威尔逊离巴黎回国。7月10日，他向参议院提交《凡尔赛和约》，大肆吹嘘国际联盟不仅是纠正过去错误的工具，而且是"世界的心脏"，"人类的唯一希望"。②可是，国会参众两院的共和党议员却纷纷反对国联盟约，谴责巴黎和会关于山东问题的决定。参议院外交委员会主席洛奇将国联盟约同山东问题联系起来，指责威尔逊以山东为代价换取日本在国联盟约上签字，认为"这是外交史上最黑暗的事件之一"，③明确宣布美国不能同意《凡尔赛条约》第156、157与158条关于山东问题的条款。洛奇等人对国联盟约第10款尤为反感，该条款规定国联成员国领土完整与政治独立，一旦遭受外来侵略威胁或危险时，国联理事会将采取措施履行其维护会员国安全的义务。根据此条款，任何会员国只要遭受外国入侵，领土与主权受到威胁，美国有义务出兵干涉。洛奇怀疑威尔逊亲自草拟的这一条款，旨在假手国联，剥夺美国宪法赋予国会宣战以及向国外派兵的权力。他们决定对威尔逊在巴黎和会上的工作来一次彻底清算。7月15日和17日，参议院分别作出决议，要求威尔逊：1.提供德国和日本曾计划订立条约的副本，以及欧战期间德、日两国进行谈判的各种情报。2.提供出席巴黎和会的美国代表团成员或官员，因对和会处理山东问题的决定感到不满而发出的抗议信副件，特别是代表团成员布尼斯将军致威尔逊信件副本。3.提供日本或出席和会的日本代表威吓中国代表的备忘录或其他情报。

---

①　*The papers of Woodrow Wilson*，Vol.61，Princeton：Princeton university Press，1989，P.633.

②　Sallie G.Randolph：*Woodrow Wilson，President*，New York，1992，P.107.

③　William C.Widenor：*Henry Cabot Lodge and the Search for an American foreign Policy*，University of California press，1980，P.327.

7月22日,威尔逊在白宫接见参议员考尔德(Calder)、卡明斯(Cummins)和埃奇(Edge),对山东问题决定和国联盟约有关条款进行解释,他说英国和法国为使天皇政府参战,曾私下同日本达成谅解,同意支持日本对德国在山东半岛权利的要求,在和会上,英、法两国受对日协定约束,除采取支持日本立场外,别无办法。他们让美国总统尽可能地制定出解决这一问题的方案。威尔逊说面对英法两国同日本达成的协定,所以不得不支持日本对山东的要求,①由于担心日本会退出和会,拒签和约,故决定将有关日本继承德国在山东权利的条款载入和约,日本出席和会的代表已作出保证,日本在适当时间内愿放弃它在山东半岛的权利。关于国联盟约问题,该约已载入《凡尔赛和约》,国会应无保留地予以批准,如果要对该盟约进行修改,必须重开谈判,这就必然会出现困难局面。考尔德参议员批评国联盟约第10款,认为该条款会使美国陷入别国领土问题争端,表示对第10款有所保留,威尔逊摇头回答说"第10款是盟约中最重要的条款,世界上所有国家均盼望我们帮助维持和平现状"。②威尔逊的解释并未说服这三位参议员,参议员考尔德宣称如果他提出的保留意见未被采纳,他将投票反对批准《凡尔赛和约》。

8月6日,参议院外交委员会举行意见听取会,会上,国务卿蓝辛明确宣布在山东问题上,他同威尔逊存在意见分歧,他告诉参议员们,即使在山东问题上不向日本作出让步,日本代表也会在包含国联盟约的《凡尔赛和约》上签字。当参议员约翰逊(Johnson)责问蓝辛,为何要在你认为不应让步的原则问题上作出让步时,蓝辛回答说:"我们当然应服从美国总统的指示",约翰逊追问道:你让步的唯一原因是你认为"应服从美国总统的决定"?蓝辛回答说:"是的",约翰逊又问道:"这是他作出的决定"?蓝辛作了肯定回答,③意在说明威尔逊应负出卖中国权益的责任。

威尔逊的政敌集中火力,猛烈抨击国联盟约以及《凡尔赛和约》中有关山

---

① *The papers of Woodrow Wilson*, Vol.61, Princeton: Princeton university Press, 1989, P.593.

② *The papers of Woodrow Wilson*, Vol.61, Princeton: Princeton university Press, 1989, P.595.

③ *The papers of Woodrow Wilson*, Vol.62, Princeton: Princeton university Press, 1990, P.381. Robert Lansing: *The peace Negotiations*, *A personal Narrative*, Boston and New York: Houghton Mifflin Company, 1921, PP.263-264.

东条款,威尔逊则始终坚持原有立场,拒绝向他的政敌妥协或让步。

8月8日,威尔逊致函参议院,对7月15日和17日参议院决议中提出的三点要求答复如下:1.要求提供欧战期间德国与日本进行谈判的情报,威尔逊的答复是他不知道德、日之间曾进行过此类谈判,他也曾听闻这种谣传,查无实据。2.要求提供出席和会的美国代表团成员或官员,对和会处理山东问题提出不同意见的信件或书面抗议副本,特别是布尼斯将军的抗议信副本。威尔逊承认在和会作出有关山东问题决定前,他曾收到布尼斯来信,极其强烈地反对拟议中的山东问题解决办法,他的意见得到国务卿蓝辛以及怀特赞同,但将这封信说成是对和会有关山东问题决定提出抗议是不适当的,因为该信写于和会作出决定之前。威尔逊说在和会作出山东问题决定之前,他曾就这一问题征询美国代表团成员的意见,布尼斯是应他的要求写这封信的。和会最后决定由日本继承德国在山东的权利,是因为日本同意将山东半岛完全主权归还中国。布尼斯将军这封信的副本未能送交参议院,因为该信内容涉及别国政府,并且是他与布尼斯之间私下秘密交换意见,不宜公之于众。3.要求提供日本代表团有关威吓中国代表的备忘录或情报。威尔逊回答说他没有这样的备忘录或情报。①

8月19日,参议院外交委员会主席洛奇以及该委员会成员诺克斯(Knox)、鲍拉(Borah)、麦克坎伯尔(Mccumber)、约翰逊等人前往白宫,同威尔逊进行会谈,巴黎和会关于山东问题的决定仍然是双方争论焦点。会上,参议员们纷纷批评威尔逊在山东问题上对日本妥协让步,威尔逊辩解说日本已承诺将山东完全主权归还中国,只保留经济权利。约翰逊反驳说日本"保留经济特权会使他们顺利地控制山东省",诺克斯赞同约翰逊的观点,他说:"起初日本在朝鲜,随后在内外蒙古和南北满洲获得的经济特权,几乎发展成为对这些地区拥有完全主权"。②

威尔逊出卖中国权益,对日本让步,并未使贪婪成性的日本军国主义者感到满足,1919年7—8月,当威尔逊因山东问题遭国内外舆论强烈谴责,声誉

---

① *The papers of Woodrow Wilson*, Vol. 62, Princeton：Princeton university Press, 1990, PP. 208–209.

② *The papers of Woodrow Wilson*, Vol.62, Princeton：Princeton university Press, 1990, P.369.

急剧下降,处境艰难之际,日本又兴风作浪,企图诱使威尔逊政府正式承认中日两国有关 1915 与 1918 年的条约和换文。

1919 年 7 月 12 日,芮恩施电告美国政府,日本驻华公使已向中国外交总长表示,日本愿在中、日两国订立的 1915 年与 1918 年条约基础上,就归还德国在山东财产问题进行谈判,威尔逊获此消息后既诧异又难堪,因为他正劝说参议院共和党议员相信日本在山东问题上会诚实地履行诺言。他指示代理国务卿波尔克立即向日本驻华盛顿大使馆进行交涉,这时,波尔克正欲离华盛顿去纽约,行前,他约见日本大使馆临时代办出渊胜次,波尔克说威尔逊总统惊异地注意到日本政府正拟以 1915 年和 1918 年条约为依据,同中国解决山东问题,"据我们了解,就山东问题而言,巴黎达成的协定是德国在山东的权利让与日本"。出渊胜次答称:知道美国总统曾通知和会,美国未承认"二十一条",但想进一步知道美国是否认为 1915 与 1918 年的条约已被废除,"因为除山东外,这些条约还涉及许多地区",波尔克说:"除山东外,我不想讨论任何问题。据我所知,1915 年条约给予日本的东西远比巴黎和会上列强让与的多"。① 7 月 19 日,波尔克离开华盛顿,由国务院第三助理国务卿布瑞克金里奇·郎出面继续同出渊胜次会谈。

7 月 19 日晨,出渊胜次同布瑞克金里奇·郎会谈时再次强调,日本有必要援用 1915 和 1918 年条约,即使美国未承认'二十一条',中国是承认 1915 和 1918 年条约的。郎回答说美国未承认 1915 年条约,这见诸 1915 年美国向日本和中国送交的内容相同的照会,美国也未承认随后订立的进一步涉及该省铁路管理和权利的 1918 年条约,该约已将德国在山东的权利给予了日本。出渊胜次争辩说"先前的条约不能认为已被废止,因为他们涉及山东以外的问题……出席和会的日本代表认为这些条约不会被废止"。并且"中国并非巴黎条约的签字国,巴黎条约条款对中国没有约束力"。郎声称美国、日本和德国均是签订巴黎条约的一方,所要处理的山东权利原为德国所有,中国曾在一定时期内让与德国支配并行使主权,为了使条约条款适用于德国在山东拥有的权利,中国没有必要成为签订约的一方。郎这种漏洞百出、逻辑混乱的解

---

① *The papers of Woodrow Wilson*,Vol.61,Princeton:Princeton university Press,1989,P.556.

释,给了出渊胜次可趁之机,他当即指出这涉及国际法问题,并特别提到1898年的中德条约,他说该约有一款规定"如无中国同意,德国不得将其在山东的租借地转让与第三方",所以"中国必须同意将德国在山东的权利转让与日本,或者表示一种转让意愿,日本方能继承德国在山东的权利",郎仍坚持说世界大国决定德国拥有的权利,参加会议的各大国采用一种转让这些权利的解决办法,"似乎没有必要征得中国同意"。① 郎的讲话霸气十足,毫无道理,这是威尔逊顽固推行出卖中国权益,对日妥协退让政策酿成的恶果。

日本政府并未就此罢休,为促使威尔逊政府确认1915与1918年条约,8月2日,日本外务大臣内田康哉就山东问题发表声明,重申"日本的政策是将山东完全主权交还中国,仅保留给予德国的经济特权"。日本政府"信守1915年对中国作出的保证,极愿将胶州租借地完全归还中国",一旦日本批准凡尔赛条约,日本政府将同北京政府进行谈判,"以便就尽快落实这一保证作出必要安排"。② 蓝辛获悉内田康哉声明后,当即于8月4日致函威尔逊并附上内田康哉声明全文,他在信中指出内田康哉在声明中并未说明将山东租借地交还中国的具体时间,此外,声明将归还租借地同邪恶的1915年条约以及1918年9月的补充协定联系起来,准备在这两项条约基础上同中国政府进行谈判,蓝辛建议针对内田声明,威尔逊应亲自发表一项声明,以正视听,防止日本偷梁换柱,亦可避免引起美国国内舆论责难。威尔逊采纳了蓝辛的建议,8月6日发表一简短声明,全文如下:

美国政府怀着极大兴趣注意到,内田子爵就有关日本将来对山东政策所作的坦诚声明。这一声明应有助于消除对这一问题已开始积累的诸多误解。但如果不阐明当日巴黎和会讨论有关山东条款时的真相,则内田子爵提到的1915年日本和中国之间的协定,可能使人产生误解。因此我冒昧地对内田子爵的声明补充如下:

在本年4月30日的和会上,主要盟国以及协约国首脑对山东问

---

① *The papers of Woodrow Wilson*, Vol.61, Princeton: Princeton university Press, 1989, P.558.
② *The papers of Woodrow Wilson*, Vol.62, Princeton: Princeton university Press, 1990, P.154.

题作出结论,日本代表牧野男爵和珍田子爵在回答我提出的一个问题时声明:日本的政策是将山东半岛完全主权交还中国。只保留给予德国的经济特权以及按通常条件在青岛建立一处租界的权利。铁路业主使用特别警察,仅为确保交通安全,不作他用。警察队伍由中国人组成,日本教官由铁路公司董事会遴选,中国政府任命。日本代表并未提及此项政策是基于内田子爵所指的 1915 年协定。实际上,我觉得有责任说明,我同意山东问题条约条款,一定不能解释为美国政府方面已默认 1915 和 1918 年中日两国换文的政策。日本代表只是在讨论中提到,如果中国不充分合作,执行牧野男爵和珍田子爵在声明中概述的政策,则强制实行 1915 和 1918 年协定。当然,我不怀疑内田子爵已熟知巴黎和会讨论山东问题的详情,我发表这一声明并非怀有纠正内田子爵错误的想法,只是为了充分说明情况,澄清事实真相,或避免产生误解。①

威尔逊唯恐得罪日本,声明中的措辞非常温和,希望日本政府在他遭受国内政敌围攻,处境极其艰难的情况下,勿再得寸进尺,同时,也试图向国内反对派证明,他并未承认严重损害中国主权的 1915 年条约以及随后的中日两国换文。威尔逊的声明既未能遏制日本变本加厉地侵略中国的野心,更未能平息美国社会舆论对他出卖中国权益,使美国在华声誉遭受巨大损害的批评。

8 月 22 日,日本驻美大使馆向国务卿蓝辛递交了一份备忘录,该备忘录强调指出:"日本对华承担的退还胶州的法律责任缘于 1915 年协定",1915 年协定是一个享有主权的国家订立的庄严条约,如果对该约有效性提出挑战,"这将开创对目前国际关系的稳定带来严重后果的危险先例"。②

威尔逊外受日本逼压,内遭反对派责难,国会批准《凡尔赛和约》的前景日益不妙,他策划多年的国际联盟亦将成为虚无缥缈的海市蜃楼。他不甘心失败,希望能得到美国人民支持。年逾花甲、健康状况欠佳的威尔逊,不听亲

---

① *The papers of Woodrow Wilson*, Vol.62, Princeton:Princeton university Press, 1990, P.170.

② *The papers of Woodrow Wilson*, Vol. 62, Princeton: Princeton university Press, 1990, PP. 458-459.

朋劝阻,于 1919 年 9 月 3 日离开华盛顿,前往国内各地发表巡回演说达数十次之多,9 月 25 日,威尔逊一行抵达科罗拉多,在丹佛与普韦布洛发表两次演说后,终因劳累过度,身心交瘁病倒,不得不返回华盛顿,10 月初,威尔逊中风,身体左侧瘫痪,卧床不起,达 6 星期之久。后来病情虽有好转,并未完全康复,参议院外交委员会主席洛奇及其同伴,不让处境狼狈的威尔逊有任何喘息机会,继续猛打穷追,11 月 6 日,洛奇等人对《凡尔赛和约》提出 14 条保留意见,其中第 6 条声明:"美国不同意日本控制山东省,对中日两国之间的任何争执保留完全行动自由权"。此条反映了美国政商各界对威尔逊出卖中国民族利益的厌恶情绪,其余多数条款,旨在防止威尔逊通过国联剥夺美国宪法所赋予国会的宣战与议和等权力,如第 1 条"美国能根据美国国会的决议退出国联,美国国会是美国是否履行对国联各种义务的唯一裁定者"。第 2 条"美国不承担国联盟约第 10 款提出的干涉国家之间争执的义务,或未经国会许可,不得动用陆军或海军"。①

威尔逊的支持者力劝威尔逊向洛奇为首的反对派作出一些让步,他们说"半个面包,总比没有面包好",②被威尔逊坚决拒绝,他认为如果接受洛奇等人的意见,国会有保留地通过《凡尔赛和约》,国联将受到诸多牵制,难以发挥作用,不可能履行维护战后世界新秩序的职责,他多年精心策划的由美国控制这个世界组织的图谋将彻底破产,自己亦会威信扫地。况且《凡尔赛和约》已经签字,如接受洛奇等人的保留意见,必须修改条约,同条约签字国重开谈判,这也是很难办到的事,基于这些考虑,他决心同洛奇等人斗争到底,争取国会无保留地通过《凡尔赛和约》。威尔逊宣称,他与洛奇等人的斗争涉及国家荣誉,战斗到底,比不光彩的妥协,要好上千倍。他呼吁参议员们反对洛奇提出的有保留地批准《凡尔赛和约》的决议案。

11 月 19 日,参议院就洛奇等人有保留地批准《凡尔赛和约》提案进行表决,结果 39 票赞成,55 票反对,未获通过,接着又对安德伍德(Oscar W.Under-

———————

①　*The ordeal of Woodrow Wilson*, *by Herbert Hoover*, *with a New introduction by Mark Hatfield*, Washington,D.C.:The Woodrow Wilson Center Press,1992,PP.279-280.

②　*The ordeal of Woodrow Wilson*, *by Herbert Hoover*, *with a New introduction by Mark Hatfield*, Washington,D.C.:The Woodrow Wilson Center Press,1992,P.281.

wood）参议员无条件地批准《凡尔赛和约》提案进行表决，38 票赞成，53 票反对，亦遭否决。

1920 年 3 月 19 日，参议院再次就附有洛奇保留案的《凡尔赛和约》投票表决，由 96 人组成的参议院，有 12 位参议员弃权或缺席，在总数 84 票中，赞成批准的有 49 票，反对批准的 35 票，根据美国宪法，批准条约需获投票总数的三分之二，赞成批准的仅 49 票，还差 7 票才能达到三分之二，《凡尔赛和约》又未被通过。1920 年 2 月，蓝辛辞职，科尔比（Colby）出任国务卿，11 月美国进行总统选举，民主党提名考克思（J.M.COX）为总统候选人，该党竞选纲领，颂扬威尔逊和国联，谴责共和党人拒绝批准和约。选举结果民主党失败，共和党总统候选人哈定（W.G..Harding）当选总统。共和党在选举中获胜，充分反映了美国选民对威尔逊领导的民主党政府深感失望和不满，也是对威尔逊奉行出卖中国民族权益，对日妥协政策的批判和否定。

第八章　威尔逊上台后中美
两国的经贸关系

第一节　伯利恒钢铁公司向华贷款

　　20世纪初年,中美两国间的经贸关系虽有所发展,但仍落后于英、德、俄、法等国。1914年,美国在华投资,包括企业资产、房地产、政府借款、庚子赔款在内,总计约99121000美元,远远落后于英、俄、德、日、法。当时,英国在华投资为664589000美元,日本亦达到290893000美元。[1] 美国同英、俄、德、日、法相比,位居第6。同年,中美之间贸易总额为81445000海关两,中英贸易总额却达到127784000海关两。[2] 20世纪初年的美国已上升为世界强国,经济实力居列强首位,可是,它在资源丰富、人口众多的中国市场所占份额却相当小。威尔逊上台后,积极奉行鼓励美国资本家对华投资政策。1913年出任美国驻华公使的芮恩施就是这一政策的忠实执行者,这位曾任威斯康星大学的政治学教授上任伊始,即明确宣布对"外交"一词,不应作狭义解释,而应从广义理解,他认为中国政治事务应包括商业、金融和工业,决心在其任期内鼓励美国人在上述领域从事建设性事业。在威尔逊政府激励和推动下,美国资本家纷纷前来中国淘金。

　　1913年,纽约伯利恒钢铁公司副经理约翰斯顿(Johnston)访问中国,同袁政府商谈履行该公司与清廷签订的贷款合同问题。

---

　　[1]　吴承明:《帝国主义在旧中国的投资》,人民出版社1958年版,第52页。

　　[2]　Hisao Liang-Lin: *China's Foreign trade Statistics*, 1864-1949, Cambridge: East Asian Research Center, Harvard University, Distributed by Harvard university press, 1971, PP.163, 149.

1910 年,载洵率中国海军代表团访问美国时,曾向美国政府表示愿聘请美国专家训练中国海军。1911 年 10 月,清政府与伯利恒钢铁公司在北京签订有关中国海军建设的贷款合同,合同规定伯利恒钢铁公司向中国政府提供 2500 万银两贷款(年息 5 厘,9.75 折)用以在中国境内制造枪炮弹药,由该公司帮助建立造船厂、制造海军船舰。合同还规定聘请美国教官训练中国海军,清政府亦可派员前往美国海军学校学习。① 这项合同既可使美国在经济上获利,又有助于美国控制中国海军,受到美国政府高度重视。合同签订不久,清帝宣告退位,袁世凯窃取政权。威尔逊政府对派遣美国军官训练中国军队表现出浓厚兴趣,国务卿布赖恩指示美国驻华公使馆同中国政府商谈此事,约翰斯顿的中国之行符合威尔逊政府的愿望。

约翰斯顿至华后,曾亲往福建省考察,对中国海防设施提出建议,主张中国政府应在福建三都澳建立海军基地。当时谣传伯利恒钢铁公司已与中国政府签订 3000 万美元贷款合同,②引起日本强烈关注,日本政府以福建省是日本势力范围,美国此举将损害日本利益为由,训令其驻美使馆向美国政府提出询问。日本驻华公使山座圆次郎警告芮恩施说,福建对于日本具有"战略上的重要性",中国已承诺"不把这个省份割让给其他国家"。③ 英国也对美国企图插手中国海军建设感到不满。尽管美国政府一再声称伯利恒钢铁公司同中国政府签订 3000 万美元贷款合同纯属子虚乌有,日本仍纠缠不休。最初,袁政府有意批准和实行清政府同伯利恒公司在 1911 年签订的贷款合同,后来鉴于此事已引起日本和英国猜疑和反对,被迫作罢。

第二节　美孚石油公司在华获得石油开采权

早在 1863 年美国商人已向中国输出石油产品。19 世纪末,洛克菲勒财团经营的纽约美孚石油公司(Standard Oil Co.)成了中国煤油销售市场主要供

---

① 王铁崖编:《中外旧约章汇编》,第 2 册,三联书店 1982 年版,第 760—761 页。

② Li Tien-yi:*Woodrow wilson's China policy*,1913–1917,New York,1952,P.183.

③ [美]芮恩施:《一个美国外交官使华记》,李抱宏等译,商务印书馆 1982 年版,第 71 页。

货商。20 世纪初年,该公司在华的煤油销售量继续增长,先后在镇江、烟台、芜湖、九江、重庆等地设立支店或办事处,并逐步从通商口岸向内地小城镇扩展,开设为数众多的经销店。

美孚石油公司并非美国银行团成员,未参加国际银行团对华贷款。自美国宣布退出 6 国银行团后,财政困窘的袁世凯政府求助于洛克菲勒财团,希望能从该财团经营的美孚石油公司获得贷款。1913 年国务总理熊希龄正式向美孚石油公司提出贷款 1500 万元以稳定中国币值的请求,中国政府愿给予该公司陕西省石油垄断权作为回报。美孚石油公司早已听闻陕西延长一带石油藏量丰富,垂涎欲滴,对袁政府开出的贷款报酬甚为满意。1914 年 2 月,袁政府农商总长张謇、国务总理熊希龄、财政总长周自齐代表中国政府同美孚石油公司在北京签订合同,该合同共 9 条,主要内容是美孚石油公司派专家前往陕西省延安府延长县与直隶省承德府及其附连产油地区进行勘察,中国政府提供翻译与卫队人员,所有费用由中国政府与美孚石油公司分摊。经专家对上述两处勘察,确认开发上述两处油田可以获利,则由中、美双方组织中美合资公司从事开采。中美合资公司的股本,美孚占 55%,中国占 45%,此 45%内,有 37.5%系由美孚公司赠予,作为取得中国政府给予特权的代价,其余 7.5%,在中美合资公司成立后两年内,由中国出资照原价购买,如逾期不买,仍作为美孚石油公司的股本。中国政府应允将延长县与承德府及其附连产油场所,全行交与中美合资公司开采、制炼及销售,并应允 60 年内,中国政府不将上述地区的石油开采权给予任何外国人或外国团体。一年内,中国"不将中国境内产油场所给予其他外国人办理"。如中国欲向美国贷款,美孚石油公司应允"暗中帮助"。①

上述合同对美孚石油公司十分有利,因为将要成立的公司名为中美合办,实为美孚一手控制。美孚并未承担向袁政府贷款的义务,却轻而易举地获得延长县与承德府及其附近地区石油开采、制炼与销售 60 年时期的垄断权。消息传出,延长等地商民表示强烈不满和反对。日本与英国亦就此事向中国政府进行交涉。

---

① 王铁崖编:《中外旧约章汇编》,第 2 册,三联书店 1982 年版,第 1005—1007 页。

　　1903 年(光绪二十九年)，世商洋行行主德国人汉纳根与陕西商人于彦彪、刘德馨相勾结，图谋开采延长油矿，其后，日本三井洋行亦计划攫取该矿。陕西巡抚曹鸿勋为杜绝外人觊觎，决定延长油矿实行官办，拨出库银 20 万两，成立延长石油官矿局，任命候补道洪寅为总办，往日本购买机器并聘请日本技师数名，从事石油开采，所炼之油"以化学验之，光白烟微，足与美孚相敌。日本所产，反出其下"。① 1908 年，曹鸿勋调离，恩寿继任陕西巡抚，奏请延长油矿改为官商合办，陕西绅商提出异议，主张延长油矿由商民集资，改为商办，并于 1909 年成立"保陕公司"，由于陕西绅商未筹集足够资金，直至清朝覆亡，商民承办油矿问题迄未解决。民国成立后，该油矿被陕西军政府接管，因资金短缺，只能维持小规模生产。尽管陕西绅商限于财力未能获得延长油矿生产经营权，但他们一致认为该矿为陕西一大利源，且涉及国家利权，绝不能由外人开采经营，故对袁政府与美孚石油公司订立的合同表示反对。日本驻华公使山座圆次郎宣称"日本对陕西省的油田享有优先权"，因为"日本工程师早已被聘请在那里工作"。② 英国亦要求中国政府在别的地方给予类似美国的特许权。③

　　1914 年秋，美孚石油公司派遣大批工程技术人员前往直隶承德勘查，未发现油田。此时陕西延安府已成为"白狼"起义军与政府军交战地区，勘查延长油矿的工作困难重重，屡屡受阻，后经勘探证实，该油矿储量并不丰富，难以获利。美孚石油公司因直隶承德未发现油矿，遂建议以别的省替换直隶省，由美孚石油公司继续勘矿，被中国政府拒绝。④ 1917 年春，双方同意废止 1914 年 2 月合同，撤销中美合资公司，根据原合同中关于勘矿费用双方负担的条款，由中国政府向美孚石油公司偿付银 54 万余元。

　　美孚石油公司攫取中国油矿开采的图谋未能实现，在华开拓石油产品销售市场的工作却获得巨大成功。为便于推销煤油，1916 年美孚石油公司还在

----

① 《光绪朝东华录》(五)，中华书局 1984 年版，第 5774 页。

② [美]芮恩施:《一个美国外交官使华记》，李抱宏等译，商务印书馆 1982 年版，第 71 页。

③ Edward W.Chester: *United states Oil policy and diplomacy*, *A Twentieth-century overview*, Westport, Connecticut: Greenwood press, 1983, P.277.

④ Edward W.Chester: *United states Oil policy and diplomacy*, *A Twentieth-century overview*, Westport, Connecticut: Greenwood press, 1983, P.277.

上海建立了生产煤油灯的美孚行油灯厂,以及制作煤油桶与油罐的美孚制罐部,1919 年又在上海开办主要生产煤油灯罩的美孚玻璃厂。美国驻华公使芮恩施说"美孚石油公司的煤油遍销中国各地。它把煤油灯的用法介绍给中国人……由于空的洋铁煤油箱能作各种用途,在城市和乡村到处都可以看到这种容器"。① 该公司还拥有自己的油船,可直接将煤油运销四川省,返回时装载四川的土货,牟取厚利。中国广阔的煤油销售市场具有巨大吸引力,1919 年另一家美国石油公司——德士古石油公司亦在上海成立。

第三节　美国与治理淮河、运河

淮河源于河南省南部桐柏县境内的桐柏山,流经河南、安徽、江苏等省。1910—1911 年,淮河流域发生严重水灾,安徽与江苏北部成千上万群众家园被毁,流离失所。1911 年 5 月,美国红十字会征得清政府同意,特派工程师詹美逊(C.D.Jameson)前往沿淮受灾地区考察,经过一年多考察研究,1912 年 7 月,詹美逊就如何治理淮河,防止灾害发生,向袁世凯政府与美国国务院送交了初步报告,报告指出治理淮河需墨西哥银洋 3500 万元,6—7 年治淮工程可望竣工,那时,大约可使面积达 17000 平方英里的地区免遭水灾之害,在正常年景,可使目前 5 年内收获两次的庄稼,转变为一年收获两次,并可从当前河网与沼泽密布的荒地,开垦出 600 万亩良田,避免千万灾民沦为乞丐或盗贼,给国家造成威胁,导致社会秩序动荡和混乱。②

美国国务院在研究詹美逊报告后,向中国政府表示,希望中国政府对詹美逊报告所提建议,进一步收集资料,由工程师委员会制定计划,作出估计,依靠该委员会帮助,采取措施,防止淮河流域再次发生灾荒。

袁世凯政府农商总长张謇力主依靠美国贷款,治理淮河。早在 1907 年(清光绪三十三年),时任翰林院编修的张謇就曾撰写《复淮浚河标本兼治

---

① ［美］芮恩施:《一个美国外交官使华记》,李抱宏等译,商务印书馆 1982 年版,第 58 页。

② *Papers Relating to the foreign Relations of the united States*, 1914, Washington: Government printing office, 1922, P.97.

议》，主张以工代赈，疏浚淮河。① 1913 年 10 月，张謇往访芮恩施，向他表示中国政府愿依靠美国帮助，治理淮河。袁政府建立全国水利局，张謇出任全国水利局总裁，丁宝铨为副总裁，该局直接隶属于国务院，管理全国水利以及农业开垦事务。1913 年 12 月，中国政府正式通过美国驻华使馆向美国红十字会提出，给该会以一年时间，筹集资金并同中国政府订立导淮工程合同。1914 年 1 月，美国驻华公使芮恩施代表美国红十字会同袁政府农商总长兼全国水利局总裁张謇，在北京订立《导淮借款草议》，根据这一协议，中国政府拟向美国借款 2000 万美元，年息 5 厘，用以疏导淮河流域内之河道，包括淮河(自河南信阳州起，经息县、霍丘、凤台、怀远、五河、盱眙县境)、里运河、圻河、泗河、沭河(江苏省境内)、濉河、涡河、淝河、浍河、漴河、潼河、沱河(安徽省境内)和洪泽湖以及须待审核之入海与长江的出路。此款须在一年之内，由美国红十字会筹集，中国政府愿委托美国红十字会聘请美国工程师为导淮总工程师。2000 万美元贷款，以治淮工程新开垦土地出售所获收入，因治淮收效政府所增加的收入，以及河工区域内征收的运河通行税作担保。②

美国红十字会为一慈善机构，不可能进行以营利为目的的商业活动，于是该会选择纽约著名的怀特工程公司(J.G.White Engineering Corporation)，作为承包商同中国政府订立导淮工程合同，因工程费用系由中国政府用债券支付，怀特工程公司尚须同美国银行就销售中国债券问题达成协议，以便获得导淮工程所需资金。美国红十字会国际救灾部主任摩尔(J.B.Moore)特此致函威尔逊总统，请求美国政府给予支持，他认为只有美国政府出面支持，才能增强美国承包商以及投资者的信心。③ 2 月 6 日，威尔逊复函摩尔，允诺对承包商提供外交支持。1914 年春，中国政府指定中国驻美公使夏偕复同美国承包商进行谈判。尽管威尔逊政府保证向美国承包商与投资者提供帮助和支持，美国银行界仍不放心，决定派曾修筑巴拿马运河的工程师赛伯特上校(Colonel Sibert)、工程师戴威斯(A.P.Davis)与米德教授(Professor Meed)组成三人委员

① 《东方杂志》第 4 年第 3 期，第 45 页。
② 王铁崖编:《中外旧约章汇编》，第 2 册，三联书店 1982 年版，第 1003—1004 页。
③ *Papers Relating to the foreign Relations of the united States*, 1914, Washington: Government printing office, 1922, P.100.

会,以赛伯特为首,再次去淮河流域进行实地考察,验证詹美逊报告中所述情况是否属实,中国政府提出的贷款担保是否稳妥可靠,投资该项目能否获利。1914 年 9 月,以赛伯特为首的三人委员会在顾问詹美逊陪同下,抵达北京,受到张謇与袁世凯接见。

　　1914 年 10 月,张謇等人致函芮恩施,言及 1914 年春、夏,江苏北部和安徽先旱后涝,灾情严重。秋天连续 10 日大雨,淮河河水猛涨,泛滥成灾,成千上万农户家园被毁,农田淹没,多达 100 余万人口急待救济,建议导淮工程应立即上马,从 2000 万美元贷款中预支 500 万元用于加深淮河与圻河河道,雇用灾民参加治河工程,以工代赈,希望芮恩施能向美国红十字会转达中国政府这一建议。① 芮恩施于 10 月 28 日向张謇等复信说,美国红十字会本身并不能筹集任何资金向中国政府提供贷款,它只能充当中介机构,介绍美国银行家与承包商同中国政府接触,以便开展治淮工程,在合同未正式签订前,美国银行家可能不愿预支部分贷款。在这封信的末尾,芮恩施表示他将向美国政府报告中国政府提出的上述请求,并相信美国政府和美国红十字会将对这一问题进行仔细考虑。②

　　美国红十字会获悉中国政府上述建议后,致函国务院说,以赛伯特上校为首的工程师委员会递交的报告表明,导淮工程切实可行,但因欧战爆发,一时不易筹集治淮工程所需经费,难以签订正式合同,预支 500 万元启动治淮工程亦不可能。该会请求国务院通知驻华公使芮恩施转告中国政府,根据 1914 年签订的草合同,美国红十字会必须在 1 年内筹集经费 2000 万美元,届期不能实现这一目标,则合同作废,现 1 年期限行将届满,如果中国政府希望该会继续关心这项工程,则请中国政府延长期限,以待世界局势好转。③ 1915 年 2 月,中国政府同意将筹款期限延长 1 年,美国红十字会在美国筹集治淮贷款的活动仍未取得成效。

---

　　① *Papers Relating to the foreign Relations of the united States*, 1914, Washington: Government printing office, 1922, P.112.

　　② *Papers Relating to the foreign Relations of the united States*, 1914, Washington: Government printing office, 1922, PP.112-113.

　　③ *Papers Relating to the foreign Relations of the united States*, 1914, Washington: Government printing office, 1922, PP.117-118.

1915年,美国一家大财团——美国广益公司(American international Corporation)成立。该公司由美国花旗银行经理范德礼布(Frank A.Vanderlip)发起创立,专门从事海外投资,其成员包括坤洛公司、摩根公司等著名财团,司戴德出任该公司第三副经理。广益公司表示愿承担治淮贷款,准备首先疏浚江苏到山东德州一段运河,作为治淮工程一部分,俟该段运河治理完成后,再实行导淮大计划。鉴于1916年1月中国政府同意的1年期限又将届满,广益公司要求再次延期,中国政府同意从1916年1月31日起再次延期4个月,以便该公司调查治理这段运河的可行性。1916年1月14日,芮恩施致函袁政府农工商部总长周自齐说,广益公司已指定其子公司——裕中公司(Siems-Carey Company)代表凯里(W.F.Carey)与格雷戈里(E.T.Gregory)经办此事,希望将凯里与格雷戈里介绍给农工商部次长兼全国水利局长金邦平。①

疏导淮河工程原本是中美两国均能获利的事业,但美国资本家却只顾一己之私利,他们担心工期太长,中国政府财政困窘,负债累累,受灾最重的安徽省为一农业省,经济不发达,向导淮工程投入巨额资金,风险太大,很难获利。欧战爆发,军火供不应求,投资于军火工业能获暴利。由于上述原因,从1914年1月草合同订立至1916年,美国资本家对投资中国治淮工程始终犹豫不决,徘徊不前。昔日能向中国提供贷款的英、法、德、俄等西方列强,因旷日持久的欧洲战争,早已财源枯竭,不可能投资于这一工程。袁政府对日本怀有极大戒心,避之唯恐不及,不愿引狼入室,自找苦吃。他们最终仍只能寄望于美国。1916年春,袁政府决定作出让步,暂时不全面启动导淮工程,先治理山东省南运河以及江苏省运河,作为导淮工程的第一步,并同意给予美国投资方优厚回报。1916年4月,经袁政府批准,山东巡按使蔡儒楷代表山东省政府同美国广益公司代表在济南订立《山东南运河七厘金币借款合同》,主要内容是由广益公司提供300万美元贷款,90折扣,年息7厘,30年还清,此款用于治理山东南运河。此段运河,"北起庞家口、栏黄坝、南至微山湖、台儿庄,及关于运河应延长之处,又如直接之汶河、泗河各流域,坡河水区暨其他与运河本

---

① *Papers Relating to the foreign Relations of the united States*, 1916, Washington: Government printing office, 1925, P.104.

体有关系之支流,及整理涸复田亩,均在借款应行筹治之内",承包此项工程的工程公司应得的包工费,按照"工程所用之款百分之十计算."①同年 5 月,袁政府又与广益公司代表在北京签订《导淮改良运河七厘金币借款合同》,合同规定由美国广益公司贷款 300 万美元,用于治理作为导淮工程一部分的位于江苏省境内的一段运河,该借款为 90 折扣,年息 7 厘,20 年还清,承包此项工程的公司应得的包工费"照工程所用之款百分之十计算".②

通过上述两个合同,美国广益公司同意承担 600 万美元贷款,用以整治山东南运河与江苏省运河.该公司所获得的回报应该说是十分优厚的,如承包公司所获佣金按全部工程费用百分之十计算,贷款年息 7 厘,90 折扣等.可是,广益公司仍未感到满足,指示其驻华代表对上述两项合同内容作进一步有利于美方的修改,于是,1916 年秋广益公司代表继续同中国政府谈判修改合同问题.

日本密切注视中美双方关于治理山东南运河的谈判.

1916 年 9 月,日本驻华公使向中国政府递交备忘录,声称 1898 年《中德胶澳租界条约》规定,"在山东省内如有开办各项事务,商定向外国招集帮助为理,或用外国人,或用外国资本,或用外国料物,中国应许先问该德国商人等愿否承办工程,售卖料物".两年前,日本对德作战,将德国势力逐出山东,结果,所有德国在山东根据条约所获得的权利和特权均转归日本.1915 年 5 月中日两国订立的有关山东省条约规定,中国政府对日本享有德国根据条约在山东省获得的权利和特权,"概行承认".中国如需外国帮助整治山东省南运河,应首先向日本提出申请,③也即中国同美国订立治理山东省南运河合同,违犯了 1898 年与 1915 年的条约.

日本向中国政府提出抗议的同时,又向美国广益公司代表宣称,日本无意反对治理山东南运河,希望日本兴业银行能同广益公司合作,共同投资于治理中国运河工程.美国驻华公使芮恩施坚决反对日本这一建议,他在致国务卿

---

① 王铁崖编:《中外旧约章汇编》第 2 册,三联书店 1982 年版,第 1180—1183 页.

② 王铁崖编:《中外旧约章汇编》第 2 册,三联书店 1982 年版,第 1188—1191 页.

③ *Papers Relating to the foreign Relations of the united States*, 1916, Washington: Government printing office, 1925, PP.126–127.

蓝辛电文中警告说如果中国人知道美国赞同将日本势力引进江苏,"定会感到无比愤怒,从而最终导致美国整体利益受到极大损害,并使广益公司遭致普遍反对"。① 蓝辛知道日本要求参加山东运河与江苏运河的治理,除出于经济利益考虑外,还具有诱使美国承认山东是日本势力范围的政治目的,1917 年 1 月 17 日,他致函威尔逊说,如果同意日本参与治理山东运河计划,"似乎等于承认日本在山东有着继承自德国的特殊权益,然而,美国从未承认德国在山东有特殊权益,也未承认将德国的权益转交日本"。② 威尔逊政府正奉行对日妥协让步政策,不愿在治理运河问题上同日本闹僵,倾向于接受日本建议,但又不想使美、日合作治理运河计划染上政治色彩,使人觉得美国已承认德国在山东的权利由日本继承。1917 年 1 月 13 日,蓝辛电告芮恩施说美日合作治理运河"是美日两国银行家之间的事情,并非美国与日本政府之间的事。本院希望该问题完全由中国自行决定。美国驻华公使馆不要公开或私下发表赞成或反对意见"。③

美国广益公司考虑到在治理山东与江苏运河问题上,不可能指望美国政府给予全力支持,如果日本对治理运河计划进行阻挠,或公开表示反对,治理山东和江苏运河的中国债券很难在美国证券市场上顺利发行,基于这一考虑,广益公司未同中国政府协商,就同日本兴业银行进行谈判,1917 年 3 月双方达成共同投资治理运河协议,协议规定由广益公司与日本兴业银行共同投资 600 万美元,治理山东与江苏省运河,广益公司承担 350 万元,兴业银行承担 250 万元,同时在纽约和东京发行债券。广益公司与日本兴业银行谈妥后,才将谈判结果,告知北洋政府,北洋政府虽觉得广益公司背信弃义,慑于日本淫威,只得同意。

1917 年 4 月,全国水利局副局长潘复向广益公司提出应将治理山东运河与治理直隶省内运河一并考虑。同年 11 月,由美国广益公司出面,在北京同

① *Papers Relating to the foreign Relations of the united States*, 1917, Washington: Government printing office, 1926, P.207.

② *The papers of Woodrow Wilson*, Vol. 40, Princeton: Princeton university Press, 1982, PP. 512-513.

③ *Papers Relating to the foreign Relations of the united States*, 1917, Washington: Government printing office, 1926, P.208.

北洋政府督办水灾河工善后事宜处订立《整理运河七厘金币借款合同》，合同规定提供 600 万美元贷款，治理山东与直隶境内运河，年息 7 厘，90 折扣。该工程由美国广益公司的子公司——裕中公司承包，承包公司获全部工程费用的 10%，作为酬金。600 万美元贷款中的 350 万美元由广益公司提供，其余 250 万美元债券"可于他处发行"，实则在日本发行，由日本兴业银行承担。合同还规定，今后如中国政府欲"借款整理江苏省内自台庄至镇江之一段运河时，应先向广益公司商定"。原 1916 年 4 月广益公司与山东省政府订立的合同，在本合同生效后，应予作废。[①]

　　袁世凯政府曾试图依靠美国治理淮河。治淮工程，任务艰巨，投资巨大，虽则该工程胜利完成对维护沿淮地区千百万人民生命财产，促进该地区经济发展具有重大意义，但因工期太长，投资风险太大，美国资本家始终裹足不前。如果说他们在 1916 年 4 月与 5 月同中国政府订立的两个合同中，还虚情假意地写上治理山东与江苏运河只是导淮工程的第一步，企图掩人耳目，那么在 1917 年 11 月同中国政府订立的治理山东与直隶运河贷款合同中，已不再掩饰，治淮问题，只字不提。1914—1916 年，北洋政府决定单独引进美国资本治理山东运河，意在依靠美国力量，抵制日本将山东划为自己势力范围的图谋。欧战期间，日本经济与军事力量增长迅速，美国在远东军事力量薄弱，迫使威尔逊政府不得不对日本采取妥协退让政策，北洋政府玩弄引进美国势力以抗击日本的伎俩屡遭失败，主要原因即在于此。

第四节　裕中公司获得建造 5 条铁路利权

　　1916 年 5 月，正当国内护国运动风起云涌，袁世凯政权岌岌可危之际，为争取美国援救，袁政府交通总长曹汝霖与美国裕中公司订立由后者承造 5 条铁路合同，这 5 条铁路的起点与终点是：湖南省衡州府至广西省南宁；山西省丰镇至甘肃省宁夏；甘肃省宁夏至兰州；广东省琼州至乐会；浙江省杭州至温

---

① 王铁崖编：《中外旧约章汇编》第 2 册，三联书店 1982 年版，第 1321—1328 页。

州;总计 1500 英里。合同签订后,经双方同意原湖南衡州至广西南宁的铁路,改为湖南株洲至广东钦州。1916 年 9 月,双方又签订一补充合同将原来的 1500 英里改为 1100 英里。

合同规定,中国政府从合同签字之日起,将按惯例,发行金币债票,每年 100 万元,发行总数不得超过 1000 万元。所发行的债票年息 5 厘,95 折扣,每半年付息一次,债票发行后,50 年内本利还清。5 条铁路均由裕中公司承造,除铁路督办由中国政府委派官员担任外,铁路总工程师、业务经理以及总稽核均由裕中公司保荐,铁路所需器材亦由该公司代购,公司可从铁路器材用款项下提成 5% 作为佣金,他项工程用款,裕中公司可提成 8% 作为酬金,每半年结算付清,至每段工程完竣截止。"铁路开始营业之后所有收入项下,除应付一切开支及债款每期应还本利外,所余净利应以 25% 按年提交公司,作为酬劳红利"。①

上述合同对美国极为有利,正如芮恩施所说,裕中公司"得到了中国政府迄今给予外国人的最惠的特许权"。②

美国政府原以为裕中公司承造的 5 条铁路并未经过日本势力范围,日本不会从中阻挠,俄、英、法三国正同德国在欧洲进行殊死战斗,极需美国援助,也不可能提出异议,孰料俄国首先出面反对。

1916 年 8 月,俄国驻华公使库达契夫(Koudacheff)就中美两国订立关于修筑山西丰镇至甘肃宁夏铁路一事,向中国外交部提出交涉。俄国公使声称中国曾给予俄国在长城外修筑任何铁路的优先选择权,拟修建的丰镇至宁夏铁路侵犯了俄国享有的这一特权。中国外交总长声称他不知道此事,据他所知,只有一份文件提到俄国对修建北京以北和北京东北的铁路享有优先选择权。③ 芮恩施迅速将此情况向蓝辛作了汇报。8 月 12 日,蓝辛电令芮恩施"采取措施维护美国人的有关利益",并要他获得中国曾许诺给予俄国在长城

---

① 王铁崖编:《中外旧约章汇编》第 2 册,第 1194—1198 页,根据同年 9 月中美双方订立的《裕中公司承造铁路增订合同》第 2 款,原规定应将铁路营业所得的净利 25% 提交公司,改为 20%。

② [美]芮恩施:《一个美国外交官使华记》,李抱宏等译,商务印书馆 1982 年版,第 165 页。

③ *Papers Relating to the foreign Relations of the united States*, 1916, Washington: Government printing office, 1925, PP.188-189.

外修筑铁路优先选择权的协定文本。① 8 月下旬,芮恩施电告蓝辛,中国外交总长私下通知他,并无中国给予俄国在长城外享有修建铁路优先选择权的协定。② 10 月,俄国公使告诉芮恩施,他已奉命就中国政府批准美国公司修筑丰镇至宁夏铁路一事,向北京政府提出抗议,俄国公使解释说,俄国抗议是基于 1899 年有关将北京的铁路同西伯利亚铁路相连接的换文,1899 年 6 月 1 日,中国政府在一份照会中承诺不利用俄国以外的资本从北京向北或向东北直至俄国边界修建任何铁路。同年 6 月 17 日,俄国驻华公使复照中国政府称已收到中国政府 6 月 1 日照会,但在复照中提到中国不得利用俄国以外的外国资本从北京向东北,或向西北,或向其他任何方向修建铁路,中国政府对上述词句并未纠正,而是保持沉默,俄国认为沉默就意味着中国已经同意。俄国公使馆正是依据 6 月 17 日照会,向中国提出这一抗议的,现在中国政府却坚持它只能受 1899 年 6 月 1 日清政府总理衙门致俄方照会的约束,照会仅仅涉及从北京修铁路至俄国边界,现拟修建的山西丰镇至甘肃宁夏的铁路,远离俄国边境,而且并非北京至张家口铁路的一部分,京张铁路将继续向北方延伸,由中国自行修建。③

基于上述情况,芮恩施认为俄国就裕中公司修建丰镇至宁夏铁路一事提出抗议实属无理取闹。广益公司是修建 5 条铁路的主要投资者,当它获悉俄国提出抗议后,立即通知裕中公司代表凯里暂停勘测丰镇至宁夏铁路线。10 月 23 日,广益公司致函国务卿蓝辛说,广益公司"不希望卷入中俄两国政府之间的政治争端"。④ 广益公司还专门派人就此事向俄国驻美大使表示"广益公司根本不想在中国做出任何为俄国政府所反对的事来"。⑤ 芮恩施对广益

① *Papers Relating to the foreign Relations of the united States*,1916,Washington:Government printing office,1925,P.189.

② *Papers Relating to the foreign Relations of the united States*,1916,Washington:Government printing office,1925,P.189.

③ *Papers Relating to the foreign Relations of the united States*,1916,Washington:Government printing office,1925,P.190.

④ *Papers Relating to the foreign Relations of the united States*,1916,Washington:Government printing office,1925,P.191.

⑤ [美]芮恩施:《一个美国外交官使华记》,李抱宏等译,商务印书馆 1982 年版,第 170—171 页。

公司胆小退缩背后拆台非常反感,他认为俄国出面阻挠,只是为了从中国获得补偿,不应认真对待,如果在这个问题上不敢据理力争,退缩不前,则美国资本家不可能在中国干成任何一项事业。

继俄国提出抗议之后,法国也对美国拟修建从湖南株洲起经湖南宝庆、广西桂林、柳州直至广东钦州的株钦铁路提出抗议,理由是株钦铁路将通过广西境内。1914 年 9 月,袁政府外交总长曾致函法国驻华公使馆说,今后如中国政府意欲在广西省进行开矿、修建铁路需利用外资,将首先同法国财界磋商,向法国资本家借款,美国资本家修建株钦铁路将损害法国已获权利。法国驻美大使在致国务院照会中进一步指出,1914 年 9 月中国外交总长对法国所作承诺,缘于 1895 年 6 月 20 日订立的《中法续议商务专条附章》第 5 款,以及1897 年 3 月 15 日清政府总理衙门致法国驻华公使施阿兰(A. Gerard)照会,中国政府在照会中说"今后如欲在广西修建铁路或开矿、需用外资,当首先向法国资本家商借"。可见,1914 年 9 月中国外交总长向法国所作的承诺是有条约根据的。① 国务卿蓝辛致函法国大使,对法国照会所持论据和论点进行了批驳,他指出 1895 年 6 月 20 日《中法续议商务专条附章》第 5 款,仅载"中国将来在云南、广西、广东开矿时,可先向法国厂商及矿师人员商办……"并未涉及铁路建设,至于法国黄皮书所载 1897 年 3 月 15 日总理衙门致法国驻华公使照会,也仅仅提到不割让海南岛,并未谈到广西。据此,1914 年 9 月中国外交总长所作承诺并无条约依据。蓝辛指责法国企图获得广西全省铁路建设独占特权,要求法国政府遵守对华门户开放政策。② 法国仍不愿撤回抗议,继续坚持反对美国在其势力范围内修建铁路的立场。

英国也站在俄、法两国一边,指责美国在英国势力范围江、浙与两湖修建铁路。英国认为美国拟修建杭州至温州铁路实为沪杭甬铁路支线,中英两国签订的有关沪杭甬铁路协定第 19 条载明,该铁路包括支线在内。美国此举,损害了英国权利,此外,1905 年,前湖广总督张之洞在致英国驻汉口总领事法

---

① *Papers Relating to the foreign Relations of the united States*, 1917, Washington: Government printing office, 1926, P.189.

② *Papers Relating to the foreign Relations of the united States*, 1917, Washington: Government printing office, 1926, PP.192-193.

磊斯(Fraser)信中承诺,如果在湖北与湖南两省境内建筑铁路,需要外资,当首先向英国资本家借贷,英国在湖南与湖北境内享有修建铁路优先权,美国拟修建株钦铁路,侵犯了英国获得的特权。1916年6月与1917年11月,美国广益公司曾先后两次向中国政府提供垫款共100万美元,用于勘测株钦铁路线,后鉴于外交纠纷不断,不愿冒险,裕中公司承包修建5条铁路的工程迟迟未能动工。

第五节　美国争夺中东铁路与西伯利亚铁路的控制权

1896年,沙俄以中俄共同防日为借口,诱使清廷订立《中俄密约》以及《中俄合办东省铁路公司合同章程》,根据上述条约和章程,清廷同意成立中国东省铁路公司,修筑经黑龙江与吉林两省至海参崴的中东铁路,以便同沙俄修筑的西伯利亚铁路相连接。中东路由中外合股经营的华俄道胜银行承办,36年后,准许中国议价收回。中东铁路的修建为沙俄向中国东北扩张侵略势力奠定了基础,东北三省逐渐沦为俄国势力范围。1904—1905年的日俄战争,沙俄战败,被迫退出南满,南满成为日本势力范围,北满仍为沙俄控制。

1914年8月,第一次世界大战爆发,沙俄在欧洲战场处境艰危,武器弹药等军用品极其匮乏,1916年1月,沙皇尼古拉二世派其叔父米哈伊洛维奇大公爵率团出使日本,寻求日本给予经济与军火武器援助,俄方代表在同日方代表谈判当中表示,愿将宽城子至松花江之间的一段中东铁路售予日本。

1917年,俄国十月革命爆发,以克伦斯基为首的俄国临时政府被推翻。原俄国政府委派的中东铁路主管霍瓦特将军(General Hovart)无力控制局势,为阻止布尔什维克势力进入中国东北,在协约国支持下,北洋政府派军保护中东铁路,维持铁路沿线秩序。

1918年3月,列宁领导的苏维埃政府同德国订立《布列斯特—立托夫斯克条约》宣布俄国退出帝国主义战争,俄国爆发内战。原奥匈帝国的捷克斯洛伐克军团声明脱离奥匈帝国军队,拟经西伯利亚至海参崴,返回欧洲,参加协约国军队,去西线同德军作战。西伯利亚局势混乱。1918 年 4 月,美、英、日三国海军占据海参崴。同年 8 月,美、日、法、英、意等国以防止德国和布尔什维克东进为由,组成联军侵入西伯利亚,支持盘踞该地的沙俄将军高尔察克(Kolchak)统率的白卫军以及捷克斯洛伐克军团,9 月,协约国联军攻克哈巴罗夫斯克,10 月中旬,占据贝加尔湖以东的西伯利亚地区。控制西伯利亚铁路以及与之相连接的中东铁路,保证协约国联军后勤供给和运输军队,遂成为协约国关注的焦点。日本试图乘俄国内乱,单独控制西伯利亚铁路和中东路,确立日本在北满以及西伯利亚地区优势地位,将该地区纳入日本势力范围。

1918 年 4 月,日本驻华使馆向北洋政府送交照会,宣称早在十月革命前,俄国就曾与日本约定,将中东铁路由松花江左岸至宽城子路段让与日本。北京政府在复文中严正指出:东清路(即中东路)之敷设,"前中国政府与俄国政府之间订有契约……俄国政府不得中国政府之同意,何能将铁道权让与他国"?① 1918 年 8 月,日本悍然不顾中国政府反对,派军占据宽城子至松花江畔的一段铁路线。9 月,北洋政府外交部重申"本国政府以东省铁路有中俄合同暨中国领土主权极重大之关系,不能任俄国私将路权一部分让与他国……以后此项铁道让与之商议,万一经两国协定,中国政府断然不能承认",②日本当即对上述声明进行反驳,日本驻华公使馆照会北洋政府外交部说:俄国对于中东铁路之权利,"现既为中国政府所承认,今日本依与俄国之协定,将继承同一之权利,而中国政府倡述异议,是以许之俄国者拒绝日本,明明为偏颇之措置矣……至中国政府为尊重中俄两国之契约及中国领土主权,而唤起帝国政府之注意,其意更不可解。此条铁路之让与,其实质于中国契约上之权利及领土主权,毫无消长"。③

美国反对日本夺取西伯利亚铁路与中东铁路利权的阴谋,威尔逊政府深知盘踞南满的日本,一旦控制中东路,整个中国东北地区将沦为日本势力范

---

① 《北洋军阀(1912—1928)》第 3 卷,武汉出版社 1990 年版,第 1188 页。

② 《北洋军阀(1912—1928)》第 3 卷,武汉出版社 1990 年版,第 1188—1189 页。

③ 《北洋军阀(1912—1928)》第 3 卷,武汉出版社 1990 年版,第 1189 页。

围,对美国在西伯利亚以及中国东北的工商利益将构成严重威胁。美国工程师史蒂文斯(Stevens)在致美国国务卿蓝辛电文中强调指出,如果让日本阴谋得逞,将会使美国在满洲推行门户开放政策遭受致命打击。"谁控制铁路,谁就将控制包括西伯利亚在内的这片地区的贸易"。① 史蒂文斯曾任克伦斯基领导的俄国临时政府交通部顾问,临时政府委托他管理和监督西伯利亚铁路和中东铁路。美国企图通过史蒂文斯控制这两条铁路。1918 年 8 月 30 日,国务卿蓝辛训令美国驻日本大使莫利斯向日本政府建议,西伯利亚铁路与中东铁路交由前俄国政府所聘铁路顾问史蒂文斯统一管理,以利于协约国在西伯利亚的军事行动。美国政府并指示其驻英、法、意三国大使向驻在国政府声明,史蒂文斯"虽为美民,实同俄吏,缘其所支俸薪,现尚由驻美俄使给发,美政府兹请明白确切宣示,美国并无乘机谋握俄国路权之意"。② 法、英、意三国政府意识到美国这一倡议的动机和目的,为防止日本攫取这两条铁路控制权,对美国的建议表示同意。日本借口此举构成对俄国内政干涉,强烈反对,③并提出一项修正案,即中东铁路由日本单独经营管理,西伯利亚铁路可由美国铁路专家史蒂文斯与一位日本专家共管。史蒂文斯不愿同日本分享权力,国务院也拒绝让日本独自管理中东铁路。可是,远东地区,日本军事力量占有绝对优势,1918 年秋,日本派往西伯利亚的兵力已达 7 万之众,而美国只有数千人,英、法、意干涉军总共才 4000 人。1918 年 10 月,日本已派军前往中东铁路沿线,"意图侵占"。④ 面临日本武力威胁,美国不得不稍作让步,建议成立协约国特别委员会,对西伯利亚铁路与中东路实行国际共管。经美、日两国商定,协约国特别委员会由中、日、美、英、法、意以及俄国的代表组成,下设技术部与军事运输部,史蒂文斯任技术部主席。美、日两国达成的上述协议,获英、法、意等国赞同,美国随即向北洋政府施加压力,强迫中国接受美、日两国关于西伯利亚铁路与中东路实行国际共管协议。

---

① *Papers Relating to the foreign Relations of the united States*, 1919, Vol.1, Washington: Government printing office, 1934, P.615.

② 《北洋军阀(1912—1928)》第 3 卷,武汉出版社 1990 年版,第 1191—1192 页。

③ *The papers of Woodrow Wilson*, Vol.53, Princeton: Princeton university Press, 1986, P.465.

④ 《北洋军阀(1912—1928)》第 3 卷,武汉出版社 1990 年版,第 1189 页。

当时,中国朝野均主张收回中东路。北洋政府因中东铁路原为中俄合办,该路在中国境内,涉及中国领土主权,遂委派郭宗熙为督办,对中东路进行监督。1919 年 1 月 26 日,中国外交部训令驻美使馆就美、日两国提出的有关西伯利亚铁路与中东铁路实行国际共管问题,向美国政府递交照会,声明中东铁路与西伯利亚铁路不同,前者根据中国政府批准给予华俄道胜银行的一项租让权修建,该铁路是中俄合办企业,现因俄国发生内乱,俄国失去对该铁路管理权,按照中东铁路合同,中国应管理此路,"第三方无权进行干涉",①照会指出中国政府已派兵保护该路,中东铁路仍应由中国保护。

1919 年 2 月 4 日,北洋政府外交部又通过中国驻美使馆,向美国政府提出完善对中东铁路的管理与改组计划,除原有督办外,增派一位拥有行政权力的总经理,并对该铁路所有重要部门进行改组,旨在将中东铁路同西伯利亚铁路区别开来,中东铁路作为一个单独实体,由中国监督管理,以维护中国主权并提高该路运输效能。② 美国政府明确表示不同意中国政府提出的计划,训令芮恩施说服中国政府,接受美、日两国炮制的中东铁路与西伯利亚铁路国际共管方案。

1919 年 2 月 17 日,芮恩施偕同日本驻华公使小幡酉吉会晤北洋政府代理外交总长陈篆,声称"现在日、美两国政府已议定办理西伯利亚及东清铁路之计划。查西伯利亚之地方秩序,殊为凌乱,该两路之办理情形,日趋弊坏……为救济俄国境内之局势,以为俄人谋利益起见,务须将该两路重新整理……美国政府对于中国所有之东清铁路未尝一刻或忘……所有中国原有之利益,将来仍旧保存。现在,美、日两国政府业已商定办理该路之计划,并饬令驻外公使征求协商各国之同意。故本公使等特来贵部将该项计划之说明书呈达贵总长"。陈篆当即指出,关于中东铁路问题,"按中俄条约之规定,其中有禁止其他国籍之人民购买该路股票之条文,现在,东清铁路自应由中国政府办理。至该路所需之军警,亦应由中国政府委派,以资保护。盖因现在俄国对于

---

① *Papers Relating to the foreign Relations of the united States*, 1919, Vol.1, Washington: Government printing office, 1934, PP.592-593.

② *Papers Relating to the foreign Relations of the united States*, 1919, vol.1, Washington: Government printing office, 1934, P.593.

该路未能妥为办理,故应由其合伴之中国代为办理一切,而不应另邀第三国代为经营"。①

1919年2月20日,北洋政府外交部对美、日两国有关西伯利亚铁路和中东路实行"国际共管"方案作出书面答复,主要内容是:中东铁路在中国境内,原为中国委托华俄道胜银行承办,此路涉及中国领土主权,"与西伯利亚铁路性质不同",中东铁路由中国军警守护。中国拟派铁路专家参加协约国特别委员会所属的技术部,中国专家在技术部的地位和职权应与技术部总理相等。中国并拟派军官参加军事运输部。② 接着,中国政府通知美、日等国,将派中国驻西伯利亚高等委员刘镜人兼任协约国特别委员会中方代表,工程师詹天佑参加技术部。

威尔逊政府对中国外交部2月20日复文,表示不满,特别对中国政府要求参加技术部的中国专家,其地位和职权应同技术部首脑美国人史蒂文斯相等,尤为反感。美国政府认为,史蒂文斯独自执掌技术部领导权是美国控制西伯利亚铁路和中东路的关键,绝不能让其他国家的代表进入该部领导阶层。芮恩施在致代理国务卿波尔克的报告中,针对2月20日北洋政府外交部的复文评论说:"从中国外交部的复文看,中国政府继续坚持其权利,中国作为中东铁路的伙伴与领土主权国,有权因俄国政府瓦解而接管中东铁路。中国政府在原则上接受新的铁路协定,但又提出中国有责任和权利派遣受过训练的专家作为代表参加技术部,其地位和权力应与技术部首脑相同。我当然不能接受或以任何方式赞助这一要求"。③ 美国决定对北洋政府施加压力。2月27日,芮恩施向北洋政府外交部递交照会,完全否认中国对中东路拥有主权,照会说:"本公使查中政府与道胜银行所订之东清路原合同,除载明限期三十六年,中政府可将该铁路赎回,暨简派督办等项权利外,其余并未见有何项利益。现在该铁路所有产业暨管理各种利益,均属俄国所有"。照会警告说,美

---

① 《北洋军阀(1912—1928)》第3卷,武汉出版社1990年版,第1196—1197页。
② 《北洋军阀(1912—1928)》第3卷,武汉出版社1990年版,第1202页。
③ *Papers Relating to the foreign Relations of the united States*, 1919, vol.1, Washington: Government printing office, 1934, PP.599-600.

国政府"深欲中政府不得进行阻拦协约国所拟改正处理此项铁路之计划"。①芮恩施还派公使馆官员告诉交通总长曹汝霖,派往技术部的中国专家,其职权与史蒂文斯相同,是根本不可能的,因为中东铁路不能有两个首脑。②

英国也站在美国一边,强迫北洋政府接受美、日商定的西伯利亚铁路与中东路国际共管方案。

在英、美等国压力下,北洋政府不再坚持参加技术部的中国专家其地位与职权,应与技术部主席美国人史蒂文斯相同,但仍声称中国在中东路有特殊利益,在保留中国特殊利益条件下,接受美、日提出的对西伯利亚铁路和中东路实行国际共管方案。北洋政府除派刘镜人代表中国参加协约国特别委员会、詹天佑参加该委员会下属之技术部外,另派中国驻海参崴陆军第9师步兵中校贾增洽为军事运输部中方代表。

1919年3月,协约国联军共同监管中东及西伯利亚铁路委员会发布成立宣言,声明监管委员会由中、法、英、美、意、日、俄各派一名代表组成,中国代表为刘镜人,美国代表史密斯(Smith),日本代表松平恒雄,俄国代表渥斯脱罗郭夫(Ostrogoff),此人名为联军共同监管中东及西伯利亚铁路委员会会长,实为傀儡,该委员会完全被美、日两国所操纵。委员会下属重要部门——技术部主席一职由史蒂文斯担任。美国为了拉拢日本,许诺中东路长春至哈尔滨一段以及乌苏里线路由日本专家监管。日本军国主义者并未感到满足,他们要求控制整个中东铁路以及乌苏里与黑龙江铁路。美国不愿中东铁路落入日本之手,使东北全境成为日本势力范围,对北洋政府派军保护中东铁路表示同情和支持。1919年4月,驻西伯利亚协约国联军武官代表会议决定,双城子以东及满洲里以西所有俄国铁道,概归协约国联军保护;由长春至哈尔滨、双城子至哈尔滨、满洲里站至哈尔滨各线,均归中国军队保护。日本仍企图剥夺中国护路权,建议中国中东铁路护路军队应归日军司令大谷喜久藏统一指挥。日方这一建议遭吉林督军孟恩远与黑龙江督军鲍贵卿反对。4月17日,孟恩远

---

① 《北洋军阀(1912—1928)》第3卷,武汉出版社1990年版,第1204页。

② *Papers Relating to the foreign Relations of the united States*, 1919, vol.1, Washington: Government printing office, 1934, P.600.

致电北洋政府说:"查中东路护路之责,归我国军队担任,业经公决,当无异议。惟日本代表尤复争执,拟将我国护路军司令隶属于联军总司令之下,强词夺理,断难承认。盖中东路为中俄合办之路,俄国内乱不已,既失保护能力,当然由中国起而代之,他人不得干预,此为事理所当然者也。协约国因共同出兵问题,而以联军保护俄国独有铁道,与保护中东路纯系两事,未能并为一谈,则中东护路军队,万无隶属于联军司令之理"。① 黑龙江督军鲍贵卿亦于5月27日致电北洋政府,声称"护路指挥问题,日以军事协定为词。查协定条文均指出兵国外,共防德、奥而言,至国境以内,则协约实行将及一年,中国军队从无归日指挥之事。何况护路军系根据中东合同,乃中俄关系,非中日关系,更无归日指挥之理"。② 北洋政府赞同孟恩远、鲍贵卿等人主张,命鲍贵卿督办东省铁路事宜,兼护路军总司令,以此表示中国政府维护中东路主权的决心。由于中国进行抵制,美国不愿日本侵占中东路,向北满扩张势力,从而达到独霸中国东北目的,日本阴谋利用俄国内乱出军西伯利亚之际,夺取中东路,终未能得逞。

第六节　鼓励美国财团对华投资

袁世凯死后,黎元洪、段祺瑞等人当权,北洋政府财政仍十分困难,日本乘机向北洋政府提出愿向中国贷款,阴谋通过贷款,扩张日本在华势力,控制中国,威尔逊政府决定遏制日本这一图谋,鼓励美国银行界继续向中国政府贷款。

1916年7月下旬,国务卿蓝辛召见曾参加六国银行团向华贷款的原美国银行团代表,建议他们立即向中国政府贷款400万或500万美元以应急需。7月26日,原美国银行团的主要成员摩根公司、坤洛公司第一国民银行以及花旗银行联名致函蓝辛,对蓝辛的建议持消极态度,在这封信中,财界巨头们回顾了美国银行团参加六国银行团的历史,特别说明,1912年6月,六国银行团

---

① 《北洋军阀(1912—1928)》第3卷,武汉出版社1990年版,第1207—1208页。
② 《北洋军阀(1912—1928)》第3卷,武汉出版社1990年版,第1210—1211页。

曾订立协定,参加六国银行团的任何一国银行团,不得单独向中国提供行政贷款。他们向蓝辛提出一连串问题,如中国政府准备提供何种贷款担保,担保收益如何管理,由谁管理,一旦中国违约,如何收回贷款等等,信末,他们说"我国政府希望美国银行团就当前这笔 400 万或 500 万美元的贷款同中国政府谈判,我们当然会照办",但鉴于我们对欧洲国家银行团承担的义务,"当前世界金融市场状况,以及中国自身不确定的经济与政治局面,我们对此类谈判会产生好的结局不抱希望"。① 芮恩施要求李·希金逊公司履行它于 1916 年 4 月同中国政府订立的合同,继续向中国提供贷款,该公司也显示出畏难情绪,不愿再向中国提供贷款,只有少数银行,如芝加哥大陆商业信托储蓄银行表示愿投资中国。

1916 年 9 月,芮恩施电告蓝辛,中国财政总长称已授权驻美公使顾维钧同西方银行家谈判,该总长希望国务院对可能达成的贷款协定持赞同态度。②

11 月,顾维钧代表中国政府同芝加哥大陆商业信托储蓄银行在华盛顿签订合同,由该行向中国政府贷款 500 万美元。此次贷款,期限 3 年,91 折扣,年息 6 厘,合同规定,该项贷款用于"振兴中国国内事业,充足中国银行及交通银行(此二银行均系官家银行)准备金,以及筹办其他相类之事业",以烟、酒专卖收入作担保,芝加哥大陆商业信托储蓄银行并享有向中国政府续借2500 万美元的优先权。③ 芮恩施对上述合同的订立感到高兴,他说:"贷款仅有 500 万美元,金额虽小,也是对中国政府的一个重大援助"。④ 蓝辛致电大陆商业信托储蓄银行,对 500 万美元贷款合同订立表示满意,并重申美国政府的政策是"一如既往,对美国公民在国外从事合法事业,给予各种适当的外交支持和保护"。⑤ 法国对中美之间订立的这项贷款合同提出抗议,11 月 24

---

① *Papers Relating to the foreign Relations of the united States*, 1916, Washington: Government printing office, 1925, PP.137–138.

② *Papers Relating to the foreign Relations of the united States*, 1916, Washington: Government printing office, 1925, P.138.

③ 王铁崖编:《中外旧约章汇编》第 2 册,三联书店 1982 年版,第 1236—1241 页。

④ [美]芮恩施:《一个美国外交官使华记》,李抱宏等译,商务印书馆 1982 年版,第 172 页。

⑤ *Papers Relating to the foreign Relations of the united States*, 1916, Washington: Government printing office, 1925, P.138.

日,法国驻华代办马泰尔伯爵(Count de Martel)会见芮恩施,声称 1914 年 1 月,法国中法实业银行曾同中国政府订立《钦渝铁路五厘息金借款合同》,以中国境内"已抽或能抽之烟草税担保";又,中法实业银行于同年 3 月曾在北京同中国政府订立《实业五厘金币借款合同附件》,以中国境内"长江以北各省中央政府目前或今后所征酒精税进款作保"。中国烟酒税早已成为中国政府获得法国贷款的担保。芝加哥大陆商业信托储蓄银行与中国政府订立贷款合同,以烟酒专卖收入作担保,侵犯了法国利益。芮恩施向马泰尔表示他将对此事进行调查。

当芮恩施就法国抗议一事询问财政总长陈锦涛时,陈解释说中国向法国银行借款的担保是中国烟酒税收入,而向美国银行借款的担保则是政府专卖烟酒收入,两者收入来源不同,收集方法各异,据估计本年度征收烟酒税约 1600 万元,政府专卖烟酒收入是 1100 万元。芮恩施当即指示美国驻华公使馆一等秘书将陈锦涛上述说明告知法国驻华代办马泰尔。①

一波未平,一波又起。五国银行团成员国也就美国芝加哥大陆商业信托储蓄银行对华贷款提出抗议,他们说该贷款违反 1913 年 4 月 26 日《善后借款合同》第 17 款,此款规定倘若将来中国政府欲以盐务收入为担保再行借款,或欲继续借款以办理本合同第二款所详性质相同之事(按:指遣散军队、偿还赔款以及用于各项行政开支等),必须"先与银行商允"。指责中国政府此次借款未同银行团商量并得到后者允许。1916 年 12 月 1 日,财政总长陈锦涛致函国际银行团代表对上述指控进行驳斥,他在信中指出,两个多月前,中国政府曾根据 1913 年《善后借款合同》第 17 款规定,向组成银行团的五国银行借款,五国银行团答称"由于该银行团的一位成员(按:指德国银行)与其他四位成员不能或者说不愿交往或进行合作,五国银行团已不能作为一个团体进行活动"。② 银行团方面既然承认它不能行使贷款选择权,中国政府当然享有向它认为适合的任何一方请求贷款的自由,也即它可以向银行团以外的任何

---

　① *Papers Relating to the foreign Relations of the united States*,1916,Washington:Government printing office,1925,P.144.

　② *Papers Relating to the foreign Relations of the united States*,1916,Washington:Government printing office,1925,P.147.

银行或银行团内的个别银行提请贷款。再者,中国政府最近从芝加哥银行获得的贷款,同 1913 年 4 月 26 日订立的《善后借款合同》条款并不冲突,因为此项借款既未用盐税收入作担保,也非用于类似该合同第 2 款所列举的项目,而是用于兴办实业,此项借款存于中国银行也有助于巩固中国银行信用。①

银行团中的英、法、俄、日四国银行获陈锦涛来信后,又于 12 月 6 日,联名致函陈锦涛,表示不同意陈锦涛 12 月 1 日来信中有关英、法、俄、日四国银行不能同德国银行合作,已失去享有《善后借款合同》第 17 款权利的论点,也不认为美国此项贷款是用于兴办实业,并未违反《善后借款合同》条款。四国银行在信中声明,他们"不能改变对该项借款的态度"。②

美国政府对芝加哥银行对华贷款遭四国银行反对极为关注。12 月 4 日,蓝辛电告芮恩施,要他向中国政府说明,美国政府认为芝加哥银行向华贷款并未违反中国与外国银行订立的任何合同。③ 1916 年 12 月 5 日,威尔逊函告蓝辛授权芮恩施通知列强驻中国公使:"试图排斥我国银行家公平参与中国事务,会受到美国政府最坚决的抵抗",④表示美国政府将尽力支持美国财界进入中国投资市场。根据威尔逊这一指示,蓝辛再次电告芮恩施,训令他将威尔逊总统上述指示内容通告列强驻华外交使节。威尔逊政府的强硬姿态收到了良好效果,大陆商业信托储蓄银行对华贷款问题基本解决。

1917 年春,芝加哥大陆商业信托储蓄银行副行长艾博特亲自来华考察中国金融市场,4 月抵达北京,相继会见包括总统黎元洪、财政总长陈锦涛在内的中国政要。为打消大陆商业信托储蓄银行的顾虑,增强美国财界投资中国的信心,争取从美国获得更多贷款,北洋政府特地就大陆商业信托储蓄银行 500 万美元贷款的担保问题,同艾博特举行会谈。5 月 14 日,双方订立《大陆商业信托储蓄银行借款附合同》,根据这一合同,中国政府同意将河南、安徽、

① *Papers Relating to the foreign Relations of the united States*, 1916, Washington: Government printing office, 1925, P.147.

② *Papers Relating to the foreign Relations of the united States*, 1916, Washington: Government printing office, 1925, P.147.

③ *Papers Relating to the foreign Relations of the united States*, 1916, Washington: Government printing office, 1925, P.146.

④ *The papers of Woodrow Wilson*, Vol.40, Princeton: Princeton university Press, 1982, P.160.

福建、陕西 4 省货物税收入,作为该行向中国贷款 500 万美元附加担保或抵押品。北洋政府考虑到法国曾对该贷款以中国烟酒税收入作为担保提出抗议,在此次合同中特地着重声明:"此项附加押品,实系纯粹头次押品,并无他项纠葛",中国政府"愿加押品并非承认他方面之争议",只是证明"前项争议实有其事,但并非承认此项争议之效力"。①

艾博特访华期间,财政总长陈锦涛因涉嫌营私舞弊,锒铛入狱。鉴于中国政局混乱,亲日派势力抬头,对华贷款风险太大,芝加哥大陆商业信托储蓄银行原拟根据 1916 年 11 月合同,继续向中国提供 2500 万美元借款计划不得不暂时放弃。

第七节　威尔逊政府筹组新国际银行团

1913 年,美国银行团退出从事对华贷款的六国银行团。次年,欧战爆发。此后,中国国内与国际局势发生很大变化,1917 年 8 月,中国对德宣战,德国退出五国银行团,同年,俄国发生革命,沙皇政府被推翻。11 月(俄历 10 月),以列宁为首的布尔什维克党夺取政权。俄国在国际银行团中已不再起作用,原来的五国银行团只剩英国、法国和日本。英、法两国因长期陷入欧战,财源耗尽,靠向美国举债度日,无力再向中国提供贷款。日本却由于欧战,大发横财,国内经济发展迅速,积累了大量可供输出的剩余资本。日本寺内政府根据英、法、俄、日四国银行团关于对华实业贷款,不属于四国银行团共同活动范围的规定,打出对华实业贷款旗帜,向中国提供各类贷款,寺内正毅执政期间,包括西原龟三经手的 8 项贷款 1 亿 4 千 5 百万日元在内,日本对华贷款总额达 3 亿 8 千 6 百万余日元。② 日本通过贷款取得大量侵略特权。

威尔逊政府不愿看到日本称霸中国,国务卿蓝辛、国务院远东司司长威廉斯以及驻华公使芮恩施等人均主张改变政策,重新组建新国际银行团,从事对

---

① 王铁崖编:《中外旧约章汇编》第 2 册,三联书店 1982 年版,第 1260—1262 页。
② 《近代史资料》总 38 号,中华书局 1979 年版,第 172 页。

华贷款,以打破日本垄断对华贷款局面。1917 年 6 月,蓝辛在同比利时驻华公使保罗·梅(Paul May)的一次谈话中表示美国曾反对参加国际银行团,赞成同中国建立独立的金融关系,现在为适应战争造成的特殊国际环境,"可能不得不修改或改变政策"。① 1917 年 11 月 9 日,蓝辛宣布美国正考虑参加国际银行团,短期内,一个新的美国银行团将会建立。

11 月 21 日,威廉斯向国务院递交了两份备忘录。第一份备忘录着重谈到了中国政府拟借 2000 万英镑进行币制改革,日本表示支持,已向中国政府提供 1000 万日元,企图利用当前中国十分混乱的财政状况,从中渔利,限制中国财政独立。第二份备忘录建议同英国、法国和日本组成新的四国银行团对华贷款,以便获取银行团成员英、法两国支持,一旦日本希望从对华贷款中牟取不正当利益,美国即可依靠英、法两国进行抵制。

威廉斯认为美国银行家应首先组成新的美国银行团,以便参加新组建的国际银行团。他在第二份备忘录中说,大陆商业信托储蓄银行对这个问题非常关心,曾向国务院建议邀请美国旧银行团成员至华盛顿讨论此事。威廉斯主张国务卿应授权大陆商业信托储蓄银行负责人艾博特组建新的美国银行团,其成员应包括纽约、波斯顿、芝加哥、旧金山等城市的银行,以防止旧银行团成员统治或控制新银行团,并保证新银行团的活动同美国政府的政策和意图相一致,美国政府应对新银行团在华的经济以及工业利益提供保护。②

1917 年 11 月 22 日,蓝辛致函威尔逊,特地附上威廉斯两份备忘录,希望威尔逊就此事发表意见,他在信中指出:"除非我们听从类似备忘录中提出的某些劝告,否则我们不可能向中国提供援助,其结果,中国实际上由日本控制,这当然是最令人讨厌的"。③

1918 年 6 月 20 日,蓝辛就有关组建新银行团对华贷款一事再次致函威尔逊,他在信中说,目前有三个重大项目可供美国银行家考虑:第一个项目是芝加哥大陆商业信托储蓄银行享有再向中国贷款 2500 万美元的优先权。

① *The papers of Woodrow Wilson*, Vol.43, Princeton：Princeton university Press, 1983, P.8.

② *The papers of Woodrow Wilson*, Vol. 45, Princeton：Princeton university Press, 1984, PP. 97-100.

③ *The papers of Woodrow Wilson*, Vol.45, Princeton：Princeton university Press, 1984, P.97.

蓝辛指出,现在日本正同中国谈判一笔贷款,日本贷款合同条款包括组织和监督中国全部烟、酒工业产销,这将意味着日本垄断中国烟草业,损害"英美烟公司"中的美国利益,尽管该公司是根据香港法律组建的,但由美国人管理,几乎全由美国人投资,如果大陆商业信托储蓄银行再次向中国提供2500万美元贷款,即可阻止日本实现对华贷款计划,保护"英美烟公司"的利益。大陆商业信托储蓄银行已向国务院提出,它所享有的优先权政府可以任何方式利用,由政府或该银行承担对华贷款,或由政府指定的银行团进行贷款。

第二个项目是粤汉铁路贷款,粤汉铁路原计划由英国管理。此路尚未竣工,还需3000万元方能建成。英国金融家不能完成此项工程,曾向广益公司及其子公司——裕中公司呼吁,请求他们承担这项工程建设,裕中公司不能向该项工程提供资金。假若他们能作出资金安排,就会使英国有关方面同意使用美国工程师,在英方同中国政府签订的延长若干年的合同期内,由美国管理该路。此时投资此路会使美国势力控制这条很重要的铁路。

第三个项目是币制改革贷款。据各方估计,中国如欲达到改革币制目的,总共需1亿至2亿元,根据合同,应由旧的国际银行团提供,美国银行团已撤出国际银行团,不管是英国还是法国银行团现在均不能提供所需资金,他们已多次请求美国银行团参加,除非美国银行团应邀参加,否则日本可能独自承担这一重大贷款。蓝辛指出"中国曾期望从美国得到某种财政援助。最近,日本曾向她提供多笔贷款。我们却无所作为。中国是应我们邀请参战的。她盼望我们给予某种财政帮助,以防止目前战火正向其边界附近蔓延的可能性。有迹象表明,由于中国没有得到其有理由料想能获得的东西,已使她的失望情绪转变为对我国有些怨恨"。在这封信的末尾,蓝辛建议组织一个银行团,美国政府有必要向他们保证对投资于上述三个项目,以及其他合法的,非政治性事业给予支持。①

威尔逊对蓝辛的建议表示赞同,蓝辛遂邀请一批同中国曾有业务往来的

---

① *The papers of Woodrow Wilson*, Vol. 48, Princeton: Princeton university Press, 1985, PP. 371-374.

著名银行家和金融巨头进行座谈,讨论有关组织美国银行团对华贷款事宜,参加座谈会的除美国旧银行团成员摩根公司、坤洛公司、花旗银行外,还有芝加哥大陆商业信托储蓄银行等机构的代表。经过多次讨论,7月8日,摩根公司、坤洛公司等金融机构代表从纽约联名上书蓝辛,同意对华贷款,但政府应采纳银行家们提出的下述两点意见:1. 为防止引起嫉妒与恶性竞争,最大限度地保证对华投资者利益,对华贷款应具有广泛的国内与国际基础,美国银行团应有全国各地愿从事对华投资的银行或商行代表参加。在国际上,组成美、英、法、日四国银行团,该团成员现在拥有的对华贷款选择权应转归四国银行团所有。2. 美国银行家对美国人民是否会购买外国债券仍有很大疑虑,希望发行债券时,政府能向公众声明,此次债券是根据美国政府提议发行。①

蓝辛获信后,当即于次日,向银行家们复函,对美国银行家在来信中提出的两点意见,表示基本赞同。复信说在对华贷款问题上实行国际合作是必要的。关于取消银行团成员目前享有的对华贷款选择权问题,蓝辛在复信中指出参加美国银行团的成员,应放弃他们现在享有的各种对华贷款选择权,这是合理的,要求外国银行团成员也放弃对华贷款选择权,则非美国政府所能办到,如美国银行团得出结论希望这么办,美国政府愿进行适当调解,使外国银行团成员放弃其选择权。蓝辛同意在美国银行团发行债券时,美国政府将正式声明此次对华贷款是根据美国政府的建议。信末,蓝辛希望美国新银行团组成前,能向政府提供成员名单。② 此后,美国政府与财界进行了反复协商,达成以下协议:

"第一,组成一个美国银行团,提供一次或多次贷款。银行团成员包括来自全国各地的代表。

第二,银行家保证将同政府合作并遵循国务院的政策。

第三,将组成美国银行团的银行名单,报请国务院批准。

---

① *The papers of Woodrow Wilson*, Vol. 48, Princeton: Princeton university Press, 1985, PP. 518-520.

② *The papers of Woodrow Wilson*, Vol. 48, Princeton: Princeton university Press, 1985, PP. 521-522.

第四,提出各种贷款条款与条件,报国务院批准。

第五,如贷款条款和条件为本政府和借款政府所接受,本政府保证,为促进美国公民与外国双方均有利的自由交往,本政府将以一切可能方式给予援助,并迅速而果断地提出建议,采取一切可能措施,确保我国公民在外国以良好信誉订立的公平合同得以执行"。①

重建美国银行团的工作颇为顺利。威尔逊政府试图尽快建立美国为首的新国际银行团,以制止日本单方面地通过对华贷款,控制中国内政和外交,扩大并加强美国在华势力。

1918 年 7 月 10 日,美国政府将建立美、英、法、日四国银行团对华贷款方案,通知英、法、日三国政府。

1913 年,威尔逊曾主动要求美国银行团撤出六国银行团,现在却一反常态,呼吁英、法、日三国同美国一道组成美、英、法、日四国银行团对华贷款,并提出凡是参加四国银行团的成员国银行,必须将其对华贷款优先权或选择权转归新建立的四国银行团,新组建的四国银行团对华贷款,不得损害中国主权与行政完整等等,这些建议,使英、法、日三国对美国组建新国际银行团的动机和目的,产生怀疑,纷纷向美国政府提出质问。

1918 年 7 月 20 日,英国驻美大使雷丁(Reading)向美国代理国务卿波尔克递交了一份备忘录,询问美国建议设立新四国银行团取代原六国银行团对华贷款,是否仅限于向中国政府提供行政贷款? 或者还将允许该银行团向中国提供实业与铁路方面的贷款? 根据 1913 年 9 月五国银行团的决定,对华实业贷款并不属于五国银行团共同经营范围。② 7 月 26 日,代理国务卿波尔克在向雷丁大使送交的备忘录中答复说:"本院设想新四国银行团将对华提供实业贷款以及行政贷款"。③ 也即美、英、法、日四国政府不得支持本国国民单独对华提供任何实业贷款,对华实业贷款与行政贷款均属于新成立的四国银

---

① *The papers of Woodrow Wilson*,Vol.49,Princeton:Princeton university Press,1985,P.102.

② *Papers Relating to the foreign Relations of the united States*,1918,Washington:Government printing office,1930,PP.179-180.

③ *Papers Relating to the foreign Relations of the united States*,1918,Washington:Government printing office,1930,P.181.

行团金融活动范围。美国政府希望英国能赞同美国上述建议,在这个重要问题上同美国合作。

1918年8月14日,英国外交大臣巴尔福致函美国驻英大使佩济,表示欢迎美国的决定,并说英国原则上拟同意成立四国银行团,以取代目前的国际银行团。但对美国建议中提出的一些问题尚存疑问,希望美国进一步作出解释:

1. 目前继续存在的国际银行团,正拟同中国谈判一笔用于改革币制的2000万英镑的第二次善后借款,美国银行团是否打算参加?

2. 美国认为新建立的四国银行团对华贷款范围,包括行政贷款以及实业和铁路贷款。可是,1913年9月26日,英、俄、法、德、日五国银行团代表曾在巴黎举行会议作出决定,声明,1912年六国协议,禁止国际银行团成员单独向中国进行实业贷款的条款已不再适用。当时,会议主席通知会议说他已收到一份美国银行团声明,同意从六国协议中无条件地取消实业贷款条款。由于日本希望恢复他们在对华实业贷款方面的自由,以及未参加英国银行团的独立银行机构与其他企业,向英国政府施加压力,迫使英国政府不得不同意更改六国协议内容。现在,就英国与其他国家政府而言,要求恢复1912年六国协议,禁止单独同中国订立实业贷款协定是有困难的。

3. 美国建议参加银行团的国家,应将该国银行团或银行团中个别成员享有的对华实业与铁路贷款选择权,转归四国银行团共同所有,实行美国这一建议恐怕会有很大困难,英国需对该问题进行十分仔细的研究。

4. 蓝辛在致美国银行家的信中曾表示,美国政府反对任何寻求损害中国政治管理或缩减其主权的对华贷款条件,目前正在谈判的币制改革贷款就有委派外国顾问对币制改革进行监督的条款,这些条款是否构成对中国主权的损害?①

日本政府看出,美国关于组建新国际银行团对华贷款,旨在制约日本,因为按照旧国际银行团规定,政治借款与实业借款是有区别的,寺内内阁建立

---

① *Papers Relating to the foreign Relations of the united States*, 1918, Washington: Government printing office, 1930, PP.189-190.

后,日本以实业借款为掩护,向华大量贷款,获得诸多侵略权益。根据美国建议,举凡对华政治借款与实业借款均属新四国银行团共同活动范围,日本已获得的在中国修筑铁路的选择权或优先权,必须交出,成为新国际银行团所共有。日本舆论界普遍认为,美国有关组建新国际银行团的方案"试图剥夺日本在华享有的大部分既得权益"。①

8月26日,日本外务省向美国驻日大使莫利斯送交备忘录,对美国方案,提出下列质问:"1.美国银行团是否将再次参加目前继续存在的四国银行团(按:指英、法、日、俄四国银行团),还是使目前的银行团解散,而以一个新的组织代之?如果是后者,那么,目前的国际银行团在其对华关系中实际拥有的权利又将怎样调整?如果俄国银行团反对解散目前的国际银行团,一旦它退出新的组织,为该团保留何种公平待遇?

2.取消目前有关国家银行团成员或银行团所拥有的对华贷款选择权的动机是什么?在拟取消的选择权的性质问题上可以作某些区别吗?例如,代表日本银行团的横滨正金银行,对某些满洲铁路贷款以及向汉冶萍公司贷款持有选择权,所有这些选择权都要放弃吗?

3.新国际银行团的共同活动领域将包括实业贷款与行政贷款吗?如果确是如此,可以预料所有对华贷款实际上将由四国银行团垄断。并且每个国家的政府不仅不能支持,而且将终止该国未参加银行团的独立商业机构计划在华开办各种金融业务。

4.美国政府对任何损害中国政治管理或缩减其主权的贷款条款与条件,保留反对之权利。此种保留,并非意图对当前四国银行团与中国有效特殊约定的正当性提出疑问,可以这样理解吗"?②

1918年9月10日,法国驻美大使朱塞朗(Jusserand)奉命函告国务卿蓝辛,法国政府要求勿将俄亚银行(Russo-Asiatic Bank)排除在新国际银行团之外。根据俄亚银行同中国政府签订的合同,该行有权在满洲发行纸币,它

---

① *British documents on foreign affairs*: *Reports and papers from the foreign office Confidential Print*, part 2 series 1, Vol.12, University publication of American, 1991, P.8.

② *Papers Relating to the foreign Relations of the united States*, 1918, Washington: Government printing office, 1930, PP.191－192.

在满洲与中国关内地区设有 85 处以上的分行,这使它能对协约国提供可贵援助,将俄亚银行排除出国际银行团是不公平的,法国要求保留俄亚银行在国际银行团中的席位。①

面临英、日等国各种质疑,美国政府不得不进一步作出解释。1918 年 10 月 8 日,美国政府向英、日、法三国政府驻美外交使节送交备忘录,对三国提出的主要问题作如下答复:

新组建的美国银行团无意重新参加目前继续存在的国际银行团。美国政府建议,组成一个包括美、日、英、法金融机构代表的新国际财团。美国并不认为前国际银行团应予解散。但有关国家政府应首先组建一个具有广泛代表性的本国银行团,其成员不仅应包括前国际银行团的各方,而且还应吸收那些已经或希望从事对华贷款的人员或组织参加。

关于银行团成员应将他们享有的对华贷款选择权交归本国银行团的问题,备忘录指出,根据美国银行与美国政府达成的协议,美国银行团个别成员所享有的将来对华贷款的优先权和选择权,均应放弃,转归美国银行团所有,由美国银行团与国际银行团共享。美国政府认为,取消个别成员的选择权是成为美国银行团成员的合理条件。每个国家新银行团成员,应放弃其已经或将要取得的对华贷款优先权与选择权,这些权利应归该国新银行团所有,同国际银行团共享。

美国政府建议未来对华贷款应包括实业贷款与行政贷款,因为各类贷款的分界线实际上很难划分。

1913 年 9 月 26 日,国际银行团在巴黎举行会议,美国银行团曾赞同会议达成的协议,并声明他们不反对排除实业贷款,这只能说明由于此前美国银行团已退出国际银行团,故他们不能反对排除实业贷款。现在,他们认为随着新国际银行团建立,这个问题应重新考虑。

至于"贷款条款或条件,不得寻求损害中国政治管理或缩减其主权"的表述,只涉及美国银行团将来的贷款活动,美国政府无意对前国际银行团与

---

① *Papers Relating to the foreign Relations of the united States*, 1918, Washington: Government printing office, 1930, PP.192-193.

中国政府订立的各种具有效力的特殊约定提出疑问,确切地说,美国政府并非暗示监督税收或相互同意的其他特殊贷款担保必须反对,也无意反对聘请一位外国顾问监督币制改革。美国政府准备向美国银行团建议参加币制改革贷款。

在当前情况下,吸收俄国与比利时银行团参加新国际银行团是不实际的,他们的参加问题,留待将来考虑。①

1913 年,威尔逊曾振振有词地说,美国政府不支持美国财团参加善后大借款,是因为列强意图对中国财政和税收进行监督,"很近于触犯中国行政独立",会导致列强干涉中国财政与政治事务,以中国政治独立与主权卫护者自居,现在却明确宣示,美国既无意反对银行团对中国税收进行监督,也不反对由外国顾问监督中国币制改革,从而又一次证明美国政府一再宣扬门户开放政策旨在维护中国领土与行政完整的欺骗性与虚伪性。

日本政府对美国有关组建新国际银行团共同对华贷款的目的,当然心中有数,寺内正毅内阁通过西原借款,拉拢段祺瑞政府,获取了大量侵略特权,不愿看到美国财团进入中国投资市场,更不愿同美国合作共享侵华权益,英、法两国对美国倡议成立新国际银行团的动机也疑忌甚深,直到第一次世界大战结束,美国有关成立新国际银行团的倡议仍未取得实质性进展,经威尔逊政府多方努力,1919 年 5 月,美、英、法、日四国银行团在巴黎举行会议,通过决议草案,各自送交本国政府审批,其主要内容是:同意按 1918 年 7 月 10 日美国政府致英、法、日政府照会提出的原则,组建新国际银行团,经办对华贷款事务。除已取得实质性进展的有关实业(包括铁路)借款协定和选择权外,所有现在和将来的借款协定和选择权,均应交归新国际银行团。一旦俄国建立政府,并获得参加新国际银行团的各国政府承认,准许俄国银行团加入新国际银行团。新国际银行团建立后,将考虑接纳比利时银行团加入问题。②

---

① *Papers Relating to the foreign Relations of the united States*, 1918, Washington: Government printing office, 1930, PP.195-197.

② *Papers Relating to the foreign Relations of the united States*, 1919, vol.1, Washington: Government printing office, 1934, PP.435-436.

5月末，美国政府通知英、法、日三国驻美大使馆，美国接受并认可巴黎银行家会议所作决议，敦促英、法、日三国政府迅速认可上述决议，以便尽快完成新国际银行团组建工作。

美国并不担心英、法两国提出异议，而是害怕日本乘机提出新国际银行团的活动，不得涉及日本势力范围——满洲、蒙古、山东与福建。果然，英、法两国政府基本上同意5月巴黎银行家会议决议，唯独日本提出反对意见。1919年6月，日本银行团代表小田切万寿之助致函美国银行团代表拉芒特（Lamont），声称根据日本政府指示，由于地理与历史原因，日本在满洲和蒙古享有特殊利益，英、美、法、俄等国政府也曾多次承认。1912年6月18日，日本银行团在巴黎参加六国银行团会议讨论向中国提供善后大借款时，曾声明日本银行团参加善后借款，是因为了解到该借款并未损害日本在南满与东蒙的特殊利益，该声明已载入会议记录。1917年11月2日，美国国务卿蓝辛致日本特使的照会也承认日本在满洲与蒙古有特殊利益。所以，日本在满蒙的权益不能与新国际银行团成员国共享。今后，新国际银行团对华贷款应将满、蒙地区排除在外，不得损害日本在上述地区独自享有的权益，如接受日本提出的这一条件，则日本银行团准备参加新国际银行团。[1]

美国认为如接受日方条件，则英国可能提出西藏与长江流域各省、法国会提出云南和两广不属于新国际银行团活动范围，这必将导致新国际银行团名存实亡。满洲与蒙古是中国重要地区，如经该地区政府特别批准或提供担保，请求贷款，自然应属于新国际银行团贷款范围。美方针对日本提出的不应将满、蒙列入新国际银行团活动范围的理由进行了驳斥，美方指出，1912年6月18日在巴黎召开的六国银行团会议上，日本代表确曾声明，日本参加善后大借款是因为了解到该借款不会损害日本在南满与东部内蒙的利益，但根据同一会议记录，当时，英、德、法、美银行团曾发表声明说，他们不能接受或考虑此类声明，因为他们不能处理政治问题。[2] 再者，1917年11月2日，美国国务卿

① *Papers Relating to the foreign Relations of the united States*, 1919, vol.1, Washington: Government printing office, 1934, P.452.

② *Papers Relating to the foreign Relations of the united States*, 1919, vol.1, Washington: Government printing office, 1934, P.458.

蓝辛致日本特使石井照会,仅泛泛地谈到由于领土接壤,日本在满洲与东部内蒙有特殊利益。同时,在同一照会中特别提出,美国和日本反对任何国家的政府获得影响中国独立或领土完整的任何特权,或拒绝任何国家的臣民与公民在中国商业与工业领域充分享有机会均等。[①] 可见,日本提出满、蒙地区不得纳入新国际银行团活动范围,作为参加新国际银行团的条件是毫无道理的。英国也认为日本所提条件不能接受。1919 年 11 月,英国通知日本政府:"英王陛下政府不能接受日本有关将南满和东部内蒙排除出新国际银行团活动范围的要求",因为这会损害组建新国际银行团计划的基本原则。[②] 美国要求日本重新考虑其态度,日本则坚持己见,拒绝让步,组建新国际银行团的工作再次受阻。

1919 年夏,北洋政府为摆脱日益严重的财政危机,谋求向美国贷款。中国驻美代办容揆奉命向美国国务院送交备忘录,要求贷款 5000 万美元,其中 3000 万元,作为弥补 7—9 月份中央政府行政和军事开支亏欠部分,另 2000 万元用以遣散军队,此项借款以盐余作担保。[③] 鉴于日本坚持原来立场,一再声明美、英、法三国必须接受其提出的参加新国际银行团条件,威尔逊政府曾想撇开日本,由美、英、法三国组成新国际银行团对华贷款,先后征求法、英两国意见。7 月 24 日,美国驻法大使华莱士(Wallace)电告国务院说,法国外交部强烈反对将日本逐出国际银行团,主要原因是担心此举会使日本陷于孤立境地,迫使它在中国金融和商业事务上寻求同德国结盟,日、德结盟会影响中国政府,使其他国家在华利益遭受损害。[④] 英国政府同法国看法一致,不赞成驱除日本,主张作出严肃认真努力,使日本无保留地加入国际银行团,日本探悉美国与英、法两国意见分歧,更加坚持己见,宣称日本只有在满、蒙权益不受损害情况下,方能考虑参加新国际银行团,美国政府筹建新国际银行团对华贷

①　*Papers Relating to the foreign Relations of the united States*, 1919, vol.1, Washington: Government printing office, 1934, PP.456-457.

②　*British documents on foreign affairs: Reports and papers from the foreign office Confidential Print*, part 2 series 1, Vol.12, University publication of American, 1991, P.8.

③　*Papers Relating to the foreign Relations of the united States*, 1919, vol.1, Washington: Government printing office, 1934, P.453.

④　*Papers Relating to the foreign Relations of the united States*, 1919, vol.1, Washington: Government printing office, 1934, P.470.

款的计划濒临流产。

第八节　美国财团向北洋政府贷款

北洋政府对美国筹建新国际银行团的计划顾虑重重,1919 年 7 月,芮恩施电告国务院说,中国担心新国际银行团建立后,将成立一个外国机构对中国政府进行监督,由新国际银行团垄断对华贷款,束缚中国向国外寻求贷款的自由。芮恩施主张美国应乘新国际银行团尚未成立,中国政府财政困窘,急需向外借款之际,单独向中国贷款。① 北洋政府也催促美国从速给予贷款,以救燃眉之急。8 月,北洋政府派国务院参议徐恩元为中国政府代表,前往美国,商谈贷款事宜。1919 年 10 月 11 日,在美国政府支持下,中国驻美代办容揆和徐恩元代表中国政府,与芝加哥大陆商业信托储蓄银行代表艾博特,在华盛顿签订借款合同,主要内容是由芝加哥大陆商业信托储蓄银行向中国政府贷款550 万美元,93 折扣,年息 6 厘,期限 2 年,以中国政府烟酒专卖费收入,以及河南、安徽、福建与陕西 4 省货物税收入作抵押。合同规定,除上述 550 万美元外,中国政府还可在美国续借 2500 万美元。② 550 万美元借款合同签订后,10 月 20 日,容揆、徐恩元又同艾博特签订 3000 万美元贷款合同。3000 万美元贷款的用途是:偿还 1916 年中国政府同芝加哥大陆商业信托储蓄银行订立的 500 万美元借款合同到期债务;以 100 万美元用于改善烟酒专卖行政管理;其余款项用于支付陆军部所欠军饷;警察、驻外使馆官员、司法部和教育部官员薪金;清皇室优待费以及归还华商银行借款。本次 3000 万美元贷款,折扣为 91 折,年息 6 厘,期限 2 年,以中国烟、酒专卖费收入作抵押,如银行认为抵押品不足,将另以盐余作担保。③

---

① *Papers Relating to the foreign Relations of the united States*, 1919, vol.1, Washington: Government printing office, 1934, PP.464-465.

② 王铁崖编:《中外旧约章汇编》,第 3 册,三联书店 1982 年版,第 25—33 页。

③ *Papers Relating to the foreign Relations of the united States*, 1919, vol.1, Washington: Government printing office, 1934, PP.526-527.

1919 年 10 月 20 日,中美双方所订立的 3000 万美元借款合同,如顺利实施,不仅会给美国银行家带来丰厚利润,而且极有利于扩大美国在华影响。芝加哥大陆商业信托储蓄银行毕竟是美国银行团主要成员之一,建立国际银行团联合向华贷款的倡议者,现在公然违犯他们一再宣扬的原则,单独对华贷款,且数额巨大,不能不有所戒备,因此在签订这份合同时,又与容揆、徐恩元签署一份备忘录,声明上述 3000 万美元借款合同,在芝加哥大陆商业信托储蓄银行董事会执委会批准后方能生效,以便在情况不妙时从容撤退。

北洋政府获悉 3000 万美元贷款合同已经签订,深感满意,但认为以盐余作为附加担保,同《善后借款合同》17 条第 2 款相抵触,可能会引发争议,惹出麻烦。

美国政府对 3000 万美元贷款合同的签订极为关注,全力支持。为防止英、日、法等国阻挠和破坏,消除北洋政府担心列强会以违背《善后借款合同》出面反对的顾虑,10 月 21 日,国务卿蓝辛电令美国驻华使馆,要求中国政府立即发布通告,说明由于未按中国政府要求行使选择权,所有旧国际银行团根据《善后借款合同》享有的各种权利与选择权,已经丧失。[1] 次日,他又电令美国驻英大使戴维斯(Davis),向英国政府说明,芝加哥大陆商业信托储蓄银行同中国政府新近订立的 3000 万美元短期紧急贷款合同,缘于 1916 年该行向中国贷款 500 万美元合同中享有对华贷款选择权的规定。美国政府在新国际银行团尚未成立情况下,同意这笔贷款,完全是为了缓解中国政府财政窘迫,避免中国出现政治分裂。他训令戴维斯向英国政府声明,美国关于建立一个包括日本在内的新国际银行团的愿望并未改变。[2] 10 月 22 日,蓝辛还向美国驻日本和法国大使馆发出同样内容的训令,要求美国外交官,向驻在国政府就芝加哥大陆商业信托储蓄银行对华贷款一事,作出妥善解释。

10 月 27 日,美国驻日大使莫利斯电告蓝辛,他已将 10 月 22 日训令内容,向日本外务次官作了口头传达,这位官员对美国政府竟然同意这笔贷款

---

① *Papers Relating to the foreign Relations of the united States*, 1919, vol.1, Washington: Government printing office, 1934, P.527.

② *Papers Relating to the foreign Relations of the united States*, 1919, vol.1, Washington: Government printing office, 1934, PP.527-528.

表示惊讶,声称协约国驻华外交代表曾达成一项默契,任何一国政府如未同他国政府协商,不得向中国政府提供任何贷款。遵循这一原则,日本政府拒绝各种有关对中国政府进行贷款的建议,因为这些贷款可能被中国政府用以达到政治目的。日本政府认为如要对华贷款,首先必须达成某种令人满意的国际谅解。美国政府同意美国银行对华贷款之事一旦公布,人们会严厉批评现内阁和外务省压制日本私人企业,为美国企业进入中国市场开辟道路。①

英国政府担心芝加哥大陆商业信托储蓄银行对华贷款,可能为日本单独对华贷款提供借口,建议暂由英、法、日、美四国银行共同对华贷款 500 万英镑,以应中国财政急需。英国政府表示愿继续努力,促使日本无保留地加入新国际银行团。

因日、英两国反对,为了不使美国倡议成立新国际银行团的计划流产,威尔逊政府不得不改变策略,由艾博特出面通知正取道加拿大乘轮回国的徐恩元,10 月 20 日,容揆、徐恩元同他签订的 3000 万美元贷款合同,芝加哥大陆商业信托储蓄银行未批准,原因是该行收到中国驻美使馆的一封信,转述中国政府财政部的电文,内容是 10 月 20 日签订的 3000 万美元贷款合同,以盐余作抵押,可能会引起旧国际银行团抗议,给中国政府带来麻烦,建议以各省货物税收入(每年约 1500 万元)代替盐余,作为补充抵押品。芝加哥大陆商业信托储蓄银行认为,以盐余作为 3000 万美元贷款附加押品,"业经敝行与各处商定,此节关系重要",不能更改,"且现在银根奇紧",②筹款不易,故 3000 万美元贷款合同只能作罢,芝加哥大陆商业信托储蓄银行仍愿履行 10 月 11 日订立的 550 万美元贷款合同。北洋政府获此消息,焦急万分,因为美方虽承认 10 月 11 日订立的 550 万美元贷款合同仍然有效,但 550 万美元,93 折扣,中国政府只能实收 511 万 5 千元。1916 年 11 月 16 日,中国政府同芝加哥大陆商业信托储蓄银行订立的 500 万美元三年期借款合同,即将到期,须向该行偿

---

① *Papers Relating to the foreign Relations of the united States*, 1919, vol.1, Washington: Government printing office, 1934, P.529.

② *Papers Relating to the foreign Relations of the united States*, 1919, vol.1, Washington: Government printing office, 1934, P.531.

还本金利息 515 万美元,此次借款尚不足以偿还旧债,故北洋政府电告容揆说 3000 万美元借款合同,"千辛万苦,始克订立,断难作罢",①要他们继续在美国谋求贷款。威尔逊政府也不愿放弃通过借款,扶植北洋政府,扩大美国在华势力的政策,经中、美两国幕后协商,决定由未参加美国银行团的"太平洋拓业公司"(Pacific development Corporation)出面同中国政府商谈贷款事宜。1919 年 11 月 26 日,太平洋拓业公司董事长斯通(Stone)与经理布鲁斯(Bruce),在北京同北洋政府国务总理靳云鹏、财政总长李思浩订立 550 万美元借款合同,期限 2 年,年息 6 厘,91 折扣,该借款"供中国政府拨充欠发军费以便编遣军队及清还到期债务之用"。② 借款以中国政府烟、酒公卖收入(每年为银币 2000 万元以上)作抵押,合同第 10 条规定"中国政府声明,极愿请一美国人协助管理全国烟酒公卖费,并允于 1919 年 12 月 1 日委任一美国人为烟酒公卖会办,任期至少三年,其人选应为公司所满意,其职权不低于前此中国政府所授予盐务会办者",③除 550 万美元贷款外,太平洋拓业公司还享有向中国政府贷款 2000 万美元的优先权。太平洋拓业公司预料此次贷款必遭日、英、法等国反对,为避免夜长梦多,立即向中国政府支付 500 万美元,"其余 2 千万元准于 6 个月内如数筹足"。④

美国政府表面上接受英国建议,同意在新国际银行团未成立前,由美、英、法、日四国共同向中国贷款 500 万英镑,以解决中国政府财政困难,暗地里却支持太平洋拓业公司对华贷款活动,并试图乘机向日本施加压力,迫使后者无保留地参加新国际银行团。1919 年 11 月 29 日,国务卿蓝辛电告美国驻日大使莫利斯,要他通知日本外务省,美国太平洋拓业公司同中国谈判贷款合同,美国政府并不知晓也未批准,不准备给予外交支持,但是该合同的订立表明,美国金融家对中国的处境日益感到关心,美国政府不能因打算建立新国际银行团而对此种关心加以遏制。如果美国政府被迫得出结论,建立新国际银行

---

① 中国第二历史档案馆编:《中华民国史档案资料汇编》第 3 辑,《财政》(2),江苏古籍出版社 1991 年版,第 1116 页。

② 王铁崖编:《中外旧约章汇编》第 3 册,三联书店 1982 年版,第 40 页。

③ 王铁崖编:《中外旧约章汇编》第 3 册,三联书店 1982 年版,第 43 页。

④ 中国第二历史档案馆编:《中华民国史档案资料汇编》第 3 辑,《财政》(2),江苏古籍出版社 1991 年版,第 1116 页。

团,实行广泛国际合作的愿望必须放弃,那么"除对目前美国金融界从中国寻找出路的主动性不予限制外,别无选择"。① 日本指责美国太平洋拓业公司对华贷款,违背了美国倡导的国际合作共同对华贷款原则,日本外务省在致美国政府备忘录中指出,既然美国政府已表示不同意太平洋拓业公司对华贷款,则日本渴望知道"美国政府对这一未经它同意即已实行的借款,准备采取何种措施"。② 把球踢到美国一方,逼迫美国政府不是在口头上而是切实采取反对太平洋拓业公司对华贷款的措施。

法国也与日本采取同一立场,就太平洋拓业公司对华贷款一事,指责美国政府。法国驻华公使首先对借款合同中规定任命一名美国人为烟酒事务署会办,对该署进行改组提出抗议。③ 法国驻美大使奉命通知美国政府,中国烟酒税在 1914 年中法实业银行对华贷款时已作了首次抵押,法国有权过问烟酒事务署改组一事。法国政府建议因美国烟草公司在中国的代表已积累了一些经验。在对烟酒事务署进行改组时,可委派美国专家进行技术管理,征收烟酒税一事最好委任一名法国人负责。④

日、法两国相继向美国摊牌,迫使美国政府不得不再次表态。国务卿蓝辛指示美国驻日大使向日本政府声明"除非组建国际银行团,美国政府无权阻止并且不愿干涉美国公民在国外的活动",在新国际银行团尚未建立情况下,"美国政府对美国公民在国外作出的个别努力成果,拒绝给予外交支持是没有道理的"。美国政府认为"美国公民在从事正当活动时有权指望得到美国政府充分的外交支持"。至此,美国政府已撕下了对太平洋拓业公司对华贷款活动不予支持的伪装。蓝辛还指示美国驻日大使明确告诉日本政府,美国支持其公民在华的贷款活动,是因为新国际银行团迟迟不能建立,新国际银行

---

① *Papers Relating to the foreign Relations of the united States*, 1919, vol.1, Washington: Government printing office, 1934, PP.541-542.

② *Papers Relating to the foreign Relations of the united States*, 1919, vol.1, Washington: Government printing office, 1934, P.551.

③ *Papers Relating to the foreign Relations of the united States*, 1919, vol.1, Washington: Government printing office, 1934, P.547.

④ *Papers Relating to the foreign Relations of the united States*, 1919, vol.1, Washington: Government printing office, 1934, PP.551-552.

团难以早日成立,主要原因是日本拒绝美、英、法三国提出的要它无条件地参加新国际银行团的建议。① 这样,美国又将皮球踢向日本一方,指责日本阻碍新国际银行团建立,迫使美国政府不得不对太平洋拓业公司对华贷款予以支持。同时,蓝辛指示美国驻华代办赞同北洋政府委派美国人管理烟酒专卖税收。②

1913 年 3 月 18 日,威尔逊政府曾在报上公开发表声明,称美国政府不支持美国银行团参加国际银行团对华贷款,主要原因是借款条件规定以特别税作担保,而且由外国人管理这些税收,构成了"对这个伟大东方国家财政甚至政治事务的粗暴干涉",损害"中国自身行政独立"。③ 曾几何时,正是这个威尔逊政府支持美国资本家对华贷款,要求中国政府以烟酒公卖收入作担保,并委派美国人监管中国政府财政收入,这真是绝大的讽刺。

美国通过贷款图谋控制中国财政,引起中国商界极大愤慨和强烈反对。上海总商会致电北洋政府说:"烟酒借款,辱国病民,莫此为甚,试略陈其害:国外烟酒已充斥国内,今因借款,以外人为会办,尚欲抑吾之吭,制吾之命,何求不得,其害一。产烟以皖、鲁、豫、鄂、闽、浙为多,产酒以顺、直、江、浙、川、晋为最,贫民赖以生活者数千万人。授稽核权于外人,垄断凭凌,势所必至,该两业穷苦小民生计既绝,难保不变生不测,其害二。现时金价极低,日后还款,损失何止加倍,饮鸩止渴,渴未止而命将不保,其害三。况国家主权从此断送,全国人民誓不承认"。④ 中国烟酒联合会在致北洋政府电文中也说:"烟酒借款一事……仿盐税抵押办法,用外人为稽核,全国震恐,罔知所措……吾国烟酒二业资以为生者数千万人,今外国烟酒已充斥吾国,倘复使外人握吾之财,而制吾之命,非犹国民生计将绝,国家财政亦将受监督于外人……膏竭髓尽,国

① *Papers Relating to the foreign Relations of the united States*, 1919, vol. 1, Washington: Government printing office, 1934, PP.552-553.

② *Papers Relating to the foreign Relations of the united States*, 1919, vol. 1, Washington: Government printing office, 1934, PP.548-549.

③ Frederic E. Lee: *Currency, Banking, and Finance in China*, New York and London: Garland Publishing, Inc., 1982, P.167.

④ 中国第二历史档案馆编:《中华民国史档案资料汇编》第 3 辑,《财政》(2),江苏古籍出版社 1991 年版,第 1122 页。

何以存？此项借款，不啻将国家主权、人民生计断送外人，国民万难承认"。①

在美国驻华使馆一再催促下，北洋政府悍然不顾社会舆论强烈抨击，任命美国驻华外交官威廉斯（C.L.L.Williams）为烟酒署会办。

第九节　新国际银行团成立

美国政府在纵容美国公司单独向华贷款的同时，也未放弃争取日本参加新国际银行团计划。1920 年春，美国银行团派拉芒特前往日本，同日本银行团继续商谈日本参加新国际银行团问题。代理国务卿波尔克特别指示美国驻日大使莫利斯同拉芒特密切合作，尽可能地提供各种帮助。② 3 月 2 日，拉芒特一行抵达东京。同一天，日本驻美大使馆向美国政府递交了一份备忘录，亮出了有关日本参加新国际银行团的底牌，备忘录指出："与朝鲜接壤的南满与东内蒙地区对日本国防与经济生存具有极其密切的特殊关系"，让一个国际金融组织在这些地区兴办企业，必将对日本经济生存与国防产生致命影响，再者，俄国政局最新发展，西伯利亚局势急速恶化，对日本安全与远东和平也构成威胁。备忘录声明，日本政府愿意接受美、英、法、日四国银行团于 1919 年 5 月在巴黎通过的有关建立新国际银行团的决议，但有关涉及南满与东蒙的贷款，如影响日本经济生存与国防安全，日本政府保留采取必要措施维护自身安全的权利。日本在备忘录附件中提出新国际银行团的活动不得涉及下列铁路，作为日本参加新国际银行团的条件：南满铁路及其支路以及附属于铁路的矿业不受新国际银行团共同活动的影响。

吉林—长春铁路、新民府—奉天铁路以及四平街—郑家屯铁路业已竣工，并已开始运营，根据银行团协定第 2 款，这些铁路属于已取得实质性进展的企业，故应列于新国际银行团共同活动范围之外。

---

① 中国第二历史档案馆编：《中华民国史档案资料汇编》第 3 辑，《财政》(2)，江苏古籍出版社 1991 年版，第 1121—1122 页。

② *Papers Relating to the foreign Relations of the united States*, 1920, vol.1, Washington: Government printing office, 1935, P.499.

　　吉林—会宁铁路、郑家屯—洮南府铁路、长春—洮南府铁路、开原—吉林铁路、洮南府—热河铁路以及该铁路之某一地点达海港之铁路，均为南满铁路支路，"这些铁路线连同南满路不仅对日本国防具有重大关系，而且亦是构成维持远东和平与秩序的强有力因素"，日本对这些铁路线享有"合法权益"，它们应置于新国际银行团共同活动范围之外。①

　　3月6日，美国代理国务卿波尔克电告美国驻英大使戴维斯说，国务院注意到，日本在3月2日备忘录中，"已明显地放弃迄今所一直坚持的它在满蒙有着独特的经济与政治权利"，国务院希望"尽可能地满足日本人正当愿望，以消除其继续拖延参与有效合作的理由"，②表示愿向日本妥协，换取它参加新国际银行团。拉芒特与美国驻日大使莫利斯也主张向日本作一些让步，以便打开僵局。3月11日，莫利斯致波尔克的电文说，他同拉芒特认为，日本在备忘录中提出的满洲多条铁路不在新国际银行团活动范围之内，意图"维护其在亚洲大陆获取原材料和粮食的交通线"。除非我们对日本提出的要求给予考虑，否则"解决当前问题的可能性几乎没有"。③ 他们建议对日本提出的有关满蒙多条铁路要求，可由美国银行团与日本银行团通过交换信件方式进行协商，区别对待，具体地说：南满铁路及其支路与属于该路的矿业不受新国际银行团协定条款的影响；吉林—会宁铁路、郑家屯—洮南府铁路以及开原—吉林铁路实际上已成为南满铁路系统的支路，亦可不受新国际银行团协定条款的影响；拟兴建的洮南—热河铁路以及从该路某一地点至海港的铁路，明显地不属于南满铁路支路，应包括在新国际银行团协定条款之内；已竣工并投入运营的吉林—长春铁路、新民府—奉天铁路、四平街—郑家屯铁路不在新国际银行团共同活动范围之内。④

---

　　① *Papers Relating to the foreign Relations of the united States*, 1920, vol.1, Washington：Government printing office, 1935, PP.500-503.

　　② *Papers Relating to the foreign Relations of the united States*, 1920, vol.1, Washington：Government printing office, 1935, PP.503-504.

　　③ *Papers Relating to the foreign Relations of the united States*, 1920, vol.1, Washington：Government printing office, 1935, P.508.

　　④ *Papers Relating to the foreign Relations of the united States*, 1920, vol.1, Washington：Government printing office, 1935, PP.509-511.

基于莫利斯与拉芒特上述建议,3 月 16 日,美国国务院向日本驻美使馆送交了一份备忘录,声称美国政府已仔细研究日本 3 月 2 日备忘录,满意地注意到,日本"已否认其对南满与东部内蒙有任何独占的经济与政治权利要求",但仍对日本政府所提方案深感失望,因为方案中的条款极其"含混不清",似乎表明日方仍希望将美、英、法银行团排除在参与开发中国这一重要地区之外。备忘录指出,日本拟独自兴建并控制从洮南至热河并由那里直至海滨的铁路,就很难令人相信这是出自"日本的经济或政治安全需要"。在备忘录结尾,美国政府表示希望,拉芒特代表的美国银行团与日本银行团应就日本在满蒙的特殊计划进一步商谈,达成双方均感到满意的谅解,以便尽快完成新国际银行团组建工作。① 上述备忘录表明:除洮南府至热河铁路以及从该路某一地点直至海滨的铁路,美国主张应由新国际银行团共建外,对日本在 3 月 2 日备忘录中列出的由日本独自兴建经营,新国际银行团不得参与的多条铁路,即:吉林—会宁铁路、郑家屯—洮南府铁路、长春—洮南府铁路、开原—吉林铁路、吉林—长春铁路、新民府—奉天铁路以及四平街—郑家屯铁路,并未提出任何异议,这无疑是对日本作出的重大让步。

日本见美国的态度已经和缓,以为有机可乘,还想从日、美两国银行团谈判中再捞到一些好处,于是又声明,日本虽同意洮南至热河铁路,以及从该路某一地点直至海滨的铁路,纳入新国际银行团共同投资兴建范围,仍需提出保留条件两条:1. 如新国际银行团以后计划将洮南至热河铁路线向北延伸,以便同中东铁路相连接,必须事先通过日本银行团获得日本政府许可。因为此项延伸,无疑是复活锦瑷铁路计划,数年前当此问题发生时,日本估计会对南满铁路产生严重影响,曾提出抗议。2. 考虑到日本特别希望尽快建设此项铁路,假若参加新国际银行团的其他三国不愿投资,应准许日本单独承担此项建设。②

日本提出两项保留条件后,美国与英国均认为日本节外生枝,故意拖延新

---

① *Papers Relating to the foreign Relations of the united States*, 1920, vol.1, Washington: Government printing office, 1935, PP.512-513.

② *Papers Relating to the foreign Relations of the united States*, 1920, vol.1, Washington: Government printing office, 1935, P.525.

国际银行团的建立,表示不能接受。4 月 29 日,美国国务院向日本驻美大使馆递交了一份备忘录,指责日本提出的第 1 项保留条件,意在对新国际银行团拟从洮南府建设一条连接中东路的铁路线拥有否决权。为了不激怒日本,美国国务院在备忘录中保证"美国政府不希望做任何会与日本基本利益相冲突的事情"。① 英国外交部在致日本驻英大使馆的备忘录中也重申新国际银行团,"不会采取任何直接影响日本经济生存与国防的行动"。② 由于英、美两国均承认满蒙地区同日本的经济生存与国防有紧密联系,一再保证不会在该地区采取损害日本利益的行动,日本政府决定暂时同英、美两国妥协,不再坚持保留两项条件。1920 年 10 月,新国际银行团终于宣告成立。

中国社会舆论谴责新国际银行团企图垄断对华借款,剥夺中国向外借款的自由选择权,阴谋将中国置于列强共管之下。新国际银行团成员国彼此猜忌,加以中国政府抵制,该组织成立后,未向中国提供任何贷款。

第十节　美国在中国经济领域取得优势地位

威尔逊执政期间,尽管美国对华经济扩张,因日本与其他国家反对和阻碍,屡遭挫折,美中经贸关系仍获得重大发展。美国在华设立的商行从 1913 年的 131 家,增至 1920 年的 409 家。③ 美国一些大公司纷纷进入中国市场,如 1917 年在上海成立的安迪生中国电料公司,该公司是美国国际通用电气公司的子公司,专门生产和经营灯泡及器械。1918 年资本额达 100 万美元的中国电气股份有限公司亦在上海正式开业,这家公司以生产电气机械为主。1919 年总店设在纽约的花旗烟公司在上海开设分公司,从事卷烟生产和销售。同年,德士古石油公司进入中国市场,先后在上海、广州、汉口、天津等地设分公

---

① *Papers Relating to the foreign Relations of the united States*, 1920, vol.1, Washington: Government printing office, 1935, PP.536-537.

② *Papers Relating to the foreign Relations of the united States*, 1920, vol.1, Washington: Government printing office, 1935, P.543.

③ 吴承明:《帝国主义在旧中国的投资》,人民出版社 1958 年版,第 41 页。

司,它与美孚石油公司几乎垄断了中国煤油销售市场。欧战前,由美籍丹麦人马易尔(Meyer)等在上海开设的慎昌洋行(Andersen,Meyerand co.)原是一家资本微薄的小商行,1915 年改组成为慎昌洋行有限公司,美国大资本家斯通等人纷纷投资,总行设上海,分行设天津、济南、汉口、香港、长沙、哈尔滨、张家口、海参崴、纽约等地,1921 年,该公司的资金增至 500 万美元。① 1902 年,英国的帝国烟草股份有限公司与美国的美国烟草公司等 6 家公司,共同出资 600 万英镑(3000 万美元)创建英美烟公司,②总公司设在伦敦,同年,英美烟公司进入中国市场,最初,它投向中国的资金仅 21 万美元,在上海浦东开办了一家小卷烟厂,欧战期间,英美烟公司的卷烟销售量急增,获利丰厚,企业规模不断扩大,相继在汉口、沈阳设立卷烟厂,1919 年,这家公司在华企业资本达到 12000 万多元,同 1902 年开办资本 21 万美元相较,几乎增长 500 多倍。③

这一时期,中美贸易亦有较大发展。19 世纪末至 20 世纪初,英国在中国对外贸易中始终占据首位,1913 年,也即欧战爆发前一年,中英贸易总额达 113257000 海关两,中美贸易总额为 73077000 海关两,由于欧战影响,1917 年中英贸易总额下降至 78079000 海关两,而同一年中美贸易总额却上升至 155747000 海关两,在中外贸易史上首次超过英国。1920 年,中美贸易总额增至 210310000 海关两,英国只有 177524000 海关两,④英、美、日三国在中国对外贸易中的百分比是:美国占 16.12%,英国占 13.58%,日本占 28.40%,⑤日本跃居第一位,美国第二位,英国退居第三位。上述事实表明,威尔逊上台后,美国在中国经济领域的势力增长迅速,在同列强激烈竞争中逐渐取得优势地位。

---

① 详见《近世百大洋行志》,《近代史资料》总 81 号。

② 上海社会科学院经济研究所编:《英美烟公司在华企业资料汇编》第 1 册,中华书局 1983 年版,第 4 页。

③ 上海社会科学院经济研究所编:《英美烟公司在华企业资料汇编》第 4 册,中华书局 1983 年版,第 1486 页。

④ Hsiao Liang-Lin:*China's Foreign trade statistics*,1864~1949,Cambridge:East Asian Research Center,Harvard University,Distributed by Harvard university press,1974,PP.163,149~150.

⑤ 米谷荣一:《近世支那外国贸易史》,第 299 页,東京,生活社,1939。

参考文献

中　文

一、档案

《清实录》,中华书局 2008 年版。

朱寿朋编:《光绪朝东华录》,中华书局 1984 年版。

朱士嘉编:《19 世纪美国侵华档案史料选辑》上册,中华书局 1959 年版。

中国第二历史档案馆编:《中华民国史档案资料汇编》第 3 辑,江苏古籍出版社 1991 年版。

邹念之编译:《日本外交文书选译——关于辛亥革命》,中国社会科学出版社 1980 年版。

《秘笈录存》,中国社会科学出版社 1984 年版。

二、资料汇编、回忆录、文集

中国科学院近代史研究所近代史资料编辑组编:《一九一九年南北议和资料》,中华书局 1962 年版。

陈真等编:《中国近代工业史资料,第二辑》,三联书店 1958 年版。

中国史学会、中国社会科学院近代史研究所编:《北洋军阀(1912—1928)》,武汉出版社 1990 年版。

中国科学院近代史研究所近代史资料编辑组编:《徐树铮电稿》,中华书局 1962 年版。

上海社会科学院经济研究所编:《英美烟公司在华企业资料汇编》,中华书局 1983 年版。

李希泌等编:《护国运动资料选编》,中华书局 1984 年版。

复旦大学历史系中国近代史教研组编:《中国近代对外关系史资料选辑(1840—1949)》上卷第二分册,上海人民出版社 1977 年版。

天津市历史博物馆辑:《黎元洪任总统时中日关系资料》(《近代史资料》总第 46 号),中国社会科学出版社 1982 年版。

王铁崖编:《中外旧约章汇编》,三联书店 1982 年版。

《清末民初政情内幕——〈泰晤士报〉驻北京记者、袁世凯政治顾问乔·厄·莫理循书信集》下册,知识出版社 1986 年版。

《我国讲和专使团会议记录》(第七十二次会议记录),《晨报》1920 年 2 月 19 日。

《丙午中俄谈判及丁未设东省总督资料两则》(黄光域译,吕浦校)、《近代史资料》总第 46 号,中国社会科学出版社 1982 年版。

《顾维钧回忆录》第 1 分册,中华书局 1983 年版。

西原龟三:《西原借款回忆》(章伯锋译,邹念之校)、《近代史资料》总第 38 号,中华书局 1979 年版。

章宗祥:《东京之三年》(《近代史资料》总第 38 号),中华书局 1979 年版。

《张文襄公全集》,台湾文海出版社 1970 年版。

《孙中山全集》第 4 卷,中华书局 1985 年版。

《宋教仁集》上册,中华书局 1981 年版。

《黄兴集》,中华书局 1981 年版。

《独秀文存》,安徽人民出版社 1987 年版。

《李大钊文集》下册,人民出版社 1984 年版。

《张勋藏札》(《近代史资料》总第 35 号),中华书局 1965 年版。

《陆专使等参与欧和会报告》,《晨报》1920 年 3 月 28 日。

徐世昌:《退耕堂政书》卷十,台湾成文出版社 1968 年版。

上海市文物保管委员会编:《康有为遗稿,戊戌变法前后》,上海人民出版社 1986 年版。

三、著作

岑春煊:《乐斋漫笔》,台湾文海出版社 1971 年版。

王芸生:《六十年来中国与日本》,第 7 卷,三联书店 1981 年版。

岑学吕:《三水梁燕孙先生年谱》,1946 年再版。

[美]芮恩施:《一个美国外交官使华记》,李抱宏、盛震溯译,游燮庭校,商务印书馆 1982 年版。

[苏]戈列里克:《1898—1903 年美国对满洲的政策与门户开放主义》,高鸿志译,黑龙江教育出版社 1991 年版。

[苏]罗曼诺夫:《日俄战争外交史纲(1895—1907)》,上册,上海人民出版社 1976 年版。

高鸿志:《读孙中山致美国总统威尔逊电的中译文》,《近代史研究》1993 年第 4 期。

高鸿志:《孙中山致威尔逊的三封电函》,《历史研究》1994 年第 4 期。

刘体智:《异词录》卷 4(清代史料笔记丛刊),中华书局 2007 年版。

梁启超:《中国外交方针私议》、《饮冰室合集》"文集"第 8 册,上海中华书局 1936 年版。

温世霖:《段氏卖国记》(近代史资料笔记丛刊),中华书局 2007 年版。

许指严:《新华秘记》(近代史资料笔记丛刊),中华书局 2007 年版。

吴承明:《帝国主义在旧中国的投资》,人民出版社 1958 年版。

张君劢:《巴黎和会中吾国外交之经过及其致败原因》,《晨报》1919 年 7 月 10 日。

《黄远生遗著》,台湾文海出版社 1987 年版。

外　文

一、档案、资料汇编

Papers Relating to the Foreign Relations of the united states, 1907, part 1. Washington: Government printing office, 1910.

Papers Relating to the Foreign Relations of the united states, 1912, Washington: Government printing office, 1919.

Papers Relating to the Foreign Relations of the united states, 1913, Washington: Government printing office, 1920.

Papers Relating to the Foreign Relations of the united states, 1914, Washington: Government printing office, 1922.

Papers Relating to the Foreign Relations of the united states, 1914, Supplement, the world War. Washington: Government printing office, 1928.

Papers Relating to the Foreign Relations of the united states, 1915, Washington: Government printing office, 1924.

Papers Relating to the Foreign Relations of the united states, 1916, Washington: Government printing office, 1925.

Papers Relating to the Foreign Relations of the united states, 1917, Washington: Government printing office, 1926.

Papers Relating to the Foreign Relations of the united states, 1917, Supplement 2, The world War. Vol.1. Washington: Government printing office, 1932.

Papers Relating to the ForeignRelations of the united states, 1918, Washington: Government printing office, 1930.

Papers Relating to the ForeignRelations of the united states, 1919, Vol.1. Washington: Government printing office, 1934.

Papers Relating to the Foreign Relations of the united states, The Paris peace Conference, 1919.

Vol.2. Washington: Government printing office, 1942.

Vol.3. Washington: Government printing office, 1943.

Vol.5. Washington: Government printing office, 1944.

Papers Relating to the ForeignRelations of the united states, 1920, Vol. 1. Washington: Government printing office, 1935.

The Papers of Woodrow Wilson, Vols. 41-44, Princeton: Princeton University Press, 1983.

The Papers of Woodrow Wilson, Vols. 45-46, Princeton: Princeton University Press, 1984.

The Papers of Woodrow Wilson, Vols. 48-49, Princeton: Princeton University Press, 1985.

British documents on Foreign affairs: Reports and papers from the Foreign office confidential print, part2, Seriesl, Vol. 12, university publication of America, 1991.

The letters of Theodore Roosevelt, Vol. 6. Cambridge: Harvard university Press, 1952.

Die Grosse Politik der Europäischen kabinette, 1871-1914, sammlung der Diplomatischen Akten des Auswärtigen Amtes, 25. Band, Erste Hälfte, Berlin, 1925.

Les délibérations du Conseil des Quatre (24mars-28Juin 1919) Tome 1, paris: Éditions du Centre National de la Recherche Scientifique, 1955.

二、著作

Ambrosius, Lloyd E., *Wilsonian statecraft Theory and Practice of Liberal internationalism during world war* 1. Wilmington: Scholarly Resources Inc, 1991.

Ashby, Leroy, WilliamJennings Bryan, *Champion of Democracy*. Boston: Twayne Pulbishers, 1987.

Baker, R.S. and Dodd, W.E. eds., *The New democracy, Presidential Messages, Addresses, and other papers*, 1913-1917 *byWoodrow Wilson*. New York: Harper & Brothers Publishers, 1926.

Beale, H.K., *Theordore Roosevelt and the Rise ofAmerica to World Power. Baltimore*: The Johns Hopkins Press, 1956.

Beers, Burton F., *Vain Endeavor, Robert Lansing's attempts to end the American-Japanese Rivalry*. Durham: Duke university press, 1962.

Braisted, W.R., *The united states Navy in the pacific*, 1897-1909, Austin: university of Texas press, 1958.

Burdick, charles B., *The Japanese Siege of Tsingtau. Hamden, Connecticut*: The shoe String press, Inc., 1976.

Bywater, Hector C., *Sea-Power in the pacific, A study of the American-Japanese Naval Problem*. London: Constable and Co., LTD., 1921.

Chester, Edward W., *United States Oil Policy and diplomacy, A Twentieth Century Overview*. West port, Connecticut: Greenwood press, 1983.

Cherny, Robert W., *A Righteous Cause, The Life ofWilliam Jennings Bryan*. Boston and Toronto: Little Brown and Company, 1985.

Chi, Madeleine, *China Diplomacy*, 1914-1918 Cambridge: East Asian Research Center, Harvard university, Distributed by Harvard university press, 1970.

Clinard, O. j., *Japan's influence on American Naval power*, 1897–1917. Berkeley: University of California press, 1947.

Cohen, W. I., *America and the May Fourth Movement, the Response to Chinese Nationalism*, 1917–1921, <Pacific Historical Review> Vol. xxxv, number 1, Feb., 1966.

Crane, Daniel M. and Breslin, Thomas A., *An ordinary Relationship, American opposition to Republican Revolution in China*. University Presses of Florida, 1986.

Crow, C., *Japan and America, A Contrast. New York*: Robert M. McBride & Company, 1916.

Daniels, J., The Wilson Era, years of peace, 1910–1917. Chapel Hill: The university of North Carolina Press, 1944.

Dickinson, Frederick R., *War and National Reinvention, Japan in the greatwar*. 1914–1919. Cambridge: Harvard university press. 1999.

Dulles, Foster R., *Forty years of American-Japanese Relations. New York and London*: D. Appleton-Century Company, 1937.

Elleman, Bruce A., *Wilson and China, A Revised history of the Shandong Question*. New York: M. E. Sharpe, Inc., 2002.

Etzold, Thomas H. ed., *Aspects of Sino-American Relations Since* 1784. NewYork, 1978.

Ferrell, Robert H., *Woodrow Wilson and world war one*. New York: Harper & Row, publishers, 1985.

Fifield, Russell H., *Woodrow Wilson and the Far East, The diplomacy of shantung Question*. Hamden, Connecticut: Archon Books, 1965.

Hsiao, Liang-Lin, *China's Foreign trade statistics*, 1864 – 1949. *Cambridge*: East Asian Research Center, *Harvard university, Distributed by Harvard University Press*, 1974.

Hoover, Herbert, *The Ordeal of Woodrow Wilson*. washington, D. C.: Woodrow Wilson Center Press, 1992.

Houston, David F., *Eight years with wilson's Cabinet*, 1913 to 1920, Vol. 1.

Garden City, New York: Doubleday, Page and Company, 1926.

Kawamura, Noriko, *Turbulence in the Pacific, Japnaese-U. S. Relations during world war* 1. Westport, Connecticut: Praeger Publishers, 2000.

Knock, Thomas J., *To end all wars, WoodrowWilson and the Quest For a New World Order*. Princeton: Princeton University Press, 1992.

Lansing, Robert, *The Big Four and Others of the Peace Conference*. Boston and New York: Houghton Mifflin Company, 1921.

Lansing, Robert, *The Peace Negotiations, A Personal Narrative*. Boston and New York: Houghton Mifflin Company, 1921.

Li, Tien-yi, *Woodrow wilson's China Policy*, 1913–1917. New York: Twayne Publishers, 1952.

Link, Arthur S., Wilson, *The diplomatist, A look at his major Foreign Policies*, Baltimore: The

Johns Hopkins Press, 1957.

Lowe, Peter, *Great Britain and Japan*, 1911–15, *A Study of British Far Eastern Policy*. New York: St. Martin's Press, 1969.

Millard, Thomas, F., *Our Eastern Question*, New York: The Century Company, 1916.

Morley, J. W. ed., *Japan's Foreign Policy*, 1868–1914, A Research Guide, New York and London: Columbia university press, 1974.

Overlach, T. W., *Foreign Financial Control in China. New York*: The Macmillan Company, 1919.

Porter, R.P., Japan, *The Rise of a modern Power*. Oxford: The Clarendon Press, 1919.

Randolph, S.G., *Woodrow Wilson, president*, New York: Walker and Company, 1992.

Reid, J.G., *The Manchu abdication and the powers*, 1908–1912. Berkeley: university of California Press, 1935.

Scalapino, Robert Aand Yu, George T., *Modern China and Its Revolutionary process, Recurrent Challenges to the Traditional order*, 1850–1920. Berkeley: university of California Press 1985.

Shimazu, Naoko, Japan, Race and Equality, The Racial Equality Proposal of 1919. London, 1998.

Temperley, H.W.V.ed., *A History of the Peace Conference of Paris*, Vol.6. London, 1924.

Tillman, Seth P., *Anglo-American Relations at the Paris Peace Conference of 1919*. Princeton: Princeton university press, 1961.

Varg, Paul A., *Open door diplomat, The Life of W.W.Rockhill, urbana*: University of Illinois press, 1952.

Vevier, Charles, *The united states andChina*, 1906–1913, *A Study of Finance and diplomacy*, New Brunswick, New Jersey: Rutgers university Press, 1955.

Walworth, Arthur, *Wilson and his peacemakers, American diplomacy at the paris peace Conference*, 1919. New York: W.W.Norton & Company, 1986.

Widenor, William C., *Henry Cabot lodge and the Search for an American foreign policy*. Berkeley: Uniersity of California press, 1980.

Xu, Guoqi, *China and the Greatwar, China's pursuit of a New national identity and internationalization*. Cambridge university press, 2005.

Zabriskie, Edward H., *American-Russian Rivalry in the Far East, A study in diplomacy and power* politics, 1895–1914. Philadelphia: university of Pennsylvania press, 1946.

Белов, Е. А., Россия и КитАИ В НАЧАЛЕ XX ВекА, РУССКО-Китайские Противоречия в 1911–1915 гг. МОСКВа, 1997.

БеЛОВ, Е.А., Революция 1911–1913. гг в китае. Москва, 1958.

寺本康俊:《日露戦争以後の日本外交——パワー・ポリティクスの中の満韓問題》

東京,信山社,1999.

栗原健:《第一次、第二次満蒙独立運動》,日本国际政治学会编:《日本外交史研究,大正時代》,東京,有斐閣,1958.

责任编辑:赵圣涛
封面设计:肖　辉
责任校对:吕　飞

图书在版编目(CIP)数据

威尔逊与北洋军阀政府/高鸿志 著. -北京:人民出版社,2015.9
ISBN 978 - 7 - 01 - 014950 - 9

Ⅰ.①威…　Ⅱ.①高…　Ⅲ.①中美关系-研究-近代　Ⅳ.①B822.371.2

中国版本图书馆 CIP 数据核字(2015)第 137023 号

威尔逊与北洋军阀政府
WEIERXUN YU BEIYANG JUNFA ZHENGFU

高鸿志　著

人民出版社 出版发行
(100706　北京市东城区隆福寺街 99 号)

北京龙之冉印务有限公司印刷　新华书店经销

2015 年 9 月第 1 版　2015 年 9 月北京第 1 次印刷
开本:710 毫米×1000 毫米 1/16　印张:17
字数:300 千字　印数:0,001-3,000 册

ISBN 978 - 7 - 01 - 014950 - 9　定价:56.00 元

邮购地址 100706　北京市东城区隆福寺街 99 号
人民东方图书销售中心　电话 (010)65250042　65289539